U0620472

區域
質量

国家社会科学基金项目（20BJL106）
文化名家暨“四个一批”人才自主选题（中宣干字[2018]86）
江苏产业集群研究基地研究成果

区域更高质量一体化发展论

QUYU GENGGAO ZHILIANG YITIHUA FAZHANLUN

朱英明　尹　楠　张　鑫◎著

经济管理出版社
ECONOMY & MANAGEMENT PUBLISHING HOUSE

图书在版编目（CIP）数据

区域更高质量一体化发展论/朱英明，尹楠，张鑫著．—北京：经济管理出版社，2023.12
ISBN 978-7-5096-9556-2

Ⅰ.①区… Ⅱ.①朱… ②尹… ③张… Ⅲ.①区域经济发展—研究—中国 Ⅳ.①F127

中国国家版本馆 CIP 数据核字(2023)第 246245 号

组稿编辑：申桂萍
责任编辑：魏晨红
责任印制：张莉琼
责任校对：王淑卿

出版发行：经济管理出版社
（北京市海淀区北蜂窝 8 号中雅大厦 A 座 11 层 100038）
网　址：www. E-mp. com. cn
电　话：（010）51915602
印　刷：北京市海淀区唐家岭福利印刷厂
经　销：新华书店
开　本：720mm×1000mm/16
印　张：14.5
字　数：268 千字
版　次：2023 年 12 月第 1 版　2023 年 12 月第 1 次印刷
书　号：ISBN 978-7-5096-9556-2
定　价：98.00 元

目　录

第Ⅰ篇　导论与文献综述

第Ⅱ篇　国外推进区域一体化的借鉴研究

第Ⅲ篇　区域更高质量一体化发展的理论研究

第Ⅰ篇

导论与文献综述

第一章　导论

本章重点对本书的研究背景、应用价值、学术价值、研究框架、研究内容、突出特色和主要建树等方面做简要介绍。

一、研究背景

改革开放以来，我国经济经历了长达 30 年的高速增长。如今，基于国际复杂的政治经济环境以及国内经济转型和深化改革、谋求高质量发展的现实需求，我国经济进入增长速度下降的换挡期，也就是在保证经济高速增长的基础上，寻求产业结构的转变、产业链的升级以及经济的高质量发展。在这一阶段，我国经济面临着经济增长下行压力加大的风险，因此更需要一些经济发展势头良好的区域整合资源、发挥溢出效应，带动周边地区的发展，发挥区域一体化的优势，支撑全国的经济发展。

我国区域一体化政策的雏形是 1982 年提出的建设长三角经济圈，然后从长三角逐步向南延伸到珠三角地区，向北延伸到京津冀地区。这些城市群凭借先天的区位优势和政策优势，在改革开放后，迅速吸引了各种生产要素的集聚和海内外的投资，逐渐成为我国经济的隆起区，成为引领高质量发展、推动区域协调发展的重要支柱。其中，长三角地区是我国区域一体化发展起步最早、基础最好、程度最高的地区。

1982 年至今，长三角区域一体化已经走过了 40 多年的发展历程，从最初以政策为主要动力推动长三角一体化到深刻依赖于一体化的内生因素共同推进一体化，长三角内部城市不断调整扩容，最终形成了包括江苏、浙江、安徽和上海三省一市的超大规模的一体化区域。

2018 年 4 月，习近平总书记对长三角地区提出了“实现更高质量的一体化发展，更好引领长江经济带发展，更好服务国家发展大局”的明确要求。2018 年 11 月，习近平总书记郑重宣布：“支持长江三角洲区域一体化发展并上升为国家战略”，标志着长三角地区进入了一体化发展的新时代。进入新时代，长三角区域一体化发展环境发生了新变化，对长三角区域一体化发展提出了新要求，长三角由此进入更高质量一体化发展的新阶段。这要求通过推进长三角更高质量一体化发展来提高资源配置效率，释放经济增长的新动能；要求通过推进长三角更高质量一体化发展来化解过剩产能，拓展动能转换新空间；要求通过推进长三角更高质量一体化发展来深化全面改革，激发动能转换新活力。长三角怎样紧扣“一体化”和“高质量”两个关键，通过深入推进一体化高质量发展、通过高质量发展促进更深层次的一体化，加快实现“一极三区一高地”（全国发展强劲活跃增长极，全国高质量发展样板区、率先基本实现现代化引领区、区域一体化发展示范区，新时代改革开放新高地）的战略定位？这需要对“如何加快推进长三角更高质量一体化发展”这一命题进行深入的研究和探讨。

二、应用价值和学术价值

综观长三角区域一体化的探索发展，长三角地区在基础设施、公共设施共享等的跨区域协调方面积累了诸多经验。但是，近年来长三角一体化进入瓶颈期，一体化上升势头明显放缓。在前一阶段，长三角区域一体化的发展主要以总量目标实现和综合经济实力提升为主。然而，随着长三角一体化由总量扩张向质量提升转变，区域发展不平衡现象逐步显现，区域内不同地区的崛起与分化同时出现，导致形成某种意义上的区域失衡，发展初期形成的以核心—外围模式为纽带的产业转移与承接没有使地区间形成真正意义上的合作，不利于区域一体化的可持续发展。为了推动长三角更高质量一体化发展，政府进一步出台了相关政策加强顶层设计，推进公共服务共建共享，基础设施互联互通等，统一规划长三角交通运输体系，从外部环境方面进一步减少并打破长三角区域一体化发展的阻力与桎梏，为长三角更高质量一体化发展奠定了基础。但是，长三角内部产业分工不够清晰、城市间和产业间没有充分发挥联动效应等问题依然是实现更高质量一体化发展的阻碍。长三角城市群虽然已跻身六大世界级城市群，但是其整体经济密度与其他世界级城市群相比还有一定的差距。如何实现区域内产业真正意义上的合作与分工、加快推动长三角更高质量一体化发展成为长三角高质量发展的关键。

长江三角洲区位条件优越、自然禀赋优良、经济基础雄厚、体制比较完善、城镇体系完整、科教文化发达，现已成为全国发展基础较好、体制环境较优、整体竞争力较强的地区之一，在中国式现代化建设全局中具有十分重要的战略地位。当前，长江三角洲地区面临着提高自主创新能力、缓解资源环境约束、着力推进改革攻坚等方面的繁重任务，正处于转型升级的关键时期。因此，为加快推进长三角更高质量一体化发展，本书在借鉴前人研究成果的基础上，给出了国外推进区域一体化的经验教训；在区域更高质量一体化发展理论研究中，通过区域一体化协作治理，以研发一体化促进区域增长，以公共基础设施投资促进国内贸易一体化等方面，给出了促进长三角更高质量一体化发展的政策建议；在推进长三角更高质量一体化发展的实证研究中，提出了众多推进长三角更高质量一体化发展的政策建议，这对进一步从整体上加快长三角地区转变发展方式、不断提升一体化发展水平、推进更高质量发展，进而带动长江流域乃至全国高质量发展具有重要的应用价值。

推进长三角更高质量一体化发展是我国经济社会发展的重大课题，是一项复杂的系统工程，需要借鉴国外区域一体化发展的经验教训，从理论与实证相结合的视角进行深入、系统的研究。为此，本书从国外推进区域一体化的借鉴研究→区域更高质量一体化发展理论研究→长三角更高质量一体化发展实证研究（共14章）展开。研究内容跨越多个学科，涉及区域经济学、集聚经济学、新经济地理学（地理经济学）、环境经济学、环境地理学、历史地理、政治学、国际经济学、空间结构理论、区域经济学等。

本书主要探讨我国区域经济发展中的重大社会经济问题，需要从理论层面进行探索研究，以便为长三角更高质量一体化发展提供理论指导。为此，本书提出了区域一体化协作治理模型、构建了研发一体化的区域增长率效应模型及公共基础设施投资与国内贸易一体化间关系的两地区动态一般均衡模型。在区域一体化协作治理模型中，就启动条件、制度设计、领导力和协作过程等关键变量的作用进行了深入分析；在研发一体化的区域增长率效应模型中，指出研发的增长率效应通过研发规模、溢出和结构的增长率效应三种路径实现，其作用机制分别具有倒“U”形、“U”形和线形特点；在公共基础设施投资与国内贸易一体化间关系的两地区动态一般均衡模型中，得出了公共基础设施投资对国内区域贸易一体化具有明显的倒“U”形影响，产品可替代性、公共基础设施服务拥挤性和劳动摩擦（间接劳动）对公共基础设施投资的国内区域贸易一体化效应的影响显著，其影响存在明显的地区差异性。本书相关的理论研究，不仅能够促进相关学科的融合与交叉，还能够进一步丰富和发展新发展阶段的区域一体化发展理论体系。因而，本书具有重要的学术价值。

三、研究框架和研究内容

1. 研究框架

作为国家层面重要发展战略的长三角区域一体化，加快推进其更高质量一体化发展，本身就是一个极为重要的社会经济问题，也是一项极为复杂的社会经济系统工程。作为国家社会科学基金一般研究项目，在短短的三年内，课题组运用辩证唯物主义的方法论，紧紧抓住其一体化发展中的主要矛盾和矛盾的主要方面，在借鉴国外推进区域一体化经验教训的基础上，从理论与实证相结合的视角，围绕在新发展阶段下怎样和如何推进长三角更高质量一体化发展的关键问题展开研究。从研究框架上看，研究内容主要分为四个板块，板块之间既相对独立，又具有一定的关联。每个板块包括多章研究内容（见图 1-1）。

板块一是导论与文献综述。研究内容包括三章：第一章是导论，第二章是主权国家间推进区域一体化发展研究综述，第三章是主权国家内推进区域一体化发展研究综述。

板块二是国外推进区域一体化的借鉴研究。研究内容包括四章：第四章是区域一体化的区域风险悖论规避研究，第五章是区域一体化的创业经济促进研究，第六章是从新功能主义一体化到差异化一体化，第七章是跨界基层非国家参与者网络的作用研究。

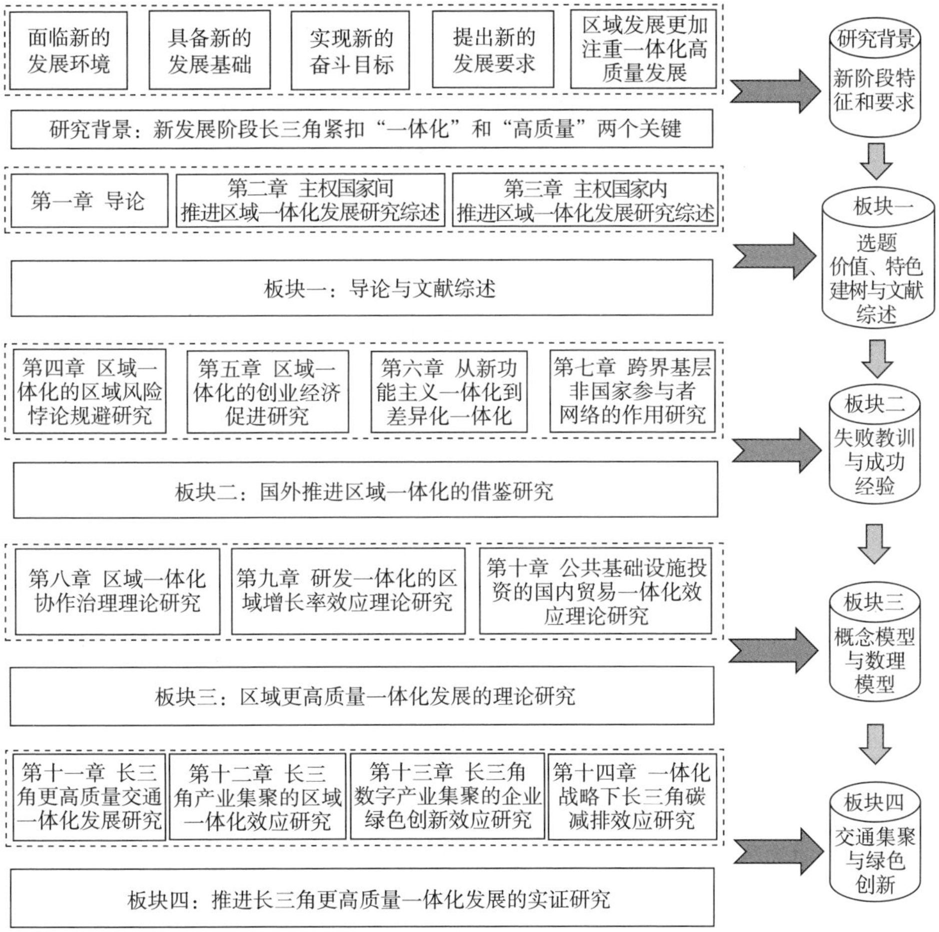

面临新的发展环境
具备新的发展基础
实现新的奋斗目标
提出新的发展要求
区域发展更加注重一体化高质量发展
研究背景：新发展阶段长三角紧扣“一体化”和“高质量”两个关键
研究背景 新阶段特征和要求

第一章　导论
第二章　主权国家间推进区域一体化发展研究综述
第三章　主权国家内推进区域一体化发展研究综述
板块一：导论与文献综述
板块一 选题价值、特色建树与文献综述

第四章　区域一体化的区域风险悖论规避研究
第五章　区域一体化的创业经济促进研究
第六章　从新功能主义一体化到差异化一体化
第七章　跨界基层非国家参与者网络的作用研究
板块二：国外推进区域一体化的借鉴研究
板块二 失败教训与成功经验

第八章　区域一体化协作治理理论研究
第九章　研发一体化的区域增长率效应理论研究
第十章　公共基础设施投资的国内贸易一体化效应理论研究
板块三：区域更高质量一体化发展的理论研究
板块三 概念模型与数理模型

第十一章　长三角更高质量交通一体化发展研究
第十二章　长三角产业集聚的区域一体化效应研究
第十三章　长三角数字产业集聚的企业绿色创新效应研究
第十四章　一体化战略下长三角碳减排效应研究
板块四：推进长三角更高质量一体化发展的实证研究
板块四 交通集聚与绿色创新

图 1-1　本书的研究框架

板块三是区域更高质量一体化发展理论研究。研究内容包括三章：第八章是区域一体化协作治理理论研究，第九章是研发一体化的区域增长率效应理论研究，第十章是公共基础设施投资的国内贸易一体化效应理论研究。

板块四是推进长三角更高质量一体化发展的实证研究。研究内容包括四章：第十一章是长三角更高质量交通一体化发展研究，第十二章是长三角产业集聚的区域一体化效应研究，第十三章是长三角数字产业集聚的企业绿色创新效应研究，第十四章是一体化战略下长三角碳减排效应研究。

2. 研究内容

各板块包括多章研究内容，具体研究内容简要介绍如下：

第一章为导论。主要介绍本书的研究背景、应用价值、学术价值、研究框架、研究内容、突出特色、主要建树。

第二章为主权国家间推进区域一体化发展研究综述。国外学者对相关内容进行了大量的理论和实证研究，研究内容涉及经济学、地理学、管理学、社会学等学科。为了简要梳理出国外相关研究的脉络，本章从六个方面进行综述：区域一体化的内涵、类型与模式，区域一体化的评价方法与应用，金融一体化，区域一体化的影响因素，民间团体、非正规部门与区域一体化，区域一体化的经验与教训。

第三章为主权国家内推进区域一体化发展研究综述。本章针对中国区域一体化的丰富实践，重点关注的是中国内部不同类型、不同等级地区的区域一体化。国内学者对中国区域一体化发展进行了深入、系统的研究，研究内容涉及区域经济学、经济地理学、应用经济学等相关学科。本章主要从五个方面进行综述：概念内涵与理论渊源、历史进程与动力机制、区域一体化的效应或影响、区域一体化的实现路径、推进长三角更高质量一体化发展。

第四章为区域一体化的区域风险悖论规避研究。本章在分析区域一体化重塑企业经营环境和区域一体化程度影响区域风险的基础上，提出区域一体化的区域风险悖论，即跨国公司通过继续利用一体化地区的低风险环境来管理风险，随着时间的推移，其不断深化的根植性会增加其风险，这种现象与伊卡洛斯悖论或成功悖论一致。为此，本章指出了针对这一悖论的区域一体化规避策略。

第五章为区域一体化的创业经济促进研究。本章首先分析了欧盟的区域一体化发展状况，其次分析了欧盟的创业活动，最后分析了欧盟一体化对成员国创业的促进作用，随着成员国在经济和制度上与欧盟的一体化程度提高，创业学习的机会也会增加，从而加快了初创企业的形成，提高了自主创业和企业所有权的比例，创业经济由此兴起。

第六章为从新功能主义一体化到差异化一体化。本章首先分析了新功能主义一体化，其次分析了差异化一体化。前者认为，新功能主义是在批判继承功能主义的基础上形成的一种一体化理论，新功能主义模型被证明实用性较强，可以解释欧洲一体化为何以及如何展开；后者认为，最令新功能主义学者困惑的现象之一是差异化一体化的可能性，差异化一体化过程是一个熵开始的过程，欧洲以外的其他地区，都可以使用差异化一体化。

第七章为跨界基层非国家参与者网络的作用研究。本章首先分析了跨界基层非国家参与者网络，其次分析了非国家参与者活动的社会资本及其对一体化的推动作用。本章认为，除了传统的国家参与者，非政府组织和国际非政府组织等跨国协会是主要的非国家参与者，基层非国家参与者和社会凝聚力的非正式网络以及这些网络对社会资本的使用，有力地促进了区域一体化发展。

第八章为区域一体化协作治理理论研究。本章对区域一体化协作治理的内涵特征与相关治理模型进行了分析，与区域一体化非协作治理模式进行了比较，在此基础上提出了区域一体化协作治理模型。区域一体化模型有启动条件、制度设计、领导力和协作过程四个变量，且每个变量都可以分解为更详细的变量。协作过程变量是该模型的核心，启动条件、制度设计和领导力变量是一体化协作过程的关键贡献或环境。考虑到长三角区域一体化过程中丰富的协作内涵和协作治理特征，在借鉴 Ansel 和 Gash（2008）的基础上，本章提出了推进长三角更高质量一体化发展协作治理的若干个推论。

第九章为研发一体化的区域增长率效应理论研究。本章从规模收益递增、研发知识溢出和研发二元结构等思想出发，将研发规模、研发溢出和研发结构（研发一体化）同时纳入基于研发的内生增长模型框架，构建研发一体化的区域增长率效应理论模型。研究发现，研发的增长率效应通过研发规模、溢出和结构的增长率效应三种路径实现，其作用机制分别具有倒“U”形、“U”形和线形特点，研究结论对推动区域经济高质量发展，进而对促进区域更高质量一体化发展具有重要的意义。

第十章为公共基础设施投资的国内贸易一体化效应理论研究。本章构建了一个两地区动态一般均衡模型，以中国区域现实数据为基础，利用数值模拟深入揭示公共基础设施投资对国内区域贸易一体化的影响机理，进一步考察了公共基础设施投资的国内区域贸易一体化效应的决定因素。研究表明，公共基础设施投资对国内区域贸易一体化具有明显的倒“U”形影响。产品可替代性、公共基础设施服务拥挤性和劳动摩擦（间接劳动）对公共基础设施投资的国内区域贸易一体化效应的影响显著，其影响存在明显的地区差异性。相关结论对以促进国内区域贸易一体化发展为导向的公共基础设施投资政策取向具有重要的启示作用。

第十一章为长三角更高质量交通一体化发展研究。本章针对长三角交通虽已具备良好的发展基础，但依然存在交通体系发展不平衡、不协调等突出问题。首先，简要介绍了交通一体化发展的内涵与特征；其次，分析了长三角交通一体化发展的现状及困境，以及长三角高铁发展与区域一体化之间的关系；最后，在坚持服务为本和优化升级、改革创新和融合高效、生态优先和绿色发展、统筹协调和有序推进原则的基础上，提出了长三角交通更高质量一体化发展的对策。

第十二章为长三角产业集聚的区域一体化效应研究。首先，本章将产业集聚分为专业化集聚和多样化集聚，并分别从专业化集聚、多样化集聚对区域一体化的专业化效应、多样化效应和溢出效应三个方面，深入分析了产业集聚对区域一体化的影响机制；其次，利用长三角 26 个核心城市的相关数据，运用线性回归模型进行回归分析；再次，运用门槛回归模型，分析了在不同门槛变量下，长三角专业化集聚、多样化集聚对区域一体化的专业化效应、多样化效应；最后，基于实证分析结果提出了加快推进长三角更高质量一体化发展的对策建议。

第十三章为长三角数字产业集聚的企业绿色创新效应研究。首先，本章探讨了数字产业集聚对企业绿色创新的影响，并利用 2017~2021 年我国长三角地区 A 股上市公司的数据，分析了长三角地区数字产业专业化集聚、多样化集聚对企业绿色创新的不同影响。研究结果表明，数字产业集聚显著地促进了企业的绿色创新，尤其是专业化集聚发挥了主导作用，而多样化集聚的影响较为有限。其次，机制分析显示，数字产业聚集主要通过促进知识溢出推动企业的绿色创新。最后，提出了以数字产业集聚促进企业绿色创新，进而加快长三角更高质量一体化发展的对策和建议。

第十四章为一体化战略下长三角碳减排效应研究。本章基于 2007~2021 年我国 276 个地级及以上城市的面板数据，将 2010 年《长江三角洲地区区域规划》的发布视作一项准自然实验，采用双重差分模型系统考察了长三角区域一体化对碳排放的作用效果与影响机制。研究发现，长三角区域一体化对碳排放具有显著的抑制作用，即长三角区域绿色低碳发展取得了积极成效。机制分析表明，长三角区域一体化能通过产业协同、技术进步与环境规制效应影响碳排放，其中产业协同对碳排放的抑制效应最为显著，技术进步对碳排放的功效有待强化，而环境规制工具尚需科学合理地运用。因此，本章提出了通过增强产业协同、释放创新潜能、合理使用规制工具等推进长三角更高质量一体化发展的政策建议。

四、突出特色和主要建树

作为国家社会科学基金一般项目，本书在研究过程中重视研究成果的创新性，在借鉴主权国家间推进一体化经验教训的基础上，凸显长三角更高质量一体化发展的研究特色，在相关理论和实证研究方面有一定的建树。

1. 突出特色

（1）研究内容的模块化设计。推进长三角更高质量一体化发展，既是一个极为重要的社会经济问题，也是一项极为复杂的社会经济系统工程。为此，笔者运用辩证唯物主义的方法论，紧紧抓住一体化发展中的主要矛盾和矛盾的主要方面，对推进长三角更高质量一体化发展的研究内容采用模块化设计，分别从导论与文献综述、借鉴研究、理论研究和实证研究四大板块展开，板块之间既相对独立，又具有一定的关联性。研究内容的模块化设计是本书的第一个突出特色。

（2）区域一体化的类型划分。综观世界上区域一体化的实践，根据区域一体化推进主体的不同，本书将区域一体化划分为主权国家间区域一体化和主权国家内区域一体化两种类型。为此，在文献综述中，对主权国家间区域一体化和主权国家内区域一体化分别进行了综述。在相关理论研究和实证研究方面，则侧重于推进主权国家内区域一体化，以便为推进长三角更高质量一体化发展奠定坚实的基础。区域一体化类型的"两分法"是本书的第二个突出特色。

（3）推进区域一体化借鉴法的利用。作为一种研究方法，借鉴法旨在从其他国家和地区的区域一体化实践中获取灵感和启示，以提高本国区域一体化理论和实践的质量和效率。为此，在研究推进长三角更高质量一体化发展这一命题时，既借鉴了欧盟、北美自由贸易区等区域一体化的成功实践，也吸取了东非共同体（EAC）、西非国家经济共同体（ECOWAS）和南部非洲发展共同体（SADC）等的失败教训。在研究内容设计方面，单独列出一个板块，即板块二：国外推进区域一体化的借鉴研究。借鉴内容涉及规避跨国公司的区域风险悖论、以创业经济促进区域一体化、实施差异化一体化模式、以基层非国家参与者网络的社会资本与社会凝聚力促进区域一体化等。推进区域一体化借鉴法的利用，是本书的第三个突出特色。

2. 主要建树

（1）推进区域更高质量一体化发展的理论构建。推进长三角更高质量一体化发展，是党中央从党和国家事业发展战略的全局出发，着眼于实现“两个一百年”奋斗目标、顺应中国特色社会主义进入新时代的新要求作出的重大决策部署，既是一个重大实践课题，更是一个重大理论命题。对这个重大理论命题的深入探究，是本书的重要内容之一。为此，本书在借鉴国内外相关理论研究的基础上，构建了推进区域更高质量一体化发展的理论模型，试图深入阐释推进区域更高质量一体化发展的理论逻辑。

其中，在区域一体化协作治理模型中，在分析影响区域一体化协作治理的关键变量的基础上，得出了通过协作治理推进区域一体化的多个推论。在研发一体化的区域增长率效应模型中，将研发规模、研发溢出和研发结构（研发一体化）同时纳入基于研发的内生增长模型框架，认为推动区域经济高质量发展可以通过研发规模、溢出和结构的增长率效应三种路径实现。在公共基础设施投资的国内贸易一体化效应模型中，构建了一个两地区动态一般均衡模型，认为应采取以促进国内区域贸易一体化发展为导向的公共基础设施投资政策取向。因而，推进区域更高质量一体化发展的理论构建，是本书的第一个主要建树。

（2）推进长三角更高质量一体化发展的关键路径选择。在推进长三角更高质量一体化发展的路径选择方面，本书运用辩证唯物主义的方法论，紧紧抓住区域一体化发展的主要矛盾和矛盾的主要方面，使基本路径、关键路径和重点路径同时发力，试图找到推进长三角更高质量一体化发展的关键路径。

就基本路径而言，在长三角一体化进程中，长三角交通虽已具备良好的发展基础，但依然面临交通体系发展不平衡、不协调等突出问题，长三角地区需要统筹推进跨区域交通基础设施建设，形成互联互通、分工合作、管理协同的交通基础设施体系，将更高质量交通一体化作为促进长三角更高质量一体化发展的基本路径。就关键路径来说，长三角地区是我国发展现代制造业的集中区、吸引投资创业的重点区和机制改革的先导区，产业集聚已经成为长三角更高质量一体化发展的重要支撑和重要动能。为此，长三角地区需要充分发挥其专业化集聚、多样化集聚对区域一体化的专业化效应、多样化效应和溢出效应，以更高质量的产业集聚作为促进更高质量一体化发展的关键路径。就重点路径来看，长三角抢抓数

字经济变革时间窗口，成为全国数字经济发展新高地，目前长三角已经成为全国数字产业化示范者、全国产业数字化领跑者、全国数字化治理推动者、全国数据价值化探索者。为此，长三角地区需要充分发挥数字经济集聚的企业绿色创新效应，以数字经济高质量集聚为促进更高质量一体化发展的重点路径。因此，推进长三角更高质量一体化发展的关键路径选择，是本书的第二个主要建树。

（3）推进长三角更高质量一体化发展学术观点创新。在研究推进长三角更高质量一体化发展这一重大理论和实践问题的过程中，在借鉴前人学术成果的基础上，进行深入和广泛的思考，形成了独特的创新思路，对本书提出的创新观点进行了反复论证和验证，确保其具有合理性和可行性，在此基础上形成了较多全新或改进性的学术观点：第一，通过规避区域一体化过程中的伊卡洛斯悖论或成功悖论，发挥跨国公司在推进长三角更高质量一体化发展中的作用；第二，通过加快初创企业的形成，提高自主创业和企业所有权的比例，促进创业经济兴起，以此推进长三角更高质量一体化发展；第三，在充分发挥新功能主义理论对区域一体化促进作用的同时，充分考虑长三角次区域的经济社会差异，以差异化、一体化理论推进长三角更高质量一体化发展；第四，加快构建基层非国家参与者和社会凝聚力的非正式网络，发挥这些网络对社会资本的作用，由此推进长三角更高质量一体化发展；第五，在权力分配不对称以及参与动机不强或不对称的情况下，如果有一个强大的引导式领导者，在过程一开始就赢得各利益相关者的尊重和信任，那么一体化协作治理成功的可能性更大；第六，更高质量一体化发展制度设计的首要任务是，必须包括所有受该问题影响或关心该问题的利益相关者，如调动代表性较差的利益相关者的积极性策略对一体化协作治理是重要的。因此，推进长三角更高质量一体化发展学术观点创新，是本书的第三个主要建树。

第二章　主权国家间推进区域一体化发展研究综述

国外学者对推进区域一体化发展相关问题进行了大量的理论和实证研究，研究内容涉及经济学、地理学、管理学、政治学、历史学、社会学等学科。为了简要梳理出国外相关研究的脉络，本章拟从区域一体化的内涵、类型与模式，区域一体化的评价方法与应用，金融一体化，区域一体化的影响因素，民间团体、非正规部门与区域一体化，区域一体化的经验与教训六个方面进行综述。

一、区域一体化的内涵、类型与模式

1. 经济一体化的界定、类型与阶段性

一体化通常是指将某物结合在一起，一体化可以从经济和社会政治两个角度来看（Naveh et al.，2012）。当一体化涉及通过执行政策来创造经济上的相互依赖而同化不同的经济体时，它被称为经济一体化（Mutharika，1972）。经济一体化旨在通过完全消除对贸易、劳动力、资本和其他资源流动的限制来发展两国之间或多国之间的联系（Robson，2000；Carbaugh，2004）。经济一体化呼吁不存在任何形式的歧视和贸易障碍、不断废除经济边界、经济政策与汇率政策的合作与协调（Molle，1990；El-Agraa，1994；Pelkmans，2006）。一般来说，经济一体化并不要求地理位置相近的国家进行一体化，而是要求它们降低贸易成本，增加福利。经济一体化不是一个静态的想法，而是一个不断发展和变化的过程

(Snorrason，2012)。

匈牙利经济学家 Balassa（1961）将经济一体化定义为一个过程和一种状态。经济一体化被描述为一个过程，需要消除不同国家经济单位之间的歧视；并作为一种状态，需要消除不同国家之间不同形式的歧视。Balassa 描述了经济一体化的五个阶段：第一阶段是“自由贸易区”（FTA），允许产品跨境，相关国家之间没有任何进口关税或任何其他壁垒。第二阶段是“关税同盟”，即消除内部贸易壁垒和设定共同的外部关税（CET），这个阶段显然比第一阶段涉及更多的一体化。其中，各国的行为就像一个单一的实体。第三阶段是“共同市场”，这个阶段包括前两个阶段，在这个阶段劳动力和资本等生产要素可以自由流动。第四阶段是“经济一体化”，劳动力、资本和产品可以自由流动，这个阶段需要共同的外部政策和货币（如欧元）。现阶段各国必须牺牲一定的主权，因为这需要共同的财政、经济、社会和货币政策。第五阶段是“全面/完全的经济一体化”。然而，目前 Balassa 的阶段划分已经扩大到政治联盟，并将其作为一体化进程的进一步发展。

Marinov（2015）认为，经济一体化理论经历了两个发展阶段，每个阶段都涉及与其时代相关的政治和经济背景。第一个阶段被视为经典理论或静态分析，包括解释一体化可能带来好处的传统经济一体化理论。第二个阶段包括新的经济一体化理论，通常被称为经济安排的动态分析。除了这两种，还有第三种类型的一体化理论，它涉及发展中国家和最不发达国家经济一体化安排的影响、利益和限制，因为在大多数情况下，经济一体化及其利益的理论（动态的，但更多的是静态的）并不完全适用于发展中国家和最不发达国家之间的一体化安排。

一般认为，贸易一体化应该是第一位的，金融一体化是第二位的，货币一体化是第三位的，政治一体化是第四位的。Eichengreen（2006）挑战了关于区域一体化顺序的传统观点，特别是，他质疑这种传统观点是否适用于亚洲。

2. 区域经济一体化的界定、模式及其益处

一个经常与经济一体化互换使用且密切相关的概念是区域经济一体化(Mutharika，1972；Winter，1993)。如果对这两个概念有不同的看法，那么区域经济一体化是建立一系列联合的制度机制，消除或减少本地和外国商品、服务的歧视政策（Salvatore，1997），并促进一体化国家的经济和金融趋同（Venables，

1999)。考虑到这些国家在地理上彼此邻近，从某种意义上说，区域经济一体化是关税和非关税壁垒的减少和最终消除，是邻国之间协调其贸易、财政和货币政策的协议（Narendra and Goel，2014）。区域经济一体化可分为自由贸易区、关税同盟、共同市场、经济联盟和政治联盟五种类型。

对独立国家联合体（CIS）内贸易创造、贸易转移、出口与投资和技术贸易之间联系的一体化进程研究表明，CIS 区域的一体化不符合任何传统模式，因为其处于较低的一体化发展阶段，一体化还伴随着与对其有效性产生积极影响的那些部门合作的深化。与欧盟模式不同，CIS 区域一体化具有“非线性”特征，独联体一体化政策需要从贸易形式过渡到贸易和投资形式（Gurova，2014）。欧盟模式被称为一体化的线性模式（Jawoodeen，2010），它表现为一个循序渐进的过程，使成员国有能力设定与每个参与国的特征和背景相对应的一体化节奏。欧盟模式允许“多速度”一体化，即在集团内形成更快一体化的国家子集团。

区域经济一体化使成员国能够专门生产具有更大竞争优势的产品，并进口几乎不受限制或不受限制的其他产品。因此，不需要通过在每个国家生产每一种产品来避免贸易成本，从而提高了生产效率（Krugman，1991；Lyakurwa et al.，1997）和经济活动的集中度（Baldwin，1997）。生产效率也因竞争加剧而提高，因为外国投资增加，国内公司将与成员国的其他生产商竞争。竞争对市场总是有利的，经济一体化增加的竞争不仅使生产者受益，而且使生产者获得的利益也传递给了消费者。竞争驱动的效率导致更好的生产，消费者扩大消费，企业利润增加，生产者雇用更多的工人，所有人的实际收入增加，从而带来更大的福利、整体增长和发展（Narendra and Goel，2014）。由于国家可以通过一体化进入更大的市场，它们可以增加生产，这就产生了规模经济（Lipsey，1987）。由于技术等优势，不仅生产的数量得到了增加，而且生产要素的数量、质量和流动性也得到了提高，因而区域一体化也有助于节约稀缺的国家资源和合理分配最优收入（Naveh et al.，2012）。经济一体化还允许成员国在一个协调其货币和财政政策的机构中行动，并采取集体立场，增强国际议价能力（El-Agraa，1994）。

二、区域一体化的评价方法与应用

1. 跨界一体化的多维度方法

Van Houtum（2000）以一种综合的方式将用于调查边境和边境地区的方法分为流动方法、跨界合作方法和人员方法，这也是区分跨界一体化不同方法的相关依据。流动方法（功能维度）受到经济地理学的启发，倾向于将边界视为经济流动的障碍。目前，已经开展了大量工作来研究边界效应对区域贸易模式的影响，特别是通过使用引力框架模型（McCallum，1995）或测量供应方的边境效应（Cappello et al.，2018a）。相对而言在边境地区，禀赋不足和内部资源使用效率低下的情况不常见（Cappello et al.，2018b）。事实上，边界的开放使个体能够利用边界两边的差异（各种产品和服务的价格、税收和监管限制），从而一些学者将边界视为"资产"或"资源"（Van Geenhuizen and Ratti，2001；Sohn，2014）。从这一视角出发，House（1980）根据流动的性质（劳动力、资本和公共服务）和交易性流动的方向，提出了多个跨境一体化模型。流动方法倾向于将跨界一体化过程与因市场驱动型互动的兴起而出现的功能一致的跨界空间联系起来。

跨界合作方法（制度维度）侧重于发明新的合作形式和工具，以及建立参与者的网络来构建跨境治理。因此产生了试图将参与者之间的合作方法分类的类型学。Perkmann（2003）从地域范围、合作强度和涉及的参与者类型三个维度，区分了制度边界区域类型。根据北美和欧洲的观察结果，Blatter（2001）提出的跨境合作结构不是一种真实的类型，而是一种理想的类型，这种结构源于制度的基本性质与其正式或非正式产生方式的结合。

人员方法（观念维度）更具有社会学意义，突出在边界或跨境环境中人员及其感知、认知、反应和身份形成。虽然海关和关税壁垒的取消极大地便利了国家之间各种类型的交流，但边界继续区分和分割社会群体，并被用作这些差异的标志。然而，即使有许多关于这些方面和人们心目中的边界弹性的案例分析，但缺少基于个人对其外国邻居的感知来划分边界地区的类型。为了解决这些问题，研究人员使用了大量方法。在大多数情况下，它们是个案研究，突出边境两边存在的差异；或强调将边境人口联系在一起的相似性。这些研究大多采用历史学（Stoklosa and Besier，2014）或人类学视角（Wilson and Donnan，2012），通过叙事揭示人们的感知。比较存在于边境地区之间，但通常发生在国家层面，强调语言领域的差异和/或文化的相似性、扩展或相互渗透（Haarmann，2011）。

这三个方面的跨界一体化表明，一体化过程是一个多维的过程，对这一现象的单一解读可能会对人们产生误导，或者可能会以牺牲其他维度为代价而过于重视某个维度。因此，为了从整体上理解跨界一体化，应该通过多维度的方法进行分析。从概念的角度来看，功能维度指出了个人、公司和其他集体参与者发起的所有跨境流动和互动。从广义上讲，制度维度是指公共机构、民间团体、企业家等不同类型参与者之间在跨境范围内进行的或多或少的正式的和灵活的交流，制度维度考虑到了参与者的跨界网络，参与者共同努力是为了实现更大的一体化。观念维度包括边界社会在开放与拒绝、信任与不信任、吸引与排斥间对邻国社会的感知和表征。由于观念维度充斥着历史和符号，因此与其他维度相比，更难以对其进行系统的研究。

基于上述三个维度，Durand 和 Decoville（2020）借助统计指标，对所有欧盟内部边界的跨境一体化进行了系统的、多维度的分析。他们强调不同的欧洲地区在跨境实践的强度（跨境一体化的功能维度）、边境人口之间的相互社会信任水平（观念维度）、利益相关者参与跨境合作项目（制度维度）等方面可以观察到的相似性和差异性。

2. 综合区域一体化指数方法

目前，应用较多的是 Naeher（2015）的综合区域一体化指数（CRI），此指数以各地区在所考虑的变量上的表现为基础，这些变量包括区域内贸易与投资、货币与金融以及迁移、汇款和旅游等，如图 2-1 所示。

在构造综合指数方面，文献中没有建立标准程序。相反，应用的方法必须适应特定的背景和研究目的（De Lombaerde et al.，2008）。这反映了在特定的分析中，既要基于专为捕捉区域一体化结果而设计的方法，也要基于标准归一化和聚合方法，这些方法也用于构建其他众所周知的综合指数（如营商环境指数或人类发展指数）。

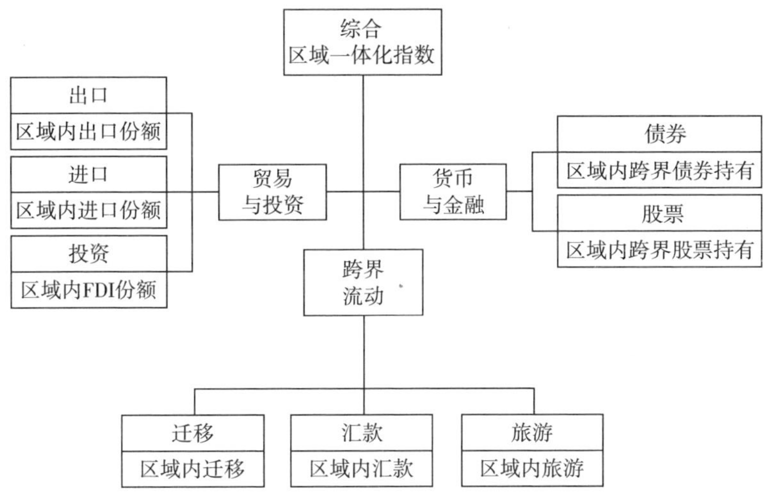

图 2-1　综合区域一体化指数的构成

Naeher 和 Narayanan（2020）详细地描述了构建 CRI 指数的方法，该方法建立在 Naeher（2015）首次提出的方法上，并与 OECD（2008）制定的指导方针相一致。图 2-2 显示了 CRI 指数的构造示意图。最终的综合区域一体化指数涵盖了五个方面：贸易一体化、金融一体化、区域投资与生产网络、人员流动、和平与安全。每个方面包括 2~3 个指标，这些指标是从衡量区域一体化不同方面的 11 个实证观察变量（区域内权益负债、区域内债务、区域内迁移、区域内汇款、区域内旅游、社会凝聚力与安全、无冲突、区域内中间产品进口、区域内外国直接投资状况、区域内货物进口、区域内货物出口）中获得的。

与此背景下的其他研究不同，Naeher 和 Narayanan（2020）区分了最终的区域经济一体化结果（如货物和人员的跨境实际流动）和被视为实现更高最终结果手段的中间结果（如已签署的自由贸易协定、可用的基础设施和现行的商业法规）。虽然后者将被用作区域一体化有利环境的指标，但 CRI 指数旨在从最终一体化成果的角度捕捉次区域的表现。因此，他们将和平与安全作为 CRI 指数的一个维度，从而捕捉到区域一体化成果重要的非经济方面，如冲突减少和次区域内的稳定性增强。

与其他情况下的综合指数不同，Naeher 和 Narayanan（2020）构建的区域一体化结果的多维指数需要基于双边（二元）数据而不是国家数据的度量指标。有几种可能的方法来构造这样的度量指标。为了保证综合指数不同维度之间的可

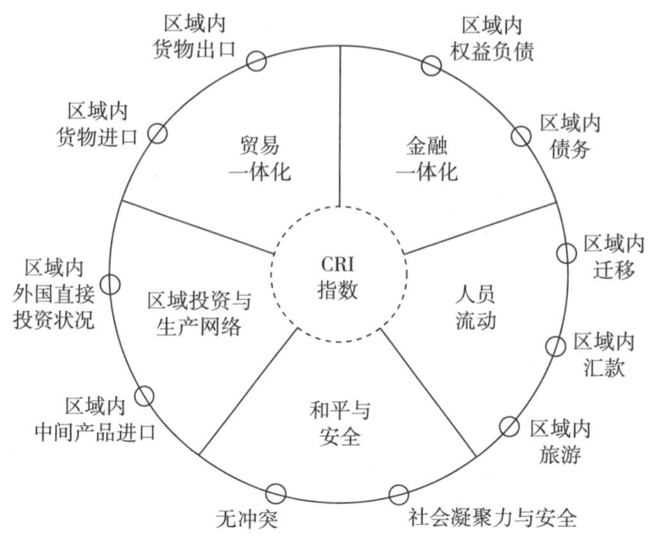

图 2-2　综合区域一体化指数（CRI）的构造示意图

比性，他们将重点放在可以作为双边数据的区域内份额衡量的变量上（唯一的例外是无法确定双边数据的和平与安全维度）。

3. 其他方法

（1）基于引力方程和样条函数的方法应用。Bouvatie 和 Delatte（2015）基于引力方程和样条函数（Gravity Equations and Spline Function），对 1999~2012 年 14 个国家及其 186 个合作伙伴提出了一种国际银行业一体化的独创性测度方法。他们得到了与传统观点相反的结论：一是欧元区以外的国际银行业一体化自 1999 年以来一直在不断增加，危机后甚至进一步加强。二是欧元区的国际银行业一体化自 1999 年以来一直是周期性的，在 2006 年达到顶峰，此后完全逆转。这种下降并不是对以往过度增长的修正，而是一种明显的反一体化（Disintegration）。三是在欧元区之外，收入水平并不影响银行一体化的形态。

（2）基于理性选择的主体结构的方法应用。以基于理性选择的主体结构方法作为分析的主要框架，从历史角度考察了国内参与者的政策偏好，Trinidad（2010）研究了印度尼西亚、马来西亚、菲律宾和泰国的市场改革，尤其是投资和贸易政策对区域一体化的影响，研究发现：参与者对贸易和投资自由化的政策偏好已经影响到东盟（ASEAN）正在该地区建立的经济一体化类型；市场改革

的成败不仅取决于联盟结构的变化，还取决于激励措施和激励措施的种类；对于印度尼西亚、马来西亚、菲律宾和泰国而言，国际商品价格的波动和国际收支赤字导致贸易和投资自由化措施较为温和。

（3）基于机器学习的方法应用。De Lombaerde 等（2021）提出了一种新的方法来评估区域安排的组成，重点是加强区域内贸易和经济一体化。与以往的研究不同，他们采用了一种网络聚类算法，该算法改编自机器学习文献，以数据驱动的方式，识别出相互融合程度最高的邻国群体。将获得的区域一体化集群（RICs）景观作为基准，然后应用该方法批判性地评估关税联盟（CUs）的组成。根据 CUs 与聚类算法得出的 RICs 间的距离，推导出 CUs 间存在相当大的差异的结论。这表明，一些 CUs 相对而言更容易受到经济力量的驱动。

三、金融一体化

1. 金融市场一体化评估

金融研究人员遵循各种策略来考察跨市场金融一体化的水平。Baele 等（2004）认为，金融一体化可以从数量、新闻和基于价格的方法三个角度进行评估。数量标准包括 Feldstein 和 Horioka（1979）最初提出的储蓄—投资相关性，或由 Obstfeld（1993）提出的消费相关性指标。在这种方法下，根据国家间的资产流动来研究股票市场（Adam et al.，2002）。基于新闻的衡量标准区分了信息和市场的不完善，如果金融市场完全一体化，国内新闻对某一特定市场的影响应该与全球新闻产生的影响类似。基于价格的衡量标准源自“一价定律”，如果金融市场完全一体化，相同风险的资产在不同市场中的定价是相同的。研究人员使用利率平价检验风险被消除的利率平价、风险未被消除的利率平价和实际利率平价（Cuestas et al.，2015；Filipozzi and Staehr，2012；Cheung et al.，2006）。

考虑到股票市场之间的联系逐渐密切，投资者对提高投资组合风险后获得的新机会越来越感兴趣，学术界逐步扩展了股票市场一体化的研究内容。最初的相关分析主要集中在发达市场（Kasa，1992；Richards，1995；Engsted and Tanggaard，2004；Rua and Nunes，2009），后来转向新兴市场（Goetzmann et al.）。实证评估的地理范围是广泛的，例如，关于欧洲市场的研究有 Syriopoulos（2007）、Egert 和 Kocenda（2007）、Wang 和 Moore（2008）、Horvath 和 Petrovski（2013）、Kiviaho 等（2012）、Guidi 和 Ugur（2014）；关于中东市场和北非市场的研究有 Yu 和 Hassan（2008）、Alkulaib 等（2009）、Aloui 和 Hkiri（2014）；关于亚洲较发达市场和新兴市场的研究有 Cheung 和 Mak（1992）、Sharma 和 Wongbangpo（2002）、Yang 等（2003）、Wong 等（2004）和 Kim 等（2006）。

一些评估表明，亚洲股市与地区市场的一体化高于全球市场的一体化。一个例子是 Lee 和 Jeong（2016）调查了东南亚联盟与中国、美国的市场一体化，分别被视为区域和全球基准。Yu 等（2010）运用多种方法进行研究表明，2007 年后，以前薄弱的关系得到了加强。Gupta 和 Guidi（2012）报告了印度股市和三个亚洲发达市场存在短期（而不是长期）的运行关系，印度与其他被评估市场之间的联系往往会在危机时期增强，减少投资者将新兴市场纳入投资组合所能获得的收益。Lean 和 Teng（2013）也得出了类似的结论，他们将马来西亚的股市与美国、日本、中国和印度的市场一体化进行了比较，认为马来西亚与美国、印度的联系更强，马来西亚的投资者可能从中国和日本市场的多元化中获益更多。Fry-McKibbin 等（2018）使用基于熵理论的方法研究了东亚和东盟国家的金融一体化，分析的重点是美国在全球一体化方面随时间的推移所扮演的角色，以及由中国引起的区域一体化的变化，实证结果表明，随着时间的推移，金融一体化总体上呈改善趋势，中国经济主要是通过其贸易联系产生影响，是地区乃至全球金融一体化的重要决定因素。

Mohti 等（2019）评估了亚洲新兴市场和边远国家的区域和全球股市一体化水平，使用 Gregory 和 Hansen 的协整检验、Detrended 交叉相关系数研究了市场之间建立的长期关系。实证结果表明，所有被考虑的新兴市场都显示出全球一体化和区域一体化的证据。然而，就边远市场而言，这只适用于巴基斯坦，在较小程度上适用于越南。

2. 金融市场的时变区域一体化

西方金融市场的日益一体化显著降低了国际投资组合多样化的潜在收益，面对这种情况，新兴国家金融市场的出现和发展通常被视为获得新投资机会的一种手段。自 20 世纪 80 年代初以来，这一趋势促使新兴市场积极寻求多样化利益（Errunza and Padmanabhan，1988，1992；Bailey and Stulz，1990；Divecha et al.，

1992；Bekaert and Urias，1996；Phylaktis and Ravazzaolo，2005）。虽然大量文献显示了国际多元化进入新兴市场的潜在好处，但全球投资者往往面临着直接和间接的障碍（Bekaert，1995）。国内外市场之间的地理距离构成了一个重要障碍，限制了大多数跨境投资机会。

按照主要地理集群划分的市场可能导致金融一体化的研究结论，并在同一区域各国之间贸易和投资的推动下，实现一价定律的有效性。Guesmi 和 Nguyen（2011）预计，外汇市场将对该定律的实施进行调整。然而，就新兴国家金融资产的国际投资组合多样化而言，由于汇率制度可能受到地方政府或多或少严格的监管，因此通常违反了跨市场风险独特价格的假设。有几项研究考察了新兴市场区域一体化的动态，但主要集中在对商品和服务贸易流动的分析（Markusen，1995；Freudenberg et al.，1998）和区域内直接投资流动（Manzocchi and Ottaviano，2000；Petri，2006）方面。此外，经验方法有时是不合适的，因为它们忽视了影响区域一体化和全球一体化进程的不同因素之间的相互作用。

虽然以往的研究一致认为，新兴市场一体化程度随着时间的推移而变化（Bekaert and Harvey，1995；Carrieri et al.，2007；Guesmi and Nguyen，2011），但关于市场一体化决定因素的识别过程的实证结果却存在较大分歧。Bekaert 和 Harvey（1995，1997）、Adler 和 Qi（2003）、Hardouvelis 等（2006）选择任意两个或三个金融变量和宏观经济变量来模拟一体化的动态，而 Carrieri 等（2007）确定了金融一体化后的因素。Carrieri 等（2007）提出的方法可能会受到批评，因为他在解释金融一体化之前，武断地引入了某些信息变量来评估金融一体化。股票市场一体化涉及穿越时间，其变化模式在不同的研究市场中有所不同。

Guesmi 等（2014）基于一个国际条件资本资产定价模型（ICAPM），从区域视角评估了新兴市场的时变一体化，该模型考虑了市场一体化程度、全球市场风险溢价、区域汇率风险溢价和本地市场风险溢价的动态变化。他们发现，所研究的四个新兴地区的时变一体化程度呈上升趋势，但这些市场仍与世界市场保持着实质上的分割，区域贸易开放水平和美国利率期限溢价能够较好地解释这一趋势。Wang 和 Shih（2011）探讨了欧洲新兴市场的时变一体化与区域一体化，他们将全球和地区效应分为收益溢出和波动溢出，并基于经济增长条件考察了这些溢出效应中时间变化的影响。结果表明，增长和货币贬值可以预测这些市场的一体化程度和溢出效应。在实行浮动汇率制度的国家，经济增长对区域一体化水平的影响大于实行汇率管制的国家。Guesmi 和 Nguyen（2014）在 ICAPM 的背景下研究了区域金融一体化的动态及其决定因素，ICAPM 考虑了与公私合作制（PPP）的偏差，以及区域和地方风险来源的时间变化。研究表明，区域一体化程度的变化主要由贸易开放程度和股票市场发展程度来解释。

3. 金融市场一体化的决定因素

近年来，一些新兴市场地区积极参与全球化和世界市场一体化。然而，金融一体化进程似乎随着时间的推移而变化，并且在不同地区之间存在很大差异。为此，学者对不同区域市场进行了研究。Guesmi 等（2013）利用国际条件资本资产定价模型研究了 1996~2008 年拉丁美洲股票市场区域一体化的决定因素，该模型考虑了共同区域市场风险、汇率风险和局部市场风险三个时变风险来源。研究结果显示，无论如何衡量汇率风险，贸易开放程度和股票市场发展程度是拉丁美洲区域一体化十分重要的驱动因素。Guesmi 和 Teulon（2014）采用国际条件资本资产定价模型对 1996~2008 年中东地区的区域一体化进行了研究，该模型考虑了区域市场一体化程度、全球风险溢价、货币风险溢价和本地市场风险溢价的动态变化。他们发现，通胀、汇率波动、利差变化和全球市场股息收益率是中东地区区域一体化的关键变量。此外，尽管中东地区具有复杂的经济和政治形势，但他们的研究结果表明，该地区的股票市场在其市场中整合得很好。

金融市场一体化对风险分担和多元化、资本成本估算、市场效率、金融决策和宏观经济政策具有重要意义。为此，Boamah 等（2016）通过一个多因素资产定价框架，考察了 11 个非洲股票市场（ASMs）相对于世界和新兴市场的一体化，以及全球金融危机对非洲市场一体化程度的影响。研究表明，世界、新兴市场和非洲市场因素对非洲市场具有显著的风险溢价，而且非洲市场与世界市场部分一体化。随着时间的推移，非洲市场的一体化程度发生了变化，全球金融危机也影响了非洲市场与世界市场的一体化程度。Cho 等（2015）研究了全球金融危机和欧洲债务危机等五个危机时期一体化的时间变化性质和资产组合的传染模式。研究表明，每次危机对一体化的影响程度存在明显差异。有广泛的证据表明，全球金融危机期间存在传染效应，而对墨西哥和亚洲的影响仅限于区域范围。

自布雷顿森林货币体系终结以来，金融一体化一直被描述为一种顽强的长期趋势。最初，Calvo（1998）首次提出了“突然停止事件”（Sudden Stop Episodes）的表述，以说明 20 世纪 90 年代资本自由化阶段冲击新兴经济体的净资本

流入急剧下降。然后，与之形成对比的是，Broner 等（2010）记录了 Bernanke 最初指出的全球储蓄过剩而导致的国际金融一体化的戏剧性加速。总之，国际资本可能一波接一波地积累和消耗的观点是由 Forbes 和 Warnock（2012）提出的，由 Rey（2015）证实，Rey 记录了 1990~2012 年资本流动的全球金融周期。

全球金融危机爆发不久，Forbes 和 Warnock（2012）对大规模资本紧缩进行了描述。他们将其置于更广泛的国际资本周期的角度进行研究，并强调这一事件在全球范围内具有前所未有的规模。当投资者在希腊危机后大规模地将资本汇回国内时，资本外逃事件就会发生（Al-Eyd and Berkmen，2013）。从那时起，学者就开始利用借款成本差异、金融一体化综合指标等来记录内部的反一体化（Schildbach，2011；Schoenmaker，2013；European Commission，2014）。金融一体化发展的波动性和周期性，以及金融一体化和反一体化的同时存在，决定了金融一体化的影响因素更加复杂多样。

四、区域一体化的影响因素

1. 制度因素

南亚的区域一体化治理一直缺少区域政治机构。关于南亚区域一体化，不乏学者、从业者、外交官等的想法和建议。然而，南亚区域一体化仍在以一种断断续续的方式零敲碎打地进行着。一体化的滞后并不是因为区域一体化的有效性问题，也不是在哪里或选择哪种一体化的问题，而是因为前进的道路（如何一体化）不明确。拥有决策权的区域或次区域政治机构可以更好地帮助推进一体化。与举办论坛或召开管理者会议的部门相比，政治机构可以作出有利于其所代表的利益集团的决定（Thangasamy，2019）。欧盟波罗的海地区战略（EUSBSR）是欧盟的第一个宏观区域战略，于 2009 年通过，2011 年欧盟多瑙河地区战略（EUSDR）紧随其后。这两个战略代表了执行欧盟区域政策的新方式。在没有创建新规则、新机构，没有提供新融资来源的情况下，欧盟区域政策的这种新宏观区域维度被视为欧洲领土政策的新附加值。Tursie（2015）从 EUSBSR 和 EUSDR 之间的比较视角，借鉴第一个欧盟宏观区域战略的经验，强调多瑙河地区可以从波罗的海地区吸取教训，以宏观区域战略促进多瑙河区域一体化。

欧洲领土合作集团（EGTC）是一项超国家的、直接适用的欧盟法律工具，规范公共机构之间建立具有法人资格的跨境“协会”。因此，它是一种政策工具，可以对跨境合作的制度框架产生影响，并有可能增强次国家层面的跨境制度一体化。Engl（2016）通过研究选定的 EGTC 的制度架构，来检验这一欧盟工具对跨境制度一体化的潜在影响。这是在分析网格的基础上完成的，此分析网格基于面向机构的方法定义了可能的一体化过程的要素。实证分析表明，尽管 EGTC 在合作的法律基础上有了相当大的改善，但由于制度设计的狭窄和参与者的低水平参与，EGTC 对进一步的制度跨界一体化的效果仍然相当有限。区域一体化研究通常被理解为来自不同学科的研究的结合。按照惯例，一体化需要政治和经济政策的融合。然而，一体化项目超越了政治和经济合作，甚至可能需要法律和行为准则来协调。来自法律、经济和政治领域的学者研究并参与了跨学科的一体化概念的制定。一些在发达的北部非洲国家发展起来的关于一体化方案的理论反映了北方的社会经济、政治和历史因素，使人怀疑这些理论对南部非洲一体化方案的适用性、价值和一致性。因此，Dirar（2014）通过多学科分析适当一体化的概念化，以便提供一个包括非洲地方和区域的更广泛的一体化概念，特别是南部非洲国家的一体化。

Smith（2015）专注于深化贸易自由化的尝试，创建了一个新的制度架构，作为一个以国家为媒介的宏观区域政治经济一体化项目。利用对关键机构参与者、政策制定者和战略家的采访，以突尼斯为典型案例，强调国际状况和部分欧盟资本的利益是如何通过新的制度和政策架构在欧洲—地中海地区形成的。他扩展欧盟与其邻国关系的地理研究和“欧洲化”的政治学研究，聚焦于宏观区域一体化的地缘政治动力学、区域的地缘政治想象和欧盟的“规范权力”。通过考察欧盟试图通过《深度和全面自由贸易协定》将其经济空间外部化到其边界之外，突出了这一进程与南地中海复杂的转型政治的关联性。通过探索资本积累边界与政治—司法边界之间的关系，有助于理解边界空间的重构（一体化）。

2. 经济联系因素

一个普遍的共识是，一国的基础设施网络是区域间经济联系和经济活动的基础，也是区域一体化的保障。Bolanos（2017）在两国公共基础设施存量内生决定两国间运输成本的两国动态一般均衡模型中，以南美洲区域基础设施一体化倡议（IIRSA）为案例，研究了运输基础设施的公共供给如何影响产出趋同和贸易一体化，研究的重点是交通基础设施的协调和不协调的公共供应对区域一体化的影响。研究结果表明，增加基础设施方面的公共投资，会为贸易一体化提供动力，但不一定会产生产出趋同；两国实现产出趋同（在经济增长双赢的情况下）的唯一途径是，协调两国在公共基础设施方面的增量，但交通运输在一体化进程中的作用仍然存有争议。Cheng 和 Loo（2015）探讨了高速铁路作为促进经济一体化发展的工具，可以通过提高中国和欧盟的竞争力来实现更大的经济凝聚力。此外，信息和通信技术（ICT）与区域一体化之间也存在密切的关系，Akpan 和 Parmentier（2009）将处理二者之间的关系作为非洲和南美洲社会经济发展的途径，这两个地区都拥有殖民遗产，其与发达国家的经济联系比该地区内部更紧密。近几十年来，区域组织一直在努力加强 ICT 基础设施建设，以及将经济和政治一体化作为实现发展的战略。他们为此提出了一个将一体化、ICT 和发展方面研究相结合的理论框架，简要分析了每个区域的 ICT 倡议对区域一体化的潜在影响以及与发展的关系。

进入 21 世纪以来，世界贸易格局发生了巨大变化，为非洲的发展带来了机遇和挑战。Ismail（2017）对世界银行发布的有关恢复华盛顿共识所宣扬的贸易自由化和区域一体化文件提出了批评，认为非洲国家应该采取“发展一体化”的方法来实现区域一体化，寻求将贸易自由化、工业发展和基础设施发展结合起来，敦促世界银行和来自欧盟、美国和中国等贸易伙伴与非洲联盟密切合作，推进非洲大陆自由贸易区（CFTA）和《非洲联盟 2063 年议程》的谈判和实施。尽管齐心协力，非洲的区域一体化进程却遇到了延误。自 2008 年《阿布贾条约》第三阶段以来，只取得了零星进展。因此，这引出了一个令人深思的问题：区域一体化进程为何停滞不前？传统的答案为金融资源和贸易基础设施不足等。然而，Ofa 和 Karingi（2014）提出将区域一体化重新聚焦于以资源为基础的工业化，使用 Balassa 基于 BACI 数据集提出的比较优势指数来衡量非洲的工业化水平。此外，基于 GTAP8 数据集对肯尼亚的中间品投入贸易生产进行了投入产出表分析，发现非洲经济体的工业化水平参差不齐，且总体水平较低。在肯尼亚和非洲的五个地区，进口中间品被认为是生产的关键投入，深刻地影响了区域一体化进程。

非洲一些令人鼓舞的举措和亚洲的成功经验表明，非洲可以通过采取灵活的、由经济目标驱动的自下而上的方法，重点关注少数走廊和集群，从而显著地推进区域经济一体化进程。这种方法将增加区域一体化市场的规模和深度，并将非洲更牢固地与全球价值链和市场联系起来（Tuluy，2016）。尽管非洲进行了多年的区域经济一体化，但非洲区域集团仍然在贸易和投资方面受到了西方经济的历史、殖民、新殖民和垂直联系的严重阻碍。在研究南部非洲发展共同体（以下简称南共体）成员国经济与西方经济体不同程度的垂直一体化，以及成员国内部的垂直一体化后发现，南共体成员国经济对南非经济的依赖导致南共体成员国的一体化程度很高（Aniche and Ukaegbu，2016）。

3. 其他因素

作为影响区域一体化的重要因素，区域一体化协议的内部市场被定义为基于法治的法律秩序。区域一体化协议是建立市场的一个特殊案例，因为它用新规则创造了一个新市场。在比较欧洲联盟和东南亚国家联盟的情况时，所依赖的假设是，可以通过考虑参与国出发点的不同解决方案实现共同目标。就东南亚国家联盟而言，缺乏中央集权是可能的原因（Orcalli，2017）。Geda 和 Seid（2015）考虑到内部贸易潜力也是区域一体化的重要影响因素，考察了非洲内部贸易的潜力和通过这种贸易促进区域经济一体化的前景。他们的分析和模型仿真结果表明，非洲内部贸易存在巨大的潜力。然而，实现这一潜力以及通过非洲内部贸易促进区域一体化的努力，受到进出口缺乏互补性以及非洲潜在出口供应商的相对竞争地位较低的挑战。这是基础设施、生产力和贸易便利化薄弱的结果，总之，非洲出口贸易的特点是严重的出口供应限制。这需要一种创新的方法来加强非洲内部贸易和促进区域一体化。解决出口供应限制、出口竞争力和多样化的挑战是至关重要的，这反过来要求政策必须超越自由化，通过提供区域（多国）和国内基础设施、协调宏观经济政策、加强贸易促进机构、发展贸易便利化以及利用现有的区域经济共同体为工具的以区域为重点的多样化计划，来真正实现贸易的潜力。

跨区域外商直接投资（FDI）通过更多的贸易和投资政策改革，能够促进区域一体化进程，因而 FDI 也是影响区域一体化的重要因素。南亚的证据表明，水平（市场寻求型）FDI 继续主导南亚区域内 FDI，但近年来发生了重大转变，有利于服务业活动。垂直（效率寻求型）FDI 仍然局限于少数产品（主要是服装）以及特定自然资源的可用性在公司选址决策中发挥重要作用的少数行业（Athukorala，2014）。在不发达国家和发达国家的交界地区，巨大的服务价格差

异可以被用来实现互利，为穷人提供收入更高的工作机会，为富人提供更好的购物机会。然而，跨境购物往往受到巨大交易成本的限制。此外，国家和地区即使有机会降低交易成本，也常常无法做到。Dascher 和 Haupt（2011）提供了跨界一体化方案的政治经济分析，分析表明，政治结果取决于国内流动性、决策和住房所有权制度以及联邦拨款和国际边境规制。他们的分析建立在个体差异的两个关键特征上，即跨地区流动（Mobility）和跨文化能力是影响跨界区域一体化的重要因素。

近几十年来，东盟一直在推进区域一体化政策，从建立东盟自由贸易区到与六个主要贸易伙伴建立“东盟+1”自由贸易协定，再到与“东盟+6”自由贸易协定。要进一步推进东盟的区域一体化，应继续把重点放在货物贸易、投资和服务贸易的进一步自由化上，以促进更多的贸易和投资。东亚一体化的设计不只是一个“广泛的区域贸易协定”，也是一个由贸易和投资承诺与便利化相结合的“响应性工具”。要保持区域一体化的可行性，就必须采取开放的区域主义（Marinov，2015）。自 2002 年非盟成立以来，有迹象表明，非洲在区域一体化进程中可能会步欧洲的后尘。但事实真的如此吗？Fioramonti 和 Mattheis（2016）通过综合考虑新旧区域主义多维层面的框架指出，欧洲区域化过程中最关键的特征——从逐步共享主权到注重贸易一体化和社会凝聚力，在非洲区域主义中基本上是缺失的，其呈现的独特性往往被传统分析所掩盖。

五、民间团体、非正规部门与区域一体化

1. 民间团体参与区域一体化

民间团体参与全球治理是一种不可避免的趋势，但与国际组织之间的民间团体参与存在很大差异。虽然已有大量的学术文献对这些差异进行了研究，但仍然缺乏关于国际组织与非洲民间团体相互作用的实证比较研究。因此，Reinold（2019）考察了民间团体在东非共同体（EAC）、西非国家经济共同体（ECOW-AS）和南部非洲发展共同体（SADC）三个非洲次区域组织中的参与情况，分析了使西非国家经济共同体的区域一体化相对更受人们认同的因素，且迄今为止阻

碍民间团体有效参与南部非洲共同体和非洲共同体的事务。研究显示，来自成员国、各组织机构中的盟友以及民间团体自身特征的支持，会影响区域一体化的参与，而后者在 SADC 和 EAC 中明显比在 ECOWAS 中更为突出。Junior 和 Luciano（2021）以南方共同市场（MERCOSUR）和南部非洲发展共同体（SADC）为案例，分析了民间团体参与区域一体化组织的情况，分析的重点是两个团体在民间团体参与方面的开放程度和发展轨迹。他们对这两个区域的民间团体参与者采用的工具和战略进行了对比，了解它们在影响 MERCOSUR 和 SADC 的决策过程方面有多么突出和成功，而这两个团体的决策过程传统上具有政府间和地区间的特点。研究表明，民间团体参与区域一体化组织是由区域制度设计、成员国对社会参与的支持、民间团体资源决定的。

2. 企业团体（协会）与非正规部门参与区域一体化

尽管有组织的企业（Organized Business）在区域经济一体化中的作用被很多文献记载，但现有的学术研究将它们仅仅描述为区域政策的合法化者和合作伙伴。这种简洁的分类未能捕捉到企业复杂的“多尺度性”以及民间团体在区域治理中的作用。Iheduru（2015）从社会建构主义（Social Constructivism）的视角研究表明，尽管非洲企业团体（Business Groups）在区域舞台上是相对较新的参与者，但它们对区域治理的影响是巨大的。这不仅在于让政府采取特定政策或让国家承担责任的能力，而且在于区域社会化效应，即提出了影响政治决策者选择问题的意愿和能力。区域企业治理角色也跨越了相互竞争的传统角色，有时甚至与区域一体化的新自由主义愿景相悖。这一研究挑战了企业参与者（尤其是在非洲）作为简单的利润寻求者的普遍观点，强调了企业参与者集体或单独部署和按照关于区域身份的原则信念采取行动的方式，以形成更密集和相对有效的政策联盟。Yoshimatsu（2007）通过比较 20 世纪 80 年代欧洲和 2000 年后东南亚的区域一体化进程，阐明了企业在创建统一市场过程中具有的代表性。欧洲共同体和 ASEAN 都将建立单一市场作为应对经济困难的可行战略。在这个过程中，美国商业协会在发现问题和促进实现一体化方面发挥了关键作用。就本地企业而言，现有的商业协会无法有效发挥作用，因而成立了一个由个体企业高管组成的新协会。重要的是，创建新协会的倡议并非来自欧洲的私营部门，而是来自 ASEAN 的成员国，且这种差异导致两个协会对推进一体化进程的影响存在差异。

六、区域一体化的经验与教训

目前，区域贸易集团（RTB）是世界贸易体系的一个永久性特征，截至2007年7月，已向世界贸易组织通报了380个区域贸易协定。区域贸易集团指的是：由邻近的领土单位组成联盟，通过自由贸易区或关税同盟促进经济和随后的政治一体化（Cho，2001）。然而，许多区域贸易集团成员未能成功实现其改善各自地区经济发展的目标。因此，Simms R 和 Simms E（2007）探讨了几个 RTB 成员的一体化经验，包括成功的和不成功的。由此得出了区域一体化成功的先决条件，识别和分析了要避免的陷阱。然后将研究结果应用于分析加勒比单一市场和经济体（CSME）在试图推动加勒比地区一体化进程时所面临的挑战。以南亚区域合作联盟（SAARC）为主要代表的南亚区域一直受到长期存在的双边争端的影响，因而南亚区域内的贸易和经济合作有限。Ahmed 和 Hussain（2019）考察了20世纪50年代到2016年英国决定退出欧盟的欧洲经济一体化，以便为 SAARC 找出可能的经验教训。他们利用 Gürler（2000）的经济一体化模型，提出了通过 SAARC 进行经济合作的途径。虽然对于 SAARC 来说，全面实施欧盟的经济一体化模式似乎是一个遥远的事情，但他们认为，一个振兴的 SAARC 仍然对推动南亚经济合作进程具有重要的作用，这不仅能推进经济一体化进程，而且能解决政治争端。

欧洲新的经济空间的特点是，欧盟成员国及其东部邻国之间的经济一体化水平不断提高。总体来说，东西方一体化意味着欧盟与外部边境区域的互动增加。Petrakos 和 Topaloglou（2008）研究了一体化动态对边境地区发展前景的影响，这些地区传统上被认为是低机会地区，拥有欠发达的地方经济。他们研究了外部边境区域的一体化经历经验，以及距离、市场规模和集聚经济在跨境互动过程中的作用。Fujita（2007）在概述过去半个世纪欧盟、北美自由贸易协定，东亚地区的全球化和区域一体化趋势后，介绍了空间经济学（新经济地理学）的基本框架。基于这一理论框架，他考察了过去30年东亚内部以及东亚与世界其他地区之间不断变化的经济相互依存关系，关注东亚的区域多样性和差距。在比较欧盟与东亚区域一体化的基础上，进一步考察了推进东亚一体化进程的任务和前景。

政府间主义是理性主义的一种变体，主要用于解释欧洲一体化，有望成为理解东盟演变的一种潜在途径。传统的政府间主义认为，一体化是由成员国的目标和利益驱动的。这些国家寻求合作的好处，但它们主要关心保持各自的自治权。Cockerham（2009）分析了自1967年东盟成立以来在东盟框架内制定的协议，研究了东南亚国家联盟（ASEAN）的区域一体化。他认为，政府间主义是理性主义的变体，而不是新功能主义或东盟方式的规范，最准确地反映了组织的制度发展。研究表明，虽然东盟的一体化无疑受到了规范和价值观的影响，但一体化进程可以通过政府间主义得到最好的理解。虽然许多协议是在东盟框架内制定的，并且在性质上变得更具法律性，但它们往往大多是在职能领域，透明度和授权水平较低。区域一体化是在无政府的国际体系中，在一群自我激励的国家内部实现合作互利的尝试。区域主义在国际关系理论中具有重要意义。为了实现成功的地区凝聚力，各国必须克服国际合作中普遍存在的集体行动问题。Yoshimatsu（2006）以东南亚国家联盟为例，考虑了诱使参与者为了获得短期收益而背叛协议的协作博弈，以及参与者难以达成协议的协调博弈两种集体行动问题，探讨了各国如何尝试克服集体行动问题以促进区域一体化。他认为，东盟国家虽然不打算通过建立超国家机构来解决集体行动问题，但通过强化区域组织的集中性，逐渐形成了可行的执行机制。

第三章　主权国家内推进区域一体化发展研究综述*

本章针对中国区域一体化的丰富实践，重点关注中国内部不同类型、不同等级地区的区域一体化。国内学者对中国特色的区域一体化进行了较为深入的研究，研究内容涉及区域经济学、经济地理学、应用经济学等相关学科。本章主要从概念内涵与理论渊源、历史进程与动力机制、区域一体化的效应或影响、区域一体化的实现路径、推进长三角更高质量一体化发展五个方面进行综述。

一、概念内涵与理论渊源

明晰概念内涵、厘清理论渊源是探究中国区域一体化的首要理论问题。安虎森和蒋涛（2006）认为，区域一体化是区域之间通过组织机构形成政策一体化，通过分工协作促使要素和商品能够充分自由流动，进而实现生产要素优化配置的过程。李郇和殷江滨（2012）指出，区域一体化的本质是区域内部生产要素和商品自由流动的过程，是区域性经济贸易联合体。罗蓉和罗雪中（2009）指出，区域一体化既是区域系统中各元素相互作用、相互影响、相互促进的动态演变过程，也是系统内各单元分工合作、相互依存、彼此联系的稳定静态表现。陈雯（2018）强调，区域一体化不仅是打破行政界线约束、促进要素自由流动情形下，地区分工协作形成合力的过程，也是将区域作为一个整体，根据经济社会和资源

* 本章借鉴郇恒飞、朱英明等（2023）的工作论文《主权国家内推进区域一体化发展研究综述》。

环境的区位条件差异性，进行分工配置、有机协调的过程。

关于区域一体化的理论渊源，赵伟和程艳（2006）认为，区域一体化的理论分析已从传统的完全竞争模型扩展到不完全竞争模型；陈建军（2010）指出，长三角区域经济一体化起于区域合作理论，成长于次区域理论，壮大于国际经济一体化理论；金丹（2014）将区域一体化理论体系划分为传统理论框架（偏重从流通领域分析贸易效应）和现代理论框架（注重从生产领域探讨生产效应）；刘秀英（2019）指出，绝对优势理论、比较优势理论等经典理论，都可以用来解释为什么会形成区域一体化这一发展趋势。

另有学者从比较分析国际区域一体化模式（佟家栋等，1994；汤碧，2002）、辨析经济全球化和区域经济一体化的联系与区别（仉晓光，2005）等视角揭示了中国区域一体化的概念内涵和理论渊源。

二、历史进程与动力机制

孙久文（2015）回顾了我国区域一体化的发展历程，指出中国区域经济一体化的实现需要通过贸易、要素、政策一体化的全面实现和统一后，才会进入完全一体化的发展阶段。具体到长三角语境下，陈建军（2008）将长三角区域经济一体化进程划分为上海经济区阶段、浦东开发开放阶段和经济全球化阶段；李湛和张彦（2020）认为，长三角区域合作历程经历了规划协调、要素合作、机制对接、更高质量一体化发展国家战略四个阶段；马子玉等（2022）从合作机制的角度把长三角区域一体化划分为行政指导、要素合作、机制构建、全面合作和国家战略五个阶段；杨洋等（2023）通过总结发展进程中的重大事件和代表性政策，将长三角一体化发展划分为打破僵局、非制度化合作、制度建设和国家战略四个阶段。针对区域一体化的影响因素或动力机制，梁任敏等（2017）指出，经济距离的缩短、经济密度的提高以及分割问题的减少是促进区域经济一体化与经济地理重塑的主要动力机制；金巍等（2023）发现，国家重大战略叠加能显著地推动城市群的区域一体化进程；胡慧源和李叶（2022）认为，深化“强政府+强市场”制度性改革是区域一体化发展的关键动力；李兰冰和张聪聪（2022）指出，交通基础设施建设是驱动区域一体化发展的重要政策工具；王钺（2023）认为，

数字经济的快速发展为中国区际间要素市场一体化和产品市场一体化带来了新的契机和挑战；汪晓文等（2023）则强调地方政府竞争作为区域生产要素流动的重要推手，对区域市场一体化的影响呈倒“U”形。

随着研究的深入，还有学者利用价格指数（千慧雄，2010；韩旭和豆建民，2022）、KLD 和 SKLD 指标（冯润东等，2022）、构建综合评价指标体系（胡艳和张安伟，2020）等方法对区域一体化进行了定量测度，或者从市场一体化（彭桥等，2021）、经济一体化（王雨和张京祥，2022）、交通一体化（蒋海兵和韦胜，2020）等维度对区域一体化进行了系统思考与认识。

三、区域一体化的效应或影响

通过梳理文献发现，现有研究大多充分利用我国的城市群数据，重点关注区域一体化如何通过优化资源配置、推动产业结构升级等方式促进区域经济增长（李雪松等，2017）。其中，尹征和卢明华（2015）采用灰色关联度分析了一体化对产业结构升级的影响；袁茜等（2019）通过构建双重差分模型和面板门槛模型，证实了长江经济带一体化有利于提升高技术产业研发效率；黄文和张羽瑶（2019）、张跃等（2021）的实证研究指出，深入推进区域一体化战略对促进城市群经济高质量发展产生了重要影响；郭艺等（2023）采用多期 DID 模型的实证检验发现，区域一体化可以显著地推动资源型城市产业结构升级，且促进效应会随着合作的推进逐渐增强；刘乃全和胡羽琦（2022）从政治一体化和经济一体化视角，实证研究了区域一体化与城市间收入差距的影响关系与传导过程。

区域一体化环境（或污染）治理效应的探讨也成为学术界的热点话题，例如，郭艺等（2022）运用双重差分法研究区域一体化的碳减排效应，并采用中介效应模型识别了区域一体化碳排放效应的内在机理；赵领娣和徐乐（2019）从城市群扩容视角比较分析了长三角一体化在整体城市、原位城市和新进城市的水污染效应的共同趋势与区域差异；韩旭和豆建民（2022）基于产业地理集中与分散的视角，探究了区域一体化影响污染产业地理集中的内在逻辑与效果差异，并利用中国工业企业数据库的微观数据进行了实证检验。

此外，近年来的研究还在改善居民获得感（陈喜强等，2022）、缩小地区收入差距（刘乃全等，2023）、提升城市土地利用效率或创新能力（陈丹玲等，2021；杨清可等，2022；董春风和何骏，2021）、企业异地投资区位选择（徐光伟等，2021）等政治社会领域探究了区域一体化的影响因素。

四、区域一体化的实现路径

区域一体化是我国推动区域协调发展的重要政策工具，那么通过何种方式实现区域一体化也成为政府、学术界关注的重点。陈瑞莲（2009）指出，欧盟推进区域一体化的基本经验，为推进珠三角区域一体化进程提供了制度层面的创新路径；汪伟全（2009）强调，厘清区域内的地方利益冲突、构筑合作共赢的区域治理机制是推进区域一体化的重要环节；韩佳（2008）梳理了长江三角洲区域一体化的发展现状，分析了阻碍一体化发展的因素，提出了制度创新等对策和建议；张军（2011）总结并分析了珠江三角洲区域一体化发展的现状、一体化机制及协同推进路径；李曼（2005）解析了京津冀区域一体化的必要性，并结合区域发展条件和发展环境，论证了一体化发展的可行性；王小彬（2018）分析了一体化发展在“一带一路”建设中的重要作用，探讨了如何通过“一带一路”建设助力粤港澳区域一体化发展；甄艳（2011）认为，东北地区区域经济一体化已具备政策、地缘、人力等条件，但也存在市场分割、体制机制等障碍，实现东北地区区域经济一体化应打破原有的制度体制障碍，创新协调发展模式；张沛等（2010）围绕呼包鄂区域的发展实际，提出了推进呼包鄂区域一体化的战略思路和措施；吕小瑞和杨磊（2023）系统梳理了省际毗邻区域一体化发展存在的决策思维障碍和体制机制障碍，提出了推进宁滁省际毗邻区域一体化发展的对策。

运输对区域一体化的影响。运输和区域经济一体化是相互关联的，但它们之间的关系仍然是模糊的。He 等（2019）选取长江经济带最重要的制造业地区之一——长株潭地区作为研究区域，使用经济联系和城市流强度模型分析了区域经济一体化，并考察了交通投资和流动性水平。结果表明，交通投资和流动性在短期和长期内对区域经济一体化都有显著的正向影响，投资比流动性对经济一体化的贡献更大。此外，区域经济一体化和流动性可以促进交通投资，交通投资可以促进流动性。此外，它们之间还存在短期的动态调整。了解有效的交通投资和流

动性对促进区域经济一体化至关重要。

资本一体化方面。Efremov 等（2015）评估和计算 2000~2012 年俄罗斯联邦投资有吸引力地区资本一体化过程的整体指数。为了揭示区域在资本一体化过程中的优势与劣势，他们计算了不同经济部门的分项指数。研究表明，地区的总体经济发展、企业活动、投资、财政政策的实现、银行业和社会潜力等特征具有高度的区域差异性。在研究期间，不仅莫斯科和圣彼得堡等人口稠密的中心地区显示出动态发展，而且在远离中心的地区也注意到了这一过程。在吸引外国投资的遥远地区，资本一体化程度很高。资本一体化程度高的地区数量越多，地区的差异化就越小。

五、推进长三角更高质量一体化发展

长三角作为我国经济发展的重心和区域合作的典范，其区域一体化发展的相关研究主要集中于路径探索等方面。例如：汪后继等（2011）发现，长三角区域经济一体化是地理区位和制度环境共同作用的结果，整体联动和政策一体是未来一体化发展的路径选择；徐现祥和李郇（2005）以长三角城市群为样本，分别从理论与实证的角度考察了市场一体化对区域经济协调发展的影响。随着 2018 年长三角一体化发展正式上升为国家战略，如何推进长三角更高质量一体化发展，成为我国学者的研究热点。我国学者对什么是长三角更高质量一体化发展、长三角如何推进更高质量一体化发展进行了不懈探索。

针对“什么是长三角更高质量一体化发展”，周其仁（2019）指出，长三角一体化发展并不是将三省一市变成一个统一的行政区域，而是要破除流动性障碍，提高要素配置效率。王振（2018）针对长三角地区进入一体化发展的新时代，提出新时代长三角区域一体化包含三个新特征：多领域的一体化、推进载体的一体化和制度建设的一体化。陈建军（2019）认为，高质量一体化是以新发展理念为指导，以高效、低成本、全球化的区域统一市场为基础的现代经济体系。程必定（2019）认为，高质量区域一体化体现了经济发展的高质量、空间结构的高优化、市场机制的高效率、区域政策的高集成，是“有效性、包容性以及可持续性”均处于最好状态的一体化；刘治彦和魏哲南（2022）持有相同的观点，认为长三角更高质量一体化发展是指利用区域内比较优势，使一体化的有效性、包容性以及可持续性达到帕累托最优状态的过程。高丽娜和蒋伏兴（2020）指出，更高质量一体化发展是比较优势动态演化与宏观背景转换共同作用的必然结果，是在尊重各区域独特性前提下的差异化发展。陈雯等（2022）认为，高质量赋予了长三角一体化发展新内涵，即更高战略定位的一体化、更高效率和水平的一体化、更加协调的一体化、更优空间形态的一体化。孙斌栋（2022）结合长三角地区发展情境指出，长三角区域一体化的内涵应当是：打破行政区经济，降低交易成本，促进要素自由流动、商品互通有无和专业化分工协作，实现高质量发展和共同繁荣，构筑城市群命运共同体。

针对“长三角如何推进更高质量一体化发展”，既有研究主要集中于以下几个层面：

一是整体认知视角。洪银兴（2018）提出，长三角一体化发展应先推进核心区的同城化，通过毗邻城市对核心区的疏解，以及核心区对毗邻城市的要素转移，以此形成相互促进的经济板块，从而实现区域经济一体化程度的提升。刘志彪（2019）认为，市场一体化是长三角区域高质量一体化发展的基础，竞争政策是长三角区域高质量一体化发展中的制度基石。郁鸿胜（2018）呼吁，长三角更高质量一体化发展的关键是建立包容性的区域协调新体制。陈雯（2018）强调，在高质量发展的新阶段，需要重新认识区域一体化的新内涵，寻求一体化推动高质量发展的新动能。曾刚（2018）表示，长三角更高质量一体化发展应以核心节点城市创新为基础，以高速公路、铁路为纽带，构建区域创新网络。

二是产业协作视角。范剑勇（2019）基于本地市场效应理论和中心—外围结构模型，对更高质量一体化发展背景下长三角产业一体化进行了深入探讨。江静和丁春林（2021）认为，基于服务型制造的正向融合和基于制造业服务化的逆向融合是长三角高质量一体化的重要路径之一。林善浪（2020）指出，在新发展格局下推进长三角一体化高质量发展，要推动长三角内部产业链垂直分工，打造一批集聚全球创新资源的研发平台，分类优化全球产业链布局。周明勇（2022）强调，高质量产业发展以及以产业转型为指向的科技创新是推进长三角一体化高质量发展的重要动力源泉。何骏（2022）构建了“总部+基地+基金+机制”的长三角区域文化产业合作模式，为长三角更高质量一体化发展提供了物质保障。耿利敏等（2023）认为，加快长三角先进制造业集群一体化发展，主要体现在协同构建全产业链、提高集群创新能力、加快工业互联网赋能和成立先进制造业集群联

盟四个方面。林玉妹和林善浪（2022）表示，提高长三角跨区域产业协同发展水平要注重提高政府跨区域治理能力、推进跨区域创新链和产业链衔接联动、优化跨区域协同创新共同体、创新跨区域科技成果转化机制、培育分工协作的创新产业集群。

三是动力机制视角。程必定（2019）指出，在新的时代背景下，长三角地区应以智能化为一体化赋能，以智能化提升一体化质量。陈建军（2019）建议，在长三角核心区域的沪苏浙三角地带打造超“区域—行政”边界的更高质量一体化发展试验区，将政府间的区域合作行为与不同属地的企业面对面的合作竞争置于同一空间。杜德斌（2020）主张，通过深化区域间创新协作，促进创新要素在创新主体间自主有序流动，以此形成协同创新的区域系统环境，是长三角实现高质量一体化和经济社会可持续发展的重要动力与保障。马子玉等（2022）强调，长三角一体化的成功实践离不开金融领域的联动和发展。刘治彦和魏哲南（2022）建议紧扣“一体化”和“高质量”两个关键，以新体制、新基建、新技术、新产业、新载体共同推进长三角更高质量一体化发展。杨洋等（2023）认为，创新、协调、绿色、开放、共享是长三角一体化高质量发展过程中的关键动力体系。姚登宝等（2023）强调，数字金融作为数字技术与金融创新深度融合的产物，对赋能长三角城市一体化具有重要作用。潘昭宇（2021）则认为，加快城市群和都市圈轨道交通网络化，构建现代综合交通运输体系，能够增强对长三角更高质量一体化发展的服务支撑能力。

四是落实举措视角。肖金成（2018）认为，推动长三角更高质量一体化发展，需要在规划对接与战略协同、一体化市场体系建设、让群众共享发展成果和大雾污染防治攻坚战上破题。孙久文（2021）强调，长三角更高质量一体化发展，应该从培育核心增长极、打造产业集群、保护生态环境、增进普惠共赢、激发创新潜能、扩大对外开放等层面发力，满足国内国际市场需求。曾刚等（2019）建议设立国家级长三角管理机构、建立区域一体化技术市场体系、发展国有非营利技术中介机构，推动长三角地区从成本洼地、规模型发展向创新高地、质量型发展。陈雯等（2021）提出，各扬所长，优化功能分工、协调组织产业链创新链、加快培育绿色创新新动能、促进社会公平与成果共享、深化生态绿色一体化示范区协调机制，推进长三角更高质量一体化发展。李湛和张彦（2020）表示，要建立国家层面领导机构和市场化合作制度，逐步探索形成跨区域项目合作与税收利益共享新机制，促进长三角区域一体化的深入发展。朱广其

（2020）指出，推进长三角更高质量一体化发展，需要立足企业主体和要素所有者的行为，完善目标导向的普惠性政策和问题导向的有效性政策相统一的政策框架。

五是参与省市视角。刘俊源和朱洁（2019）指出，江苏在长三角更高质量一体化发展中具有服务和支撑上海的重要作用，江苏应加强与浙江的两翼联动，并辐射、带动安徽的高质量发展。陈建造等（2019）强调，浙江在融入长三角更高质量一体化发展的进程中，既要扬“民营经济、数字经济、开放经济、生态经济和民生经济”之长，更要“承接上海溢出效应建设功能示范区、借鉴江苏‘园区经验’打造生态产业链、整合浙皖旅游资源共绘绿色生活圈”来补其之短。李婷和杜代玲（2022）认为，安徽省应该从树立开放发展意识、制定战略规划、创新体制机制、体现区域特色和提升战略定位等方面，深度参与长三角更高质量一体化发展。张超（2023）建议从打造高能级“交通枢纽、优势产业集群、生态环境和公共服务”着手，助力宁波打造高质量长三角一体化发展先行区。于佳佳等（2022）从产业链共融和创新要素共享、政策互通的角度，提出了昆山高新区深度融入长三角一体化发展的路径。王云（2023）指出，要在强主体、活市场、重科技、优生态上精准发力，促进宣城农业融入长三角一体化高质量发展。

第Ⅱ篇

国外推进区域一体化的借鉴研究

第四章　区域一体化的区域风险悖论规避研究*

本章在分析区域一体化重塑企业经营环境和区域一体化程度影响区域风险的基础上，提出区域一体化的区域风险悖论，即跨国公司通过继续利用一体化地区的低风险环境来管理风险，随着时间的推移，其不断深化的根植性会增加其风险，这种现象类似于伊卡洛斯悖论或成功悖论。为此，本章最后提出了针对这一悖论的区域一体化规避策略。

一、区域一体化重塑企业经营环境

国际商务是有风险的业务。跨国公司面临着不同的因素，这些因素可能导致重大的财务损失、声誉损害，甚至去国际化（Benito and Welch，1997）。危机和失败案例表明，风险管理是国际商务运营中的一项关键战略职能（Clarke and Liesch，2017）。为了减少风险敞口，跨国公司采用了各种风险管理策略，包括加强政治联系（John and Lawton，2018）、建立战略联盟（Kwok et al.，2019）以及通过体验式学习增加市场知识（Figueira-de-Lemos et al.，2011）。

从基于交易成本的区域跨国公司理论的角度来看，选择外国市场时的深思熟虑过程本身就是一种风险管理策略。国际多元化降低了风险，特别是选择向区域而非全球市场扩张会降低风险（Kling et al.，2014）。这是因为区域内的低距离

* 本章借鉴了 Alday（2022）的研究成果。

使跨国公司能够降低将企业特定优势（FSA）与国家特定优势（CSA）融合所需的交易成本和适应成本（Rugman and Verbeke，2005）。关于跨国公司扩张的区域模式的实证结果一致性支持了区域为企业国际化提供有吸引力的低风险选择的理论命题（Hejazi，2007）。多项研究发现，跨国公司的运营往往集中在亚洲、欧洲和北美洲的一个或两个所谓的三角地区（Li and Guisinger，1992；Rugman，2003；Verbeke and Asmussen，2016）。

除了地理上定义的三角地区，新的经济区域是由缔结区域一体化协定的国家创建的（如自由贸易协定、单一市场协定和其他协定）。这些一体化区域的边界不是由地理边界决定的，而是由管理协议规定的成员和政策边界决定的。这些一体化区域具有独有的特征，有效地将东道国市场的范围从国家扩展到该地区，并重塑国际企业的经营环境（Dunning and Robson，1987）。

各国参与区域一体化倡议的目的是加强安全与稳定，促进区域内经济活动（如通过标准化各国之间的贸易条件），并降低总体区域风险（Sapir，2011）。一体化地区稳定和谐的制度创造了一种以较低距离为特征的环境，与非一体化地区相比，这种环境转化为了更高的国际商务吸引力。

二、区域一体化程度影响区域风险

风险是以下两个方面的函数：①区域商业环境的不确定性程度（Uncertainty）；②区域跨国公司投入程度（Commitment），即 Risk（R）= Uncertainty（U）×Commitment（C）。这两个因素相互依存，创造了一个随时间变化的动态区域风险环境。

根据区域跨国公司理论，区域一体化通过降低不确定性、距离和交易成本来降低风险。这种低风险、低距离的环境增加了该地区的吸引力，从而促进了跨国公司通过区域化进行区域投入。跨国公司不断增加的区域投入反映在供应商、市场和价值链的区域网络中不断扩大和深化的根植性（Johanson and Vahlne，1977）。然而，这种区域投入的强化最终增加了跨国公司在更广泛的区域风险因素中的风险暴露和脆弱性（Santangelo and Meyer，2017）。

Alday（2022）以区域跨国公司理论和区域一体化理论为指导，采用社会网络的视角，研究不同区域一体化框架下区域内商业关系的演变结构，探讨这些演化的关系网络结构对区域商业风险转化的影响。研究发现，适度一体化的地区（东南亚国家联盟）将交易成本降低到适度低水平，从而促进了跨国公司适度区域化，导致跨国公司中度嵌入松耦合的区域商业网络，并适度增加区域风险。相比之下，深度一体化的地区（欧盟）将区域行政距离降到较低的水平，并促进跨国公司的强烈区域化，导致跨国公司深度嵌入紧耦合的区域商业网络，并显著增加区域风险。

三、区域一体化的区域风险悖论及其规避策略

跨国公司通过持续利用一体化地区的低风险环境来管理风险，随着时间的推移，其不断深化的根植性会增加其风险。这种模式与伊卡洛斯悖论或成功悖论一致（Cunha and Putnam，2019），这是组织坚持以前的行动方案导致积极结果的现象。当组织试图通过始终应用相同的实践和策略来复制过去的成功时，它们对可能需要不同的环境变化变得不那么敏感（Elsass，1993），因而过去导致成功的行为在未来可能会导致失败。

Alday（2022）扩展了伊卡洛斯悖论的概念，提出了区域风险悖论：在利用经济一体化地区的吸引力条件来降低风险的过程中，跨国公司加深了其区域根植性和投入，并随着时间的推移反常地增加了其风险暴露的现象。所有一体化地区对跨国公司的吸引力并不相同，区域一体化不存在单一模式。事实上，有一系列的模式有效地促进了不同程度和深度的一体化。因此，这些模式创造了具有不同吸引力的区域环境，促进跨国公司不同程度的区域化。跨国公司区域化程度与投入程度的差异表现在不同结构的区域关系网络中，这表明了跨国公司区域风险暴露的最终差异。

随着跨国公司区域化利用区域经济一体化方案提供的低风险环境，它们最终通过深化在区域商业网络中的投入和嵌入来增加其区域风险敞口。鉴于此，规避策略在于：以跨国公司适度参与长三角区域一体化为目标，精准制定一系列针对性政策措施，适时降低跨国公司参与一体化的风险暴露，持续提升跨国公司参与更高质量一体化发展的积极性。

第五章　区域一体化的创业经济促进研究*

本章首先分析欧盟的区域一体化发展现状，其次分析欧盟的创业活动，最后分析欧盟一体化对成员国创业的促进作用。随着成员国在经济和制度上与欧盟一体化程度的提高，创业学习和机会也会增加，从而加快初创企业的形成，提高自主创业和企业所有权的比例，创业经济由此兴起。

一、欧盟的区域一体化发展现状

欧盟于 1957 年根据《罗马条约》建立，成立之初是一个免税区。如今的欧盟类似于一个松散的联邦，其法律意义上的主权成员国拥有共同的外交、贸易、货币和某些国内政策。欧盟国家的公民可以自由地跨越国界，在欧盟境内的任何地方工作，而不会受到歧视。商品、服务和资本在整个欧盟单一市场自由流动。成员国受益于欧盟共同预算中的结构性和凝聚力基金。欧洲议会制定欧盟范围内的立法，而欧洲法院裁决冲突并确保成员国遵守欧盟法规。

欧盟区域一体化快速发展的机制之一，在于其有效规模的扩大。随着经济全球化的发展，欧洲国家也经历了区域一体化的进程。在一体化方面，欧盟的区域一体化通常被认为比全球化更激烈，因为它涉及类似的基本力量，所以在地理邻近和文化相似的国家之间运作。从一个自由贸易区开始，欧盟已经发展成为一个

---

* 本章借鉴了 Tarabar（2018）的研究成果。

关税同盟、单一市场，并最终在20世纪末成为一个货币联盟。欧盟从1957年最初的六个成员国（法国、西德、荷兰、比利时、卢森堡和意大利）扩大到目前的27个成员国，人口超过5亿，占全球国内生产总值的1/5以上。

除了增加欧盟内部贸易和要素流动，欧盟成员国身份还涉及极为重要的政治层面。一旦加入，国家就成为类似于市场保护联邦制的政治结构的一部分（Weingast，1995）。这种联邦制的特点是存在多层政府，拥有各自的权力范围，下级联邦机构对本国经济保持主要的监管控制。在这种情况下，下级联邦司法管辖区（欧盟成员国）共存于一个共同市场中，它们无法对其他成员国设置新的贸易或资本壁垒，也无法获得无限的信贷。不受限制流动的内部市场的存在确保了下级联邦司法管辖区之间的经济活动竞争。因此，通过继续促进跨境劳动力流动、采用共同货币和强制成员国遵守共同市场规则、共同市场制度化进一步表明，本国经济更多地向世界上最大的竞争市场重新定向。欧盟内部的联合机构建设进程与欧盟成员国之间的长期贸易深化有关（Agur et al.，2007）。因此，欧盟一体化的另一种机制则源于国内市场竞争力的提高。

二、欧盟的创业活动

创业被广泛认为是经济进步的关键因素。企业家冒险创新，他们创造性地摧毁现有的技术和产品（Schumpeter，1942）。Aghion 和 Howitt（1992）正式将创造性破坏（垂直创新）的过程模拟为经济增长的根本来源。Kirzner（1997）提出了一个相关的观点，将企业家描述为在不平衡环境中运行的警觉性代理人，通过试错发现以前未知的套利机会。这些理论认为，创业和经济发展之间的正向联系源于发现最优的产品—市场组合，创造知识溢出，降低生产成本，促进生产力发展和竞争。

在跨国环境中，创业和发展之间双向和“U”形关系的研究，已经成为创业活动研究的主题。虽然富裕国家的创业水平总体较高，但创业对发展的正向影响在发展水平较高时最大（Valliere and Peterson，2009）。在这种大背景下，欧盟是一个特别有趣的案例，因为它是一个独立但高度一体化的国家集团，享有相对较高的发展水平和良好的制度环境，这表明更具“生产性”和创新驱动型创业的普遍存在（Acs，2010）。事实上，创业作为发展动力的重要性已经被欧洲委员会所认识，并将促进中小企业作为其政策目标之一。根据欧盟的数据，中小企业占欧盟所有企业的99%，并提供了85%的就业机会，而多达37%的欧盟公民倾向于自主创业。

创业被定义为个人或团体以合法商业形式在正式部门发起经济活动的活动。微型企业（规模为1~9名员工）被选择为分析单位和创业者的主要渠道，微型企业的形成表明国家内部较高的创业活动，因为它们主要面向内部，是少数创业者个人自主创业（独资）或合资（合伙）的结果。微型企业是保持经济活力、稳定就业和促进创新的关键（Klapper et al.，2006），而促进创业已成为欧盟最重要的政策目标之一。

三、欧盟一体化对成员国创业的促进作用

自20世纪70年代以来，一体化步伐日益加速（通过跨国贸易、资本和劳动力流动的增加表现出来），伴随着全球创业的同时复苏（Verheul et al.，2001）。在发达国家，从管理型生产模式向创业型生产模式的产业重组更加明显（Eeckhout and Jovanovic，2012）。

一体化与创业联系背后的基本机制在于，资本可用性、生产率和产品知识溢出、企业重组和人员跨境流动。随着各国对产品和要素流动的开放，新技术、管理实践和知识在各国之间的转移变得更加容易。更多的资本可用性也降低了其成本，并为创业活动的开展提供了急需的风险资金。企业家通过模仿或补充进口产品来获取和利用产品知识（Audretsch and Thurik，2004）。一般来说，更大的人力流动性有助于知识溢出，但也有助于多样化需求的增加（Verheul et al.，2001）。一体化造成的更高的市场波动性和潜在需求的变化也可能为小企业创造更有能力开发和适应的商业机会。

欧盟一体化的深化促进了成员国的创业活动，因为创业活动是欧盟一体化提高成员国生活水平的一个渠道。一方面，欧盟更深度的一体化带来了更激烈的市场竞争和更大的宏观经济波动，迫使企业家提高生产效率或迫使低生产效率的企业退出。另一方面，欧盟一体化和创业之间正向和显著的联系表明了正外部效

应，以及因欧盟成员国资格而扩大的企业家个人的专业化机会。以微型企业密度和自主创业率为代理变量的创业，在欧盟共同市场一体化的经济和政治维度均有所提高（Tarabar，2018）。这一发现表明，随着成员国在经济和制度上与欧盟一体化程度的提高，创业学习和机会也会增加，从而加快初创企业的形成，提高自主创业和企业所有权的比例。潜在的一体化“引力”（机会）因素影响企业家个体对自主创业做出职业选择，通过深化与欧盟共同市场的一体化来鼓励创业成为促进各成员国内部就业和经济增长的重要渠道。

第六章　从新功能主义一体化到差异化一体化*

本章首先分析新功能主义一体化，其次分析差异化一体化，最后分析从新功能主义一体化向差异化一体化转变的趋势。新功能主义一体化认为，新功能主义是在批判继承功能主义基础上形成的一种一体化理论，新功能主义模型被证明实用性较强，可以解释欧洲一体化为何以及如何展开；差异化一体化认为，最令新功能主义学者困惑的现象之一是差异化一体化的可能性，差异化一体化过程是一个熵开始的过程，欧洲以外的其他地区都可以使用差异化一体化。

一、新功能主义一体化

新功能主义一体化是在批判继承功能主义基础上形成的一种一体化理论。新功能主义是由 Haas（1961）在 Mitrany（1943）的功能主义路线上发展起来的，随后由 Lindberg（1965）和 Nye（1970）加以改进。该理论主要强调为进一步一体化提供动力而建立的超国家组织的作用。新功能主义一体化认为，一体化的方向和程度无法事先知道或规划。相反，一种复杂的溢出机制确保各国逐步将更多的超国家责任分配给现有的组织。事实上，新功能主义模型的整个逻辑都建立在溢出效应之上。

新功能主义模型被证明实用性较强，可以解释欧洲一体化为何以及如何展

* 本章借鉴了 Dedeoğlu 和 Bilener（2017）、Warleigh-Lack（2015）的研究成果。

开。新功能主义一体化系统地分析了 20 世纪 60 年代以来欧洲一体化的演变过程。新功能主义理论是一种动态的预测模型，并在欧洲一体化的不同时期得到了适应和修正。与其他一体化理论相比，新功能主义一体化的灵活性是其成为评估其他地区新兴一体化运动的有用工具和相关方法的原因。然而，它在其他地方的应用仍然存在问题，因为这一过程涉及许多重要因素。新功能主义一体化在欧盟环境中有时被认为是“过时的”，因为不断扩大和深化的一体化已经发生在那里。尽管如此，新功能主义一体化仍然是一个动态和演进的模式，能够提供一个有用的工具来分析和比较区域一体化的尝试和倡议。

新功能主义模型以国家之间的“共同团结”为基础，优先考虑国家之间的共同行动和具体成就，最好是愿意创建一体化实体的邻国。这种一体化运动的成员必须建立共同的机构，应该逐步向这些机构转移更多的能力。新功能主义者认为，国家或政府之间的合作意愿将不足以实现一体化，因为国家的政治和经济精英还必须鼓励社会层面的和解，因为在民主环境中，公民必须支持一体化。

通过将更多权力下放给它们创建的超国家组织，各国确保其公民开始将越来越多的期望转向“联盟”，经济和社会一体化随后将“溢出”到政治一体化。新功能主义方法确定了一些相互作用的因果因素，并在民族和国家之间创造了一种一体化的促进因素：相关国家之间日益增长的经济相互依存、解决区域争端组织的能力、通过共同接受的司法机构建立国际法律制度的能力，取代国家监管制度的超国家市场规则、团体之间的相互认知以及共同政治和社会价值的发展。另外，人口的规模、经济交易的水平和产生的经济规模以及政治和经济精英的互补性也是重要的条件。

在 20 世纪 60 年代发展起来的区域一体化理论中，新功能主义仍然是理解为什么国家决定将其经济和政治命运放在一起，以及区域一体化进程如何展开的重要工具之一。到目前为止，欧盟仍然是最先进的一体化案例。借鉴欧盟的新功能主义一体化实践，是其他地区促进一体化进程，尤其是加快推进我国区域更高质量一体化发展需要研究的重大课题。

二、差异化一体化

新功能主义对欧洲和区域一体化理论、欧洲一体化研究和比较区域主义研究的影响是广泛的，这一理论为国际政治研究提供了摆脱国家中心主义的手段，促使学者“对被主流现实主义学派认为无关紧要的分析单位”进行探讨（Chryssochoou，2009）。这对于区域一体化而言既有积极的影响（如创造了“区域一体化”的概念），也有消极的影响（如新区域主义中的反新功能主义）。新功能主义的影响随着时间的推移而扩展，超越了20世纪60年代初的鼎盛时期。

20世纪70年代，最令新功能主义学者困惑的现象之一是差异化一体化的可能性（Haas，1975）。新功能主义的早期核心目标之一是将功能主义的见解应用到国际一体化中（Chryssochoou，2009）。像Mitrany（1943）这样的功能主义者对区域一体化持怀疑态度，担心这可能会在更大范围内重现民族主义的危机；相反，他们主张构建一个由特定问题的国际机制组成的复杂体系，在这个体系中，可以将权力安全地从民族国家手中夺走，并在国际上共享。新功能主义者不仅在社会科学理论的性质和目的上与他们的先辈不一致，而且在区域一体化作为在区域层次上形成新政体和准国家的途径的价值上也不一致（Rosamond，2000）。事实上，在新功能主义中，溢出效应旨在作为避免政策领域之间长期差异的手段，超国家参与者将与民间团体中的参与者一起积极寻求确保一体化更大的一致性，以确保最大限度地扩大其利益（Chryssochoou，2009）。

三、从新功能主义一体化转向差异化一体化

在1965年的“空椅子危机”之后，新功能主义者开始认为，只有在激励充足的情况下，成员国领导人才会将欧盟作为解决问题的工具。这可能是在个案的基础上进行的，具体的政策领域不同程度发展的一体化。只有一场重大危机（无论是内部的还是外部的）才能让成员国的精英从这种视野中跳出来（Lindberg and Scheingold，1970）。将区域一体化与更普遍的国际相互依存管理区分开来发现几乎没有什么区别：一个差异化一体化过程将是一个熵开始的过程（Haas，1975）。

差异化一体化中的差异化必须放在明确的范围内。首先，必须保持多速度模式，允许成员国在达到一个集体目标所需的时间上有所不同，但不允许目标本身发生变化（Duff，1997）。其次，必须在政策领域排除使用它可能破坏欧盟对第三国的影响力（Grant，2000）。最后，必须最低限度地作为一种政策工具而使用，永远不要作为一体化的原则而获得规范性的接受，因为这样做将使成员国之间的差异变得复杂，并使本已复杂的政治系统的运作变得更加复杂，使其对于公民来说更加难以理解（Ehlermann，1998）。因此，1997 年在《阿姆斯特丹条约》（*Amsterdam Treaty*）中提出并在连续几轮条约修改中修正的加强合作条款直到 2010 年才实际实施，而核心则是参与在特定问题上加强合作国家之间的关系和那些尚未解决的问题。综上所述，对于差异化一体化的主流态度强调了其问题而不是其潜力，将差异化理解为熵。

欧洲以外的其他地区都可以使用差异化的一体化形式作为解决区域一体化进程中的棘手问题和/或将其政策偏好、理想和交易输出到关键外部参与者的手段。如果将我国长三角地区等一体化地区视为众多区域一体化的一个案例，而不是一个独特的实体，那么我们可以以差异化一体化理念推进其更高质量发展。

第七章　跨界基层非国家参与者网络的作用研究*

本章首先分析了跨界基层非国家参与者网络，其次分析了非国家参与者活动的社会资本及其对一体化的推动作用，最后分析了对推进区域更高质量一体化发展的借鉴作用。本章认为，除了传统的国家参与者，非政府组织和国际非政府组织等跨国协会是主要的非国家参与者，基层非国家参与者和社会凝聚力的非正式网络，以及这些网络对社会资本的使用，有力地促进了区域一体化发展。

一、跨界基层非国家参与者网络

Higgott（1999）率先将全球民间团体中的非国家参与者置于一体化背景中。除了传统的国家参与者，非政府组织和国际非政府组织等跨国协会是主要的非国家参与者。非洲、加勒比地区、太平洋地区同欧洲经济共同体（ACP-EC）伙伴关系发展实践者将非国家参与者描述为政府以外的广泛参与者（ECDPM，2003）。例如，以社区为基础的组织、妇女团体、农民合作社、基层组织等非正式团体和非正式私营部门协会等，被视为非国家参与者。非国家参与者既不直接与国家接触，也不使用正式渠道开展活动，尽管它们受到国家政策的影响。

一些相邻的边境地区将跨境参与者聚集在一起，进行定期、面对面的接触，

* 本章借鉴了 Nshimbi（2015）的研究成果。

并培养人际关系。长期的互动促进了集体信念、联盟、信息收集、信任的监测和维护，以及行为规则的发展。参与者之间的独特联系和他们建立的个人关系鼓励基于信任的承诺。信任也在具有共同背景和共同起源的参与者之间形成。网络互动不同于国家参与者之间关于区域一体化的正式会议。关于区域一体化的国家间谈判在很大程度上是政治家和高级官僚的特权，他们的任期有限。政治家来来往往，可能还有他们的区域一体化议程。因此，在任何时候，政府对一体化的立场都可能取决于现任官员。

另外，基层非国家参与者在当地的任期不像政治家那样有限和短暂。他们相对永久地立足于所在的地区，并通过他们的活动发展网络。例如，非正式企业家利用种族关系和地理邻近等优势，建立分销网络。通过反复的互动，基层参与者逐渐形成规范网络内互动的标准，促进双方期望的实现（Kim，2002）。这些标准或“游戏规则”是人类设计的、塑造人类互动的约束，并转化为制度（North，1990）。制度提供了人类互动的框架，并由书面规则或不成文的行为准则组成，这些准则是正式的或书面准则的基础。机构内部的反复和协调的互动使参与者相互依赖。网络参与者拥有对彼此的行为是可预测的，也是相互接受的一种心理状态（Sako，1992）。

二、非国家参与者活动的社会资本及其对一体化的推动作用

网络、规范和信任三个方面在社会资本的讨论中占据主导地位（Schuller et al.，2000），因此，已有文献将网络、规范和信任描述为社会资本的关键要素。例如，Claridge（2004）认为，社会资本是人们可以利用的社会信任、规范和网络的存量。Bourdieu（1985）认为，社会资本建立、维持网络、规范和信任，使参与者能够实现共同目标。社会资本是实际或潜在资源的总和，这些资源与拥有或多或少相互认识或承认的制度化关系的持久网络有关。按其功能定义的社会资本不是一个单一的实体，而是具有两个共同要素的不同实体，它们由社会结构的某些方面组成，并促进结构内的个人（无论是个人还是企业参与者）的某些行动（Coleman，1988）。社会资本是指社会组织的网络、规范和信任等特

征，能够通过促进协调行动来提高社会效率（Putnam，1993）。社会资本指的是使人们能够集体行动的规范和网络（Woolcock and Narayan，2000）。

从以上定义中可以明显看出社会资本的两个方面：结构性和认知性。前者涉及促进组织和协会等参与者之间互动的可见的正式安排。结构性方面可能包括规则、程序、社会网络和协会（Krishna and Uphoff，1999）。这些安排使参与者能够实现原本无法实现的目标。强大的社区之所以能够共同做事情，因为它们是网络、规范和信任共同作用的产物（Putnam，2000）。社会资本促进互利的集体行动（Krishna and Uphoff，1999）。社会资本的结构形式有助于预测某些结果，并为其他参与者的行动提供保证。认知形式是无形的、内在的，通过共同的价值观、规范、信仰和态度存在于人们的头脑中。它与互动有关，并有助于建立和加强参与者之间的积极相互依赖。例如，规范提供了指导和控制行为、约束和促进行动的处罚方法（Coleman，1988）。规范在体现社会资本和合作规范运作的群体中建立了一个"信任半径"（Fukuyama，1999）。社会资本创造社会信任，通过强大而有效的代表机构产生更好的政治效果（Sirven，2008）。

三、对推进区域更高质量一体化发展的借鉴作用

基层参与者特别是通过在他们的网络中不占他人便宜，表现出信任。建立信任的流动网络可能包括各种纵横交错的国际联系（Picciotto，1997）、作为传播和调节网络话语基础的本地化中心（Amin and Thrift，1994）。Nshimbi（2015）将跨境或跨国网络定义为基层非国家参与者基于本地化中心的流动的国家、区域和国际联系，参与者从这些中心启动其活动。然而，这里的重点是基层非国家参与者和社会凝聚力的非正式网络，以及这些网络对社会资本的使用。Deutsch（1957）以建构主义的方式提出，随着文化交流的加深和互动强度的提高，可以将一个地区变成一个安全共同体。社区由一种共同的归属感和"我们"组成，在这种归属感中，人们期望和平相处，将社会资本，特别是凝聚力作为将群体聚集在一起的"黏合剂"或纽带。基层非国家参与者和社会凝聚力的非正式网络，以及这些网络对社会资本的使用，有力地促进了区域一体化发展。

基于上述分析，对推进我国区域更高质量一体化发展的借鉴作用在于：第

一，基层非国家参与者网络将具有共同背景、历史和文化的社区联系起来；第二，网络中的相互作用产生一种信任，从而稳定网络并有助于提高网络效率；第三，在这些网络跨越国家边界的情况下，将网络中参与者所在的经济体整合在一起，从而加强区域一体化。

第Ⅲ篇

区域更高质量一体化发展的理论研究

第八章　区域一体化协作治理的理论研究*

本章对区域一体化协作治理的内涵特征进行分析，与区域一体化非协作治理模式进行比较，在此基础上提出区域一体化协作治理模型。区域一体化模型有四个变量：启动条件、制度设计、领导力和协作过程。这些变量中的每一个变量都可以分解为更详细的变量。协作过程变量是该模型的核心，启动条件、制度设计和领导力变量是一体化协作过程的关键贡献或环境。最后，考虑到我国区域一体化过程中丰富的协作内涵和协作治理特征，提出推进区域更高质量一体化发展的协作治理的若干个推论。

一、区域一体化协作治理的内涵特征与相关治理模式

1. 区域一体化协作治理的内涵特征

在过去几十年里，随着知识日益专业化和分散化，以及制度基础结构变得更加复杂和相互依赖，对协作的需求日益增加，由此出现了一种新的治理形式，即协作治理模式，取代了政策制定和执行的对抗性和管理性模式。这种治理模式将多个利益相关者聚集在公共机构的共同论坛上，参与以共识为导向的决策。协作治理模式的出现是为了应对下游实施的失败以及监管的高成本和政治化，通常是

* 本章借鉴了 Ansel 和 Gash（2008）的研究成果。

对以前治理失败的反映，已经发展成为利益集团多元化的对抗主义和管理主义问责失败的替代者。

Ansel 和 Gash（2008）针对一般协作理论局限于特定部门或特定类型的治理问题，对现有的协作治理文献进行了元分析研究，旨在阐述协作治理的权变模型。在审查了一系列政策部门的 137 个协作治理案例后，他们确定了影响这种治理模式是否会产生成功协作的关键变量。这些变量包括之前冲突或协作的历史、利益相关者参与的动机、权力和资源的不平衡、领导力和制度设计。他们还确定了协作过程中至关重要的一系列因素，包括面对面的对话、建立信任、发展承诺和共同认识。他们发现，当协作论坛专注于加深信任、承诺和共同认识的“小赢”时，协作的良性循环倾向于进一步发展。

Ansel 和 Gash（2008）一方面将一体化协作治理界定为一种治理类型，在这种治理中，公共和私人参与者以独特的方式共同起作用，使用特定的过程，以建立提供公共产品的法律和规则；另一方面将一体化协作治理定义为一种治理安排，一个或多个公共机构直接让非国家利益相关者参与正式的、以共识为导向的、审慎的集体决策过程，旨在制定或实施公共政策或管理公共项目或资产。

上述定义强调了一体化协作治理的六个重要特征：①由公共机构或机构发起；②论坛参与者包括非国家利益相关者；③参与者直接参与决策，而不仅仅是公共机构的“咨询”；④论坛被正式地组织起来，并举行集体会议；⑤论坛旨在通过共识（即使在实践中未能达成共识）作出决策；⑥协作的焦点是公共政策或公共管理。

虽然有许多严格涉及非国家参与者的协作形式，但上述定义规定了一体化进程中公共机构的特定角色。这里的“公共机构”包括法院、立法机构和其他政府机构，典型的公共机构实际上是一个行政分支机构。此类公共机构可以发起一体化协作论坛，以实现一体化发展目标。

虽然公共机构通常是一体化协作治理的发起者或策动者，在一体化协作治理中具有独特的领导作用，但一体化协作治理需要非国家利益相关者的参与。利益相关者既指作为个人的公民参与，也指有组织团体的参与。协作治理不仅是咨询，因为协作既意味着各机构和利益相关者之间的双向沟通和影响，也意味着利益相关者有机会相互交谈。各机构和利益相关者必须在审议和多边进程中相聚。换言之，一体化协作治理过程必须是集体性的。咨询技术尽管可能是非常有用的管理工具，但并不是协作的，因为它们不允许双向沟通或多边审议。

一体化协作治理进程中的协作还意味着非国家利益相关者将对政策结果负有真正的责任，因而利益相关者必须直接参与决策。事实上，这个标准隐含在许多协作治理文献中。例如，Freeman（1997）认为，利益相关者参与决策过程的所有阶段。Leach 等（2002）研究了流域伙伴关系，就一系列与溪流、河流和流域有关的持续水资源管理问题制定政策和实施决策。最终权力可能属于公共机构，但利益相关者必须直接参与决策过程。因此，如果咨询委员会的咨询意见与决策结果密切相关，则咨询委员会可能是一种协作治理形式。然而，在实践中，咨询委员会往往远离实际决策。

一体化协作治理中正式协作的标准，用以区分协作治理与更随意和传统形式的代理利益集团互动。例如，协作治理被认为是描述机构和利益集团一直培养的非正式关系。当然，利益集团和公共机构一直在进行一些双向流动。一体化协作治理的定义与传统利益集团影响的区别在于，前者隐含着组织这种影响的一种明确的、公共的策略。例如，Walter 和 Petr（2000）将协作治理描述为涉及联合活动、联合结构和共享资源的正式活动，而 Padilla 和 Daigle（1998）规定了“结构化安排”的发展，这种正式的安排意味着组织和结构。

一体化协作论坛中的决策以共识为导向（Connick and Innes，2003）。虽然公共机构可能拥有作出决定的最终权力，但协作的目标通常是在利益相关者之间达成某种程度的共识。以共识为导向，是因为一体化协作论坛往往无法达成共识。然而，在一个审慎的、多边的、正式的论坛上举行会议的前提是努力达成共识，或者至少努力发现达成共识的领域。

一体化协作治理关注公共政策和问题。对公共问题的关注将协作治理与其他形式的共识决策区分开来，如替代性争端解决或变革性调解。虽然机构可能寻求纠纷解决或调解以减少社会或政治冲突，但这些技术往往被用于处理严格的私人冲突。此外，公共纠纷解决或调解可能只是为了解决私人纠纷。在承认公共与私人界限模糊的同时，将协作治理限定在区域一体化公共事务的治理上。

2. 非协作治理模式

一体化协作治理模式与两种可供选择的政策制定模式的区别是对抗主义和管理主义（Busenberg，1999；Futrell，2003）。与对抗性决策相比，协作治理不是一种“赢者通吃”的利益调解形式。在一体化协作治理中，利益相关者之间往往存在对抗关系，但目标是将对抗关系转变为更具协作性的关系。在对抗主义中，团体可以进行整合磋商并发展协作一体化联盟。然而，这种协作是临时性的，对抗主义并没有明确寻求将冲突转化为协作。

在管理主义中，公共机构单方面或通过封闭的决策过程做出决策，通常依赖于机构专家做出决策（Williams and Matheny，1995）。虽然管理机构在一体化决策过程中可能会考虑利益相关者的观点，甚至可能会直接与利益相关者协商，但一体化协作治理要求利益相关者直接参与决策过程。

社团主义也是一种协作治理形式，社团主义的经典定义强调劳资高峰协会。通常情况下，这些劳资高峰协会在其所在行业具有代表性的垄断（它们包罗万象）。从社团主义的这个狭义定义来看，协作治理是一个更广泛的术语。一体化协作治理通常意味着包含比社团主义更广泛的利益相关者，而且利益相关者通常对其部门缺乏代表性垄断。“协会治理”有时用来指更通用的协会治理模式，但一体化协作治理可能不包括正式的协会。

政策网络被用来描述更为多元的国家—社会协作形式。政策网络可能包括公共机构和利益相关者群体。此外，政策网络通常意味着网络内参与者之间的审议或决策的协作模式。因此，政策网络和协作治理这两个术语可以指代类似的现象。然而，一体化协作治理是指将利益相关者纳入多边和以共识为导向的决策过程的明确和正式的战略。相比之下，政策网络中固有的协作可能是非正式的，并且在很大程度上仍然是隐性的（如未承认、未声明、未设计）。

协作治理和公私伙伴关系有时也可以指同样的现象。公私伙伴关系通常需要协作才能发挥作用，但其目标往往是实现协调，而不是达成决策共识。公私伙伴关系可以简单地表示公共和私营参与者之间提供某些服务或执行某些任务的协议。因此，集体决策次于公私伙伴关系的定义。相比之下，集体决策过程的制度化是协作治理定义的核心。

二、区域一体化协作治理模型的概念

区域一体化模型有四个范围广泛的变量：启动条件、制度设计、领导力和协作过程。这些变量中的每一个变量都可以分解为更详细的变量。协作过程变量是该模型的核心，启动条件、制度设计和领导力变量是一体化协作治理过程的关键贡献

者或环境。启动条件设定了协作过程中成为资源或负债的信任、冲突和社会资本的基本水平，制度设计设定了协作发生的基本规则，领导力为协作过程提供了必要的调解和促进。协作过程是高度迭代和非线性的，因此，本书其表示为一个循环（见图 8-1）。下面我们详细地描述每个变量，并简要介绍它们对协作治理的影响。

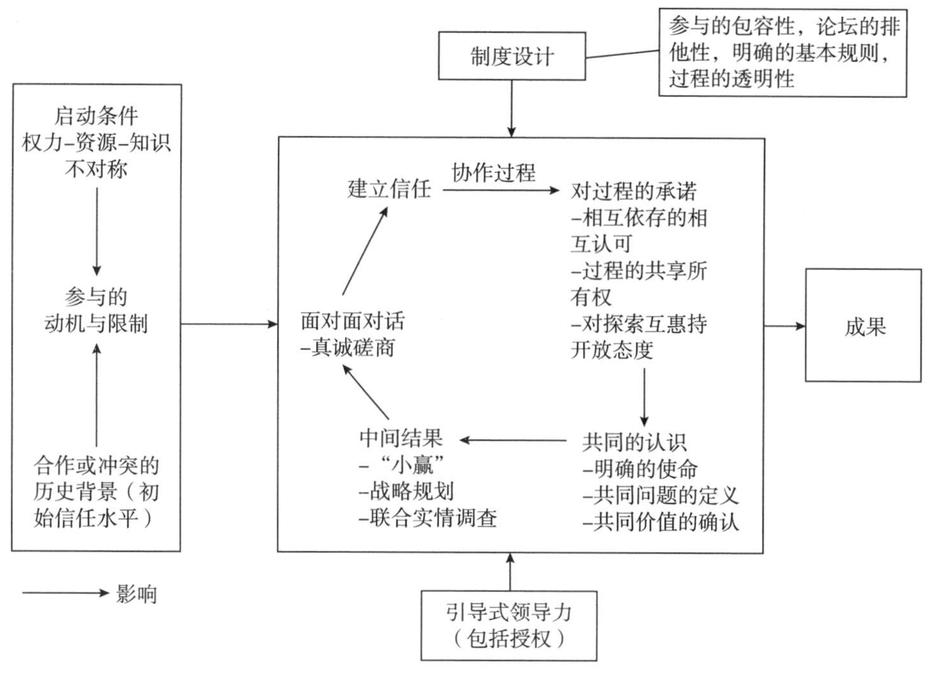

图 8-1　区域一体化协作治理模型

三、影响区域一体化协作治理的关键变量与推论

1. 启动条件

开始一体化协作治理时的条件可能促进或阻碍利益相关者之间以及各机构与利益相关者之间的协作。设想两个完全不同的起点：一是利益相关者在一些地方

问题上有过严重的分歧，已经开始把彼此视为竞争对手；二是利益相关者对希望通过协作实现的目标有着共同的愿景，并有协作和相互尊重的历史。在这两种情况下，协作可能都很困难，但第一种情况必须克服不信任、不尊重和对抗的问题。关键的初始条件包括三个变量：不同利益相关者的资源或权力之间的失衡、利益相关者必须协作的动机以及利益相关者之间冲突或协作的历史。

（1）权力/资源的失衡。利益相关者之间的权力失衡是一体化协作治理中普遍存在的问题（Gray，1989）。如果一些利益相关者没有参与的能力、组织、地位或资源，或者没有与其他利益相关者平等参与，那么一体化协作治理过程将容易被更强的参与者操纵。例如，Echeverria（2001）批评了普拉特河流域协作规划过程，因为他认为谈判桌上是失衡的，而且偏重于发展利益，而发展利益和环境倡导者有截然不同的能力。

第一个常见问题是，当重要的利益相关者没有一体化协作治理过程中所代表的组织基础设施时，权力失衡的问题尤其严重。例如，English（2000）认为，受影响的利益相关者越分散，问题的范围越大，就越难在协作过程中代表利益相关者。第二个常见问题是，一些利益相关者可能没有技能和专业知识来参与高技术问题的讨论（Gunton and Day，2003）。第三个常见问题是，一些利益相关者没有时间、精力或自由参与时间密集型的协作过程（Yaffee and Wondolleck，2003）。这些问题不一定都是不可克服的，协作的支持者已经指出了一系列策略，可以用来授权较弱或代表性不足的群体（Lasker and Weiss，2003）。因此，本书得出以下推论：

推论1：如果利益相关者之间存在重大的权力/资源失衡，以至于重要的利益相关者无法以有意义的方式参与，那么有效的一体化协作治理需要承诺对弱者或弱势利益相关者授权和代表的积极策略。

（2）参与动机。鉴于参与在很大程度上具有自愿性质，因此了解利益相关者参与一体化协作治理的动机以及形成这些动机的因素至关重要（Andranovich，1995）。参与动机在一定程度上取决于利益相关者对一体化协作治理过程是否会产生有意义结果的期望，特别是在协作所需的时间和精力平衡的情况下（Bradford，1998）。当利益相关者看到他们的参与和具体的、有形的、有效的政策结果之间的关系时，动机就会增强（Brown，2002）。但如果利益相关者认为他们的承诺仅仅是咨询或主要是礼仪性的，他们就会拒绝（Futrell，2003）。

如果利益相关者认为他们的目标实现依赖于其他利益相关者的协作，那么参

与协作治理的动机也会增强（Logsdon，1991）。例如，一体化协作治理在地方资源管理纠纷中的流行可能与地方群体对公共资源的联合依赖有关（Heikkila and Gerlak，2005）。因此，高度对立的利益相关者也彼此高度相互依赖可能会走向一个成功的协作过程（Imperial，2005）。相反，具有深厚的信任基础和共同价值观的利益相关者可能会在协作中失败，因为利益相关者发现单方面实现他们的目标更容易。因此，本书得出以下推论：

推论 2：如果利益相关者可以单方面追求特定目标，那么只有当利益相关者认为彼此高度相互依赖时，一体化协作治理才会奏效。

（3）对抗与协作的历史背景。利益相关者之间的对抗或协作的历史背景将阻碍或促进协作（Andranovich，1995）。然而，当利益相关者彼此高度相互依赖时，高水平的冲突实际上可能会为协作治理创造强大的动力。在许多情况下，政策僵局实际上可以为协作治理创造强大的动力（Futrell，2003）。这种情况经常发生在一体化资源管理环境中，在这种环境中，僵局本身就给争端双方带来了严重的代价。很明显，高度冲突并不一定是协作的障碍。利益相关者已经认识到，如果不参与与其他利益相关者的协作过程，他们就无法实现目标。

然而，一体化协作治理往往建立在一段积怨的历史上，这段历史已经制度化了一种对抗的社会心理。冲突的历史背景很可能以低水平的信任来表达自己，这反过来会产生低水平的承诺、操纵策略和不诚实的沟通。一方面，冲突的历史背景造成了猜疑、不信任和成见的恶性循环。另一方面，过去成功的协作历史可以创造社会资本和高水平的信任，从而产生协作的良性循环。因此，本书得出以下推论：

推论 3：如果利益相关者之间存在对抗的历史背景，那么一体化协作治理不太可能成功，除非利益相关者彼此高度相互依赖，或者采取积极措施来纠正利益相关者之间的低水平信任和社会资本。

2. 引导式领导力

领导力被广泛认为是将各方带到谈判桌前并引导他们度过协作过程中的艰难阶段的关键因素（Chrislip and Larson，1994）。尽管“无协助的”磋商有时是可能的，但引导式领导力对于将利益相关者聚集在一起并使他们以协作精神参与彼此是重要的（Chrislip and Larson，1994；Ozawa，1993）。因为引导（Facilitation）是对利益相关者的管理特权干扰最小的方式，引导者的作用是确保建立共识进程本身的完整性。为了推动协作，领导者必须经常以一种更直接的方式进行干预，以形成议程。

领导力对于制定和维护明确的基本规则、建立信任、促进对话和探索共同利益至关重要。一体化协作治理需要特定类型的领导力。Ryan（2001）确定了“有效的”协作领导力的三个组成部分：对协作过程的适当管理，保持“技术可信性”，并确保协作被授权做出可信和令人信服的决定，为所有参与者所接受。成功的协作也可以使用多个正式或非正式的领导者，而不是依赖于一个领导者（Bradford，1983）。Huxham 和 Vangen（2000）强调，有效的协作领导力可能是时间、资源和技能密集型的。

当参与的动机较弱，权力和资源分布不对称，且事先的对抗情绪较高时，领导力就变得更加重要。利益相关者越不信任彼此，领导层就越应该扮演诚实的中间人的角色。然而，当参与的动机薄弱或权力不对称时，领导者必须经常进行干预，以帮助保持利益相关者参与讨论或赋予参与者较弱的权力。领导力的这些不同职能会造成紧张关系。例如，通过赋予参与者较弱的权力，可能会打破领导者是诚实的中间人的看法（Warner，2006）。此外，中立的作用和说服的作用有时存在紧张关系。当冲突严重时，诚实的中间人往往会扮演外部调解人的角色，他们似乎对双方的结果都没有既得利益。然而，外部调解人可能对各利益相关者的影响也很小。通过不介入纷争，通过保持程序的完整性和透明度的协作过程，引导式领导者将能够在一体化协作治理过程中建立信任。因此，本书得出以下推论：

推论 4：在冲突程度高、信任程度低，但权力分配相对平等、利益相关者有参与动机的情况下，通过依赖利益相关者接受和信任的引导式领导者的服务，可以成功地进行协作治理。

推论 5：在权力分配不对称、参与动机不强或不对称的情况下，如果有一个强大的引导式领导者，在过程一开始就会赢得各利益相关者的尊重和信任，那么区域一体化协作治理更有可能成功。

3. 制度设计

制度设计指的是协作的基本协议和基本规则，它们对协作过程的程序合法性至关重要。访问协作过程本身可能是最基本的设计问题。谁应该被包括在内？不难发现，协作治理过程必须是开放和包容的（Andranovich，1995），因为只有那些觉得自己有合法机会参与的团体才有可能发展出“对过程的承诺”。广泛参与不是简单的接纳，而是必须积极寻求的。广泛包容不仅是协作治理开放协作精神的体现，也是合法化过程的核心，微弱的或不具包容性的代表性有可能破坏协作结果的合法性（Beierle and Konisky，2001）。因此，本书得出以下推论：

推论6：制度设计的首要任务是，必须广泛地包容所有受该问题影响或关心该问题的利益相关者，包括潜在的“麻烦的”利益相关者，动员代表性较差的利益相关者的积极性对区域一体化协作治理是重要的。

清晰的基本规则和过程透明度是重要的设计特征（Busenberg，1999）。二者可以从程序合法性和建立信任两个方面来理解。领导者要求利益相关者进行真诚的磋商，探索妥协和互利的可能性。但是利益相关者经常以一种怀疑的心态进入协作过程，他们对公平问题很敏感，关心其他利益相关者的权力，并意识到被操纵的可能性。过程的合法性部分取决于利益相关者认为他们得到了一个“公平的听证会”。清晰和一贯应用的基本规则使利益相关者确信过程是公平、公正和公开的（Murdock et al.，2005）。过程透明意味着利益相关者可以确信公开磋商是“真实的”，协作过程不是幕后的私人交易。因此，本书得出以下推论：

推论7：清晰的、一贯应用的基本规则和治理结构的正规化，是区域一体化协作治理的一个重要设计特征。

最后一个制度设计问题涉及最后期限的使用。尽管一些作者指出了最后期限的重要性（Glasbergen and Driessen，2005），特别是因为协作会议可能是无止境的，但Freeman（1997）注意到最后期限可能任意限制讨论的范围。她认为，问题在于，最后期限可能会削弱协作的持续性，在无意中降低长期协作的动机。Susskind和Cruikshank（1987）建议，在使用时间表时必须是“现实的”。因此，本书得出以下推论：

推论8：在区域一体化协作治理过程中，要慎用“最后期限”，以便增强区域一体化协作治理的持续性。

4. 协作过程

区域一体化协作治理过程的模型将协作描述为分阶段发展，协作的阶段模型对于引起人们关注随着环境变化而变化的协作策略是重要的。然而，协作过程是以循环而不是以线性的方式进行的。协作似乎常常依赖于沟通、信任、承诺、认识和结果之间实现良性循环（Huxham，2003），这种良性循环在协作的所有阶段都很重要。在推进区域一体化过程中，之所以困难重重，正是由于互动的非线性特性。我们即使将协作过程表示为一个循环，协作过程本身显然也是一个极大的简化。然而，这种非线性特征提醒参与者注意早期协作对进一步协作的积极或消极的影响。虽然很难知道协作工程应从哪里开始描述，但是由于沟通是协作的核心，因此参与者需要从面对面对话开始。

（1）面对面对话。所有的一体化协作治理都建立在利益相关者之间面对面对话的基础上。作为一个以共识为导向的过程，直接对话所允许的“深度沟通”对利益相关者识别互惠机会是必要的。然而，面对面的对话不仅仅是磋商的媒介。首先打破刻板印象和其他阻碍是探索互惠利益的交流障碍过程的核心（Bentrup，2001），是建立信任、相互尊重、共同认识和承诺过程的核心（Lasker and Weiss，2003）。面对面对话有可能强化刻板印象或地位差异，或增加对立和相互不尊重的情绪。但是，如果没有面对面对话，很难想象有效的协作。因此，本书得出以下推论：

推论 9：面对面对话是协作的必要条件，但不是充分条件。

（2）建立信任。利益相关者之间缺乏信任是一体化协作治理的一个共同起点（Weech-Maldonado and Merrill，2000）。协作过程不仅是一个磋商的过程，还是在利益相关者之间建立信任的过程（Alexander et al.，1998）。事实上，当利益相关者之间有对抗的历史背景时，建立信任往往成为在早期协作过程中最突出的方面，而且很难培养（Murdock et al.，2005）。这并不是说，建立信任与实质性问题的对话和磋商是一个独立的阶段，但良好的协作型领导者应意识到，在利益相关者有被操纵的风险之前，他们必须在昔日的对手之间建立信任。但建立信任是一个耗时较长的过程，需要长期恪守承诺以实现协作。因此，本书得出以下推论：

推论 10：如果历史背景是高度对抗的，那么政策制定者或利益相关者应该为建立有效的补救性信任留出时间。如果不能证明必要的时间和成本是合理的，那么他们就不应该采取协作战略。

（3）对过程的承诺。利益相关者对协作的承诺水平是解释一体化协作治理成功或失败的关键变量（Alexander et al.，1998）。“成员承诺”是促进协作的最重要因素（Margerum，2002）。

当然，承诺与参与一体化协作治理的原始动机密切相关。但利益相关者可能希望参与进来，以确保他们的观点不被忽视，或确保其立场的合法性，或履行法

律义务，等等。相比之下，对这一过程的承诺意味着形成一种信念，即互惠互利的诚信磋商是实现期望的政策结果的最佳方式。这样的信念不是利他主义。然而，对协作的承诺仍然需要一个非常重大的心理转变，作为第一步，这种转变有时需要被称为“相互承认”（Saarikoski，2000）或“共同欣赏”（Gray，1989）。

承诺也会带来棘手的困境。对协作过程的承诺需要提前愿意遵守审议的结果，即使他们应该朝着一个利益相关者没有完全支持的方向前进。当然，协作治理以共识为导向的基础极大地降低了利益相关者的风险。然而，讨价还价可能会导致意想不到的情形发生，而利益相关者可以经受压力，以遵守他们没有完全接受的立场（Saarikoski，2000）。很容易理解为什么信任是协作的一个重要因素。承诺依赖于信任，即其他利益相关者是否尊重你的观点和兴趣。也容易看出，明确、公平和透明的程序对承诺至关重要。在承诺可能走向一个不可预测的过程之前，利益相关者必须确信审议和磋商的程序是完整的。随着参与者的增加，承诺和所有权意识会增强（Gilliam et al.，2002）。

承诺的另一个维度有时被称为“过程所有权”。在典型的对抗性或管理性过程中，非国家利益相关者是决策制定的外部观察者。他们可能试图游说、施压或影响公共机构的决策者，但最终对政策结果负责的是该机构。协作治理将决策的“所有权”从机构转移到集体行动的利益相关者。同样，这意味着一个棘手的困境。利益相关者不再只是过程的批评者。他们现在与其他可能持有相反观点的利益相关者共同“拥有”决策过程（El Ansari，2003）。因此，本书得出以下推论：

推论 11：随着承诺过程所有权的增强，对协作过程的共同责任也随之加强，这种责任要求利益相关者以新的眼光看待他们与其他利益相关者的关系，即他们与对手共同承担责任。

（4）共同认识。在协作过程中的某个时刻，利益相关者必须对他们可以共同实现的目标达成共识（Tett et al.，2003）。共同认识也被称为“共同使命”（Roussos and Fawcett，2000）、“共同的基础”（Wondolleck and Yaffee，2000）、“共同的目的”（Tett et al.，2003）、“共同的目标”（Huxham，2003；Padilla and Daigle，1998）、“共同的愿景”（Walter and Petr，2000）、“共同的意识形态”（Waage，2001）、“明确的目标”（Glasbergen and Driessen，2005）、“明确的战略方向”（Margerum，2002）或“核心价值的联合”（Heikkila and Gerlak，2005）。共同认识也意味着对问题的定义达成一致（Bentrup，2001）或就解决问题所需的相关知识达成一致。因此，本书得出以下推论：

推论 12：共同认识的发展可以看作更大的协作学习过程的一部分，也是协作过程产生的集体学习程度的标志。

（5）中间结果。大量的案例研究表明，当协作的目的和优势相对具体，并且可能从协作中获得“小赢”时，协作更有可能发生（Chrislip and Larson，1994）。虽然这些中间结果可能代表有形的产出，但却为关键的过程结果，这些结果对于建立可以导致成功协作的势头而言至关重要。这些“小赢”可以反馈到协作过程中，鼓励建立信任和承诺的良性循环（Vangen and Huxham，2003）。因此，本书得出以下推论：

推论 13：如果之前的对抗强度很高，对建立信任的长期承诺是必要的，那么产生“小赢”的中间结果就特别重要。在这种情况下，如果利益相关者或政策制定者不能预见这些“小赢”，那么他们就不应该开始协作的过程。

第九章　研发一体化的区域增长率效应的理论研究*

本章从规模收益递增、研发知识溢出和研发二元结构等思想出发，将研发规模、研发溢出和研发结构（研发一体化）同时纳入到基于研发的内生增长模型框架内，构建研发一体化的区域增长率效应理论模型。研究发现，研发的增长率效应通过研发规模、溢出和结构的增长率效应三种路径实现，其作用机制分别具有倒“U”形、“U”形和线形特点，研究结论对于加快推动区域经济高质量发展，进而对区域一体化高质量发展具有重要的政策含义。

一、引言

研发是创新活动的关键衡量指标，也是经济增长的重要来源和决定因素（Stokey，1995）。研发与经济增长间的关系，一直是基于研发的内生增长理论的研究主题。事实上，从研发经由发明、创新、生产到增长存在一条长长的传动链条，只有一小部分研发将转化为成功的创新，进而转化为经济增长，研发转化为经济增长并不遵循简单的“投入—产出”逻辑（Moutinho et al.，2015）。研发投入的产出增长实际上不会像早期内生增长理论预期的那样高，更可能像 Jones（1995）认为的那样，更大的研发投入只会导致更高的生产水平，而不能满足更快的长期增长。

* 本章借鉴朱英明等（2023）的工作论文《研发的经济增长率效应研究》。

自2008年全球金融危机以来，全球经济进入了一个增长放缓的时代，技术创新的丧失被认为是全球经济增长放缓的主要原因。尽管全球经济增长放缓，但全球企业研发投资却在竞争性地增长（IMF，2015）。世界知识产权组织发布的《2021年全球创新指数报告》指出，研发在与疫情有关的经济衰退期间展现出更强的韧性。国家统计局的数据显示，2022年全社会研发经费投入保持较快增长，研发投入强度首次突破2.5%。这种现象无疑提出了一个令人迷惑的问题，即为什么经济增长放缓而研发投资却在增加，由此再次引发了对研发与经济增长间的关系的思考。

一国的经济增长归根到底取决于创新，而创新在很大程度上又依赖于研发（R&D）投入。加快实施创新驱动发展战略，要求我们充分发挥R&D在引领创新进而驱动经济增长方面的重要作用，在加大研发投入的同时，持续提升经济增长率。但遗憾的是，由于相关研究滞后，我们对以下重要问题尚缺乏深入认识：研发的增长率效应通过哪些路径实现？各种路径的增长率效应是表现为增长率提高效应还是增长率降低效应，其作用机制具有何种特点？表现出了怎样的分布特征？毫无疑问，这些问题的深入探究不仅具有重要的理论意义，而且对于加快推动经济高质量发展具有重要的现实意义。

本章的主要贡献在于：从Arrow（1962）的规模收益递增、Romer（1986）的研发知识溢出以及Rivera-Batiz和Romer（1991）的研发二元结构思想出发，提出了一个包含两种研发劳动力和三个部门的基于研发的内生增长理论框架，深入解答了上述理论问题，弥补了已有文献的不足。就基本框架而言，本章的理论模型与Chu和Cozz（2019）较相似，但与Chu和Cozz（2019）只关注研发规模（研究劳动力和生产劳动力规模）对创新的异质性影响不同，本章的重点在于探究研发规模、溢出和结构对经济增长率的影响，并进行如下三方面的拓展：①在其框架内引入最终产品生产过程中享受的中间产品代际间知识的跨期溢出（Young，1998），从而可以分析研发溢出对经济增长率的影响；②模型中增加了研究劳动力和生产劳动力占研发总劳动力份额之和等于1这个约束条件，以便于分析研发结构变迁对经济增长率的影响；③在统一框架下同时分析研发规模、溢出和结构对经济增长率的影响。

二、理论模型的构建

本部分从 Arrow（1962）的规模收益递增、Romer（1986）的研发知识溢出以及 Rivera-Batiz 和 Romer（1991）的研发二元结构思想出发，构建了一个包含两种研发劳动力（知识驱动型研发活动使用的研究劳动力、实验室设备型研发活动使用的生产劳动力）和三个部门（最终产品部门、中间产品部门、研发部门）的基于研发的内生增长模型。

1. 家庭消费行为

经济体中有一定数量的家庭通过提供劳务以换取工资，家庭外生地供给 S_t 单位的研究劳动力和 M_t 单位的生产劳动力，研究劳动力是创新投入的供给，是影响创新成功率的重要因素；生产劳动力使用发明的技术进行中间产品的生产，是影响中间产品数量的重要因素；研究劳动力收入水平高于生产劳动力水平。研究劳动力 $S_t=s_tL_t$，生产劳动力 $M_t=m_tL_t$，其中 L_t 是 t 时刻经济体中从事研发活动的劳动力总人数，s_t 与 m_t 分别是研发活动劳动力总人数中研究劳动力和生产劳动力的份额，且 $s_t+m_t=1$。我们将 0 时刻的研发劳动力人数标准化为 1，则 t 时刻时，$L(t)=e^{nt}$。代表性家庭效用函数为：

$$U=\int_0^{\infty} e^{-(\rho-n)t}\ln c_t dt \tag{9-1}$$

其中，c_t 表示 t 时刻的消费，参数 $\rho>n$ 是贴现率。

代表性家庭跨时最大化问题的约束条件为：

$$\dot{a}_t=(r_t-n)a_t+w_{mt}m_t+w_{st}s_t-c_t \tag{9-2}$$

其中，a_t 为 t 时刻拥有的资产，r_t 为实际利率，w_{st} 和 w_{mt} 分别为研究劳动力和生产劳动力的实际工资率。这个跨期最大化问题的解遵循众所周知的微分方程：

$$\frac{\dot{c}_t}{c_t}=r_t-\rho \tag{9-3}$$

因此，当市场利率为 ρ 时，恒定的消费路径是最优的。较高的市场利率促使消费者现在储蓄更多，未来消费更多，导致人均消费随着时间的推移而增加。

2. 最终产品生产函数

竞争性公司使用柯布—道格拉斯加总算子，将不同种类的中间产品加总转换成“总”中间产品进入生产函数当中。效仿 Young（1998）的做法，在最终产品生产过程中享受中间产品代际间知识的跨期溢出。则最终产品生产函数为：

$$Y_t = \exp(\int_0^1 \ln[\delta_t(i) x_t(i)] di) \tag{9-4}$$

其中，Y_t 为 t 时刻的总产出水平，x_t（i）表示在 t 时刻行业 $i \in$ [0, 1] 使用的中间投入品的数量，δ_t（i）可以看作 t 时刻行业 $i \in$ [0, 1] 使用的中间投入品的质量，δ_t（i）实际上是技术机会指数，代表 t 时刻中间产品知识的平均跨期溢出。正如 Stokey（1995）、Jones 和 Williams（2000）指出的那样，在最终产品生产时仍享受研发过程中“站在巨人肩膀上”那样的正外部性（研发溢出效应）。

对于行业 i 最终产品生产时所享受的研发溢出，效仿 Chen 和 Chu（2010），本书假设：

$$\delta_t(i) = {}_\tau M_t^\beta(i) = {}_\tau(mL_t(i))^\beta \tag{9-5}$$

其中，${}_\tau$和 β 分别为调整参数和研发溢出程度参数。对于 β 而言，一方面，基于研发的增长文献通常假设企业之间存在负研发外部性，即 $\beta \in$（-1, 0），以捕捉企业间研发竞争和重复效应（Kortum, 1993; Jones, 1999）；另一方面，研发合作的理论研究长期以来一直在局部均衡模型中考虑正研发外部性，即 $\beta \in$（0, 1），反映了企业间研发的互补性（Bensaid et al., 1994; Anbarci et al., 2002）。

需求中间产品的是最终产品厂商，因此，中间产品需求函数显然就是最终产品厂商利润最大化问题的最优条件。假设最终产品价格被单位化为 1，x_t（i）的价格为 p_t（i），则 x_t（i）有条件的需求函数为：

$$x_t(i) = \frac{Y_t}{p_t(i)} \tag{9-6}$$

3. 中间产品数量的决定

在中间产品部门，存在生产差异化中间产品的垄断行业 $i \in$ [0, 1]。假设一旦新的产品品种或设计方案被研发部门发明出来后，中间产品生产厂商在购买中

间产品生产技术之后，生产1单位中间产品需要 η 单位的研发生产劳动力，则在生产差异化中间产品的一系列垄断行业中，行业领导者中间产品技术生产函数为：

$$x_t(i)=\eta M_t(i) \tag{9-7}$$

其中，η 为技术生产效率参数。效仿 Segerstrom（1998）的做法，将技术生产效率参数进一步与垂直创新技术进步中的质量等级和质量改进规模相联系，使 $\eta=z^{\lambda_t(i)}$，从而

$$x_t(i)=z^{\lambda_t(i)}M_t(i) \tag{9-8}$$

其中，参数 $z>1$ 表示质量提升规模即质量步长，$\lambda_t(i)$ 是行业 $i\in[0, 1]$ 在 t 时刻发生的质量提升次数。行业 i 领导者的总成本 TC 为 $\frac{[x_t(i)\ w_{mt}]}{z^{\lambda_t(i)}}$，其边际成本 MC 为 $\frac{w_{mt}}{z^{\lambda_t(i)}}$。其利润最大化的垄断价格 $p_t(i)$ 为在边际成本上的加价，效仿 Evans 等（2003）的做法，其加价额为 $\mu\in(0, z]$。因此，垄断利润为：

$$\pi_t(i)=p_t(i)x_t(i)-w_{mt}M_t(i)=Y_t-\frac{1}{\mu}Y_t=\frac{\mu-1}{\mu}Y_t \tag{9-9}$$

4. 研发活动中创新成功率的决定

创新成功率是由有竞争力的中间产品研发厂商的利润最大化行为确定的，厂商通过投入 $S_t(i)$ 单位研究人员和 F_t 单位的最终产品来进行创新。效仿 Aghion 和 Howitt（2009）的做法，即投入研发活动的最终产品数量是经过技术水平调整的研发支出。在此基础上，给出柯布—道格拉斯形式的创新成功率 ϕ_t：

$$\phi_t=\gamma S_t^{\alpha}\left(\frac{F_t}{T_t}\right)^{1-\alpha} \tag{9-10}$$

其中，参数 $\gamma>0$ 为研发活动的技术参数，$\alpha\in[0, 1]$ 是研究劳动力的创新产出弹性，T_t 为总技术水平。式（9-10）表明，创新成功率与研究劳动力投入成正比，与研发活动要实现的技术水平成反比。

在对称均衡增长下，$\pi_t(i)=\pi_t$。行业间发明的价值也相同（Cozzi et al.，2007），从而 $v_t(i)=v_t$。根据决定 v_t 的无套利条件，即 v_t 的回报率 R_t 等于实际利率 r_t，得到：

$$r_t = R_t = \frac{\pi_t + \dot{v}_t - \phi_t v_t}{v_t} \tag{9-11}$$

由式（9-11）得到成功的创新的价值为 $\phi_t v_t = \gamma S_t^{\alpha}\left(\frac{F_t}{T_t}\right)^{1-\alpha} v_t$，由于成功的创新的边际成本分别等于工资和最终产品价格（被单位化为 1），由此得到：

$$\alpha\phi_t v_t = w_{st} S_t \tag{9-12}$$

$$(1-\alpha)\gamma S_t^{\alpha}\left(\frac{F_t}{T_t}\right)^{-\alpha}\frac{v_t}{T_t} = 1 \tag{9-13}$$

三、研发对经济增长率影响的路径分析

1. 技术增长率的决定

将总技术水平 T_t 界定为：

$$T_t = \exp\left(\int_0^1 \ln z^{\lambda_t(i)} di\right) \tag{9-14}$$

根据大数法则，只要时间足够长，中间产品质量提升（技术创新）次数的期望值就等于其创新的成功率，那么：

$$T_t = \exp\left(\int_0^1 \ln z^{\lambda_t(i)} di\right) = \exp\left(\int_0^t \ln z^{\phi_\omega} d\omega\right) = \exp\left(\int_0^t \phi_\omega d\omega \ln z\right) \tag{9-15}$$

由式（9-15）得到技术增长率：

$$\frac{\dot{T}_t}{T_t} = \phi_t \ln z \tag{9-16}$$

2. 经济增长率变动的决定

将式（9-8）代入式（9-4），得到总生产函数为：

$$Y_t = \exp\left(\int_0^1 \ln\delta_t(i)di + \int_0^1 \ln z^{\lambda_t(i)} di + \int_0^1 \ln M_t(i)di\right) = \delta_t T_t M_t \tag{9-17}$$

由式（9-5）得到，则 $\frac{\dot{\delta}_t}{\delta_t} = \beta\frac{\dot{L}_t}{L_t}$，则 $\frac{\dot{\delta}_t}{\delta_t} = 0$，并根据式（9-16），得到经济增

长率：

$$\frac{\dot{Y}_t}{Y_t}=\frac{\dot{\delta}_t}{\delta_t}+\frac{\dot{T}_t}{T_t}+\frac{\dot{M}_t}{M_t}=\phi_t\ln z+n \tag{9-18}$$

稳态时，$\dot{c}_t=\dot{v}_t=0$，由式（9-3）和式（9-11）得到发明的均衡增长值 $v=\frac{\pi}{\rho+\phi}$，进一步利用式（9-9）和式（9-17），得到：

$$v=\frac{\mu-1}{\mu}\frac{\delta TM}{\rho+\phi} \tag{9-19}$$

将式（9-19）代入式（9-13）中，得到稳态创新成功率：

$$\phi=(1-\alpha)\gamma S^{\alpha}\left(\frac{F}{T}\right)^{-\alpha}\delta\frac{\mu-1}{\mu}M-\rho \tag{9-20}$$

将式（9-20）与式（9-10）相结合，得到不含有内生变量 F 的稳态创新成功率：

$$(\phi+\rho)^{1-\alpha}\phi^{\alpha}=\left[(1-\alpha)\frac{\mu-1}{\mu}\right]^{1-\alpha}\gamma\delta^{1-\alpha}S^{\alpha}M^{1-\alpha} \tag{9-21}$$

将研发劳动力约束条件 $M_t=m_tL_t$ 和 $S_t=s_tL_t$ 代入式（9-21），同时考虑到 $m_t=1-s_t$，假如将研究劳动力占研发总劳动力的份额 s 作为研发结构的衡量指标，则稳态创新成功率隐函数为：

$$(\phi+\rho)^{1-\alpha}\phi^{\alpha}=\left[(1-\alpha)\frac{\mu-1}{\mu}\right]^{1-\alpha}\gamma\delta^{1-\alpha}s^{\alpha}(1-s)^{1-\alpha}L \tag{9-22}$$

由式（9-22）可以看出，创新成功率是研发规模、溢出和结构的函数，创新成功率深受研发规模、溢出和结构的影响。

式（9-22）分别对研发规模、溢出和结构求导后得到：

$$\frac{\partial\phi}{\partial L}=\frac{\left[(1-\alpha)\frac{\mu-1}{\mu}\right]^{1-\alpha}\gamma\delta^{1-\alpha}s^{\alpha}(1-s)^{1-\alpha}}{\Omega}>0 \tag{9-23}$$

$$\frac{\partial\phi_t}{\partial\delta}=\frac{\left[(1-\alpha)\frac{\mu-1}{\mu}\right]^{1-\alpha}\gamma(1-\alpha)\delta^{-\alpha}s^{\alpha}(1-s)^{1-\alpha}L}{\Omega}>0 \tag{9-24}$$

$$\frac{\partial\phi}{\partial s}=\frac{\left[(1-\alpha)\frac{\mu-1}{\mu}\right]^{1-\alpha}\gamma\delta^{1-\alpha}s^{\alpha-1}(1-s)^{-\alpha}(\alpha-s)L}{\Omega} \tag{9-25}$$

其中，$\Omega=[(1-\alpha)(\phi+\rho)^{-\alpha}\phi^{\alpha}+\alpha(\phi+\rho)^{1-\alpha}\phi^{\alpha-1}]>0$。

假设研究劳动力 S_t 和生产劳动力 M_t 在研究和生产两个部门之间自由流动，那么两种劳动力之间的工资率相等，即 $w_{st}=w_{mt}=w_t$。在这种情况下，可以得到稳态时研究劳动力的创新产出弹性 α（创新产出中的研究劳动力所得份额）：

$$\alpha=\frac{wS}{wS+F}=\frac{\frac{S}{L}}{\frac{(wS+F)}{Y}}\left(\frac{wL}{Y}\right)=\frac{\frac{wL}{Y}}{\frac{(wS+F)}{Y}}s \tag{9-26}$$

式（9-26）的分子为稳态时研发总收入占 GDP 的份额，分母为稳态时知识驱动型研发收入占 GDP 的份额。考虑到研发收入占 GDP 的份额（研发强度）一般较低，因而知识驱动型研发收入占 GDP 的份额更低，显然 $\frac{\frac{wL}{Y}}{\frac{(wS+F)}{Y}}>1$，因而 $\alpha>s$。因而式（9-25）大于 0，即 $\frac{\partial\phi}{\partial s}>0$。

考虑到稳态时研发劳动力的增长率保持不变，对式（9-18）进行全微分后得到：

$$\mathrm{d}\left(\frac{\dot{Y}_t}{Y_t}\right)=\frac{\partial\phi_t}{\partial L}\ln z dL+\frac{\partial\phi_t}{\partial\delta}\ln z d\delta+\frac{\partial\phi_t}{\partial s}\ln z ds \tag{9-27}$$

将式（9-23）至式（9-25）代入式（9-27），则稳态时研发变动引致的经济增长率变动方程为：

$$\mathrm{d}``\underbrace{\left(\frac{\dot{Y}_t}{Y_t}\right)}_{\text{增长率变动}}=\Phi\left[\underbrace{\delta^{1-\alpha}s^{\alpha}(1-s)^{1-\alpha}dL}_{\text{研发规模变动引致的增长率变动}}+\underbrace{(1-\alpha)\delta^{-\alpha}s^{\alpha}(1-s)^{1-\alpha}Ld\delta}_{\text{研发溢出变动引致的增长率变动}}+\underbrace{\delta^{1-\alpha}s^{\alpha-1}(1-s)^{-\alpha}(\alpha-s)Lds}_{\text{研发结构变动引致的增长率变动}}\right] \tag{9-28}$$

在式（9-28）中，$\Phi=\gamma\frac{\left[(1-\alpha)\frac{\mu-1}{\mu}\right]^{1-\alpha}\ln z}{\Omega}$。考虑到 $z>1$，$\ln z>0$，因而 $\Phi>0$。

由式（9-28）可以看出，研发变动引致的经济增长率变动由研发规模变动引致的增长率变动、研发溢出变动引致的增长率变动和研发结构变动引致的增长率变动三部分组成。这表明，研发对经济增长率的影响（研发的增长率效应）

经研发规模、研发溢出和研发结构对经济增长率的影响（增长率效应）三种路径来实现。由此，得到命题 1：

命题 1：研发的增长率效应，通过研发规模、研发溢出和研发结构的增长率效应三种路径实现。

四、研发对经济增长率的影响分析

1. 研发规模对经济增长率的影响

由式（9－5）可知，稳态时 $d\delta=\frac{\beta\delta}{L}dL$，$ds=-\frac{1-s}{L}dL$，将这些关系代入式（9－28），并对研发规模求导得到：

$$\frac{d}{dL}Y)=\Phi\frac{\delta^{1-\alpha}(1-s)^{1-\alpha}}{s^{1-\alpha}}[(2s-\alpha)+(1-\alpha)s\beta] \tag{9-29}$$

考虑到研究劳动力收入水平高于生产劳动力收入水平，则 $wS+F>wL-(wS+F)$。式（9－26）可以进一步变换如下：$\alpha=\frac{wL/Y}{(wS+F)/Y}s<\frac{wL/Y}{[wL-(wS+F)]/Y}s<\frac{wL/Y}{\left[wL-\frac{1}{2}wL\right]/Y}s<2s$。

当 $\beta\in(0,1)$ 时，显然 $\frac{d}{dL}\left(\frac{\dot{Y}}{Y}\right)>0$。

当 $\beta\in(-1,0)$ 时，如果 $\beta\in\left(-1,\frac{\alpha-2s}{(1-\alpha)s}\right)$，那么 $\frac{d}{dL}\left(\frac{\dot{Y}}{Y}\right)<0$；如果 $\beta\in\left(\frac{\alpha-2s}{(1-\alpha)s},0\right)$，那么 $\frac{d}{dL}\left(\frac{\dot{Y}}{Y}\right)>0$。

综合上述两种情况可以看出：当 $\beta\in\left(\frac{\alpha-2s}{(1-\alpha)s},1\right)$ 时，则 $\frac{d}{dL}\left(\frac{\dot{Y}}{Y}\right)>0$；当 $\beta\in\left(-1,\frac{\alpha-2s}{(1-\alpha)s}\right)$ 时，那么 $\frac{d}{dL}\left(\frac{\dot{Y}}{Y}\right)<0$。

企业间研发竞争所带来的重复效应（Duplication Effect）以及创造性毁灭效

应（Creative Destruction Effect），使经济社会中研发投资规模高于最优投资规模（Jones and Williams，2000）。因此，随着企业研发投资规模的持续扩大，企业间研发活动竞争程度的不断加剧，研发外部性也经历了由研发正外部性向研发负外部性变化的过程。由此，得到命题 2：

命题 2：在研发活动存在正外部性和较弱负外部性情况下，随着研发规模的提高，经济增长率将逐步提高；在研发活动存在较强负外部性情况下，随着研发规模的提高，经济增长率将逐步降低。因此，研发规模的增长率效应呈倒“U”形曲线。

2. 研发溢出对经济增长率的影响

由式（9-5）可知，稳态时 $dL=\frac{L}{\beta\delta}d\delta$，$ds=-\frac{Ls}{\beta\delta}d\delta$，将这些关系代入式（9-29），并对研发溢出求导得到：

$$\frac{d}{d\delta}\left(\frac{\dot{Y}}{Y}\right)=\frac{\Phi\ (1-s)^{1-\alpha}L}{\delta^{\alpha}s^{1-\alpha}}\left[\frac{\dot{Y}}{Y}+(1-\alpha)s-(1-s)(\alpha-s)\right] \tag{9-30}$$

当 $\beta\in(0,\ 1)$ 时，$\frac{s}{\beta}+(1-\alpha)s-(1-s)(\alpha-s)>s+(1-\alpha)s-(1-s)(\alpha-s)=(2s-\alpha)+(s-s^2)>0$，因而 $\frac{d}{d\delta}\left(\frac{\dot{Y}}{Y}\right)>0$。

当 $\beta\in(-1,\ 0)$ 时，$\frac{s}{\beta}+(1-\alpha)s-(1-s)(\alpha-s)<-s+(1-\alpha)s-(1-s)(\alpha-s)=(s-\alpha)-s^2<0$，因而 $\frac{d}{d\delta}\left(\frac{\dot{Y}}{Y}\right)<0$。由此，得到命题 3：

命题 3：在研发活动存在正研发外部性情况下，研发溢出对经济增长率的影响效应表现为增长率提高效应；在研发活动存在负研发外部性情况下，研发溢出对经济增长率的影响效应表现为增长率降低效应。因此，研发溢出的增长率效应表现为倒“U”形曲线。

3. 研发结构对经济增长率的影响

由式（9-5）可知，稳态时 $dL=-\frac{L}{1-s}ds$、$d\delta=-\frac{\delta\beta}{1-s}ds$，将这些关系代入式（9-29），并对研发结构求导得到：

$$\frac{d}{ds}\left(\frac{\dot{Y}}{Y}\right)=\frac{\Phi\delta^{1-\alpha}L}{s^{1-\alpha}(1-s)^{\alpha}}[(\alpha-2s)-(1-\alpha)s\beta] \tag{9-31}$$

当$\beta\in(0,\ 1)$时，$\alpha-2s-(1-\alpha)s\beta<\alpha-2s<0$，因而$\frac{d}{ds}\left(\frac{\dot{Y}}{Y}\right)<0$。

当$\beta\in(-1,\ 0)$时，如果$\beta\in\left(-1,\ \frac{\alpha-2s}{(1-\alpha)s}\right)$，那么$\frac{d}{dL}\left(\frac{\dot{Y}}{Y}\right)>0$；如果$\beta\in\left(\frac{\alpha-2s}{(1-\alpha)s},\ 0\right)$，那么$\frac{d}{dL}\left(\frac{\dot{Y}}{Y}\right)<0$。

经济持续增长要求创新可能性前沿采取两种形式之一：第一种形式，Rivera-Batiz 和 Romer（1991）称之为实验室设备设定（The Lab Equipment Specification），只涉及最终产品用于产生新的创新，创新的研发投入是实验室设备型R&D。第二种形式，Rivera-Batiz 和 Romer（1991）称之为基于知识的 R&D 设定（The Knowledge-based R&D Specification），其中从过去的研究到当前生产力（Productivity）的溢出是维持增长所必需的，创新的研发投入是知识驱动型 R&D。在实验室设备设定中，没有进入经济积累方程的稀缺因素。如果存在用于研发的要素稀缺，则无法通过增加用于研发的这些要素的数量来维持增长。因此，为了实现持续增长，这些要素需要随着时间的推移变得越来越高效。这就是基于知识的研发设定的精髓，溢出意味着当前的研究人员“站在巨人的肩膀上”，确保研究的边际生产力不下降（Acemoglu，2002）。因此，随着研究劳动力比重的持续提高、企业间研发溢出的不断增强，研发外部性也经历了由研发负外部性向研发正外部性变化的过程。由此，得到命题 4：

命题 4：在研发活动存在较强负外部性的情况下，随着研究劳动力比重的提高，经济增长率将逐步提高；在研发活动存在正外部性和较弱负外部性情况下，随着研究劳动力比重的提高，经济增长率将逐步降低。因此，研发结构的增长率效应呈倒“U”形曲线。

五、政策建议

本章研究表明：第一，研发对经济增长率的影响通过研发规模、溢出和结构的增长率效应三种路径实现。第二，中国研发规模、溢出和结构的增长率效应分别呈倒“U”形、“U”形和线形关系，分别表现为增长率提高效应和增长率降低效应、增长率降低效应和增长率提高效应、增长率提高效应。

本章的研究结论对于新时代加快推动区域区域经济高质量发展提供了有益的政策启示：第一，发挥研发“三驾马车”的增长率提高效应。鉴于研发的增长率效应通过研发规模、溢出和结构的增长率效应三种路径实现，因而发挥研发“三驾马车”的增长率提高效应，重点在于研发规模的适度扩张、研发溢出的不断强化以及研发结构的持续优化。第二，加强研发政策的分类引导。基于研发规模、溢出和结构的增长率效应的异质性，应加强研发规模、溢出和结构政策的分类引导：研发投资规模应遵循研发投资增长率提高效应和增长率降低效应的阶段性特点，提高研发的资源配置效率；研发溢出政策旨在促进研发溢出网络的深化与广化，加快其租金溢出和想法溢出，提高研发溢出的数量与质量；研发结构政策应在加大知识驱动型研发的同时，促进其与实验室设备型研发的良性互动，持续优化研发结构。第三，实施差异性的区域研发政策。基于研发对经济增长率影响的时空分布特征，决策部门应提前研判未来区域内哪些地区会陆续跨越研发规模倒“U”形曲线和研发溢出“U”形曲线拐点，实施差异性的区域研发政策，培育不同区域经济增长新动能，加快推动区域经济高质量发展。

第十章　公共基础设施投资的国内贸易一体化效应的理论研究*

本章构建了一个两地区动态一般均衡模型，以中国区域现实数据为基础，利用数值模拟深入揭示公共基础设施投资对国内区域贸易一体化的影响机理，进一步考察了公共基础设施投资的国内区域贸易一体化效应的决定因素。研究表明，公共基础设施投资对国内区域贸易一体化具有明显的倒“U”形影响。产品可替代性、公共基础设施服务拥挤性和劳动摩擦（间接劳动）对公共基础设施投资的国内区域贸易一体化效应的影响显著，且存在明显的地区差异性。相关结论对于以促进国内区域贸易一体化发展为导向的公共基础设施投资政策取向具有重要的启示作用。

一、引言

当前中国经济发展面临需求收缩、供给冲击、预期转弱三重压力，经济发展环境的复杂性和不确定性上升。党中央适时做出了坚定实施扩大内需战略、加快培育完整内需体系，加快构建以国内大循环为主体、国内国际双循环相互促进的新发展格局的战略部署。国内贸易是新发展阶段建设强大国内市场的重要组成部分，是构建新发展格局的重要支撑，对推动经济高质量发展具有不可替代的作用。但国内贸易发展不平衡、不充分的问题仍然突出，国内统一大市场尚不健

* 本章借鉴了朱英明等（2023）的工作论文《公共基础设施投资与国内贸易一体化》。

全，国内区域贸易一体化水平提升缓慢，国内市场的潜在优势尚未完全释放，对构建新发展格局的支撑作用有待进一步增强。

近年来，在经济增长中枢下降、土地要素约束增强、防范化解地方政府债务风险增大三重因素的影响下，中国基础设施投资增长中枢整体下移，基础设施投资增速整体上呈放缓趋势，财政资金对基础设施投资的支撑作用下降态势明显。尽管如此，中国基础设施长期以来主要以政府及其所属国有企业投资建设为主的基本面没有改变。

《1994 年世界发展报告：为发展提供基础设施》指出，基础设施资本存量所提供的服务是经济活动的基础（World Bank，1994）。作为成本节约的来源，基础设施建设导致的贸易成本降低比直接的政策壁垒更重要（Brooks et al.，2005）。发达的基础设施能够整合国内市场，并以低成本将其与其他国家和地区的市场连接起来（World Economic Forum，2014）。随着基础设施投资规模的扩张，贸易成本下降，改变了一国的比较优势，可能使生产供应链更加碎片化，并刺激该国的区域内贸易发展（Brooks，2008）。

公共财政在所有经济体中的一个重要作用是通过对基础设施的大量公共投资为贸易发展奠定基础。新时代构建国内国际双循环相互促进的新发展格局的战略部署，要求我们充分发挥超大规模市场的需求优势和产业体系配套完整的供给优势，高度重视公共基础设施投资在国内区域贸易一体化方面的作用。但遗憾的是，由于理论滞后，我们对以下问题尚缺乏深入的认识：公共基础设施投资是如何影响国内区域贸易一体化的？核心机理是什么？哪些因素会制约公共基础设施投资的国内区域贸易一体化效应？毫无疑问，这些问题的深入探究不仅具有重要的理论意义，而且对于促进中国区域公共基础设施建设投资创新、推动国内贸易高质量发展、服务构建新发展格局具有重要的现实意义。

本章的主要贡献在于：在 Kollmann（2005）和 Bolaños（2017）两国动态一般均衡模型的基础上，构建了一国内部两地区动态一般均衡模型，提出了一个公共基础设施投资影响国内区域贸易一体化的理论框架，深入解答了上述理论问题，弥补了已有文献的不足。对于基本框架而言，本章的理论模型与两国动态一般均衡模型较相似，但与两国动态一般均衡模型主要关注公共交通基础设施供给对国家间贸易一体化的影响不同，本章重点分析了公共基础设施投资对一国内部不同地区间贸易一体化（国内区域贸易一体化）的影响，并主要进行了以下拓展：①要素在地区间自由流动。借鉴 Martin 和 Rogers（1995）的做法，私人资本区际流动受自由资本模型的资本流动方程制约；参考 Forslid 和 Ottaviano（2003）的做法，劳动力区际流动受自由企业家模型的人力资本流动方程约束。②考虑公共基础设施服务的拥挤性。借鉴 Turnovsky（1997）的做法，关注企业实际获得的公共基础设施服务，即公共基础设施有效服务，更符合现实情况。③引入间接劳动（劳动摩擦）。借鉴贾俊雪（2017）的做法，在中间产品生产函数中引入间接劳动，进一步探究了劳动摩擦因素对公共基础设施投资的国内区域贸易一体化效应的影响。

二、理论模型

构建的一国内部两地区一般均衡模型涉及两个地区，分别为中国核心地区（$i=1$）和周边地区（$i=2$）。每个地区由中间产品生产企业、最终产品生产企业、家庭和政府等主体组成，中间产品生产企业使用本地区物质资本和劳动作为投入要素生产可贸易的中间产品，最终产品生产企业使用本地区和外地区中间产品作为投入生产不可贸易的最终产品，每个生产部门都有代表性企业，并在竞争市场中经营；具有无限寿命的代表性家庭为每个地区提供劳动力，将资本出租给当地企业进行产品生产，并从本地区消费的最终产品中获得利益。政府利用线性产出税进行融资后对公共基础设施进行投资。区域经济中公共投资形成的基础设施资本具有一定程度的拥挤性，其使用具有非排他性和一定程度的非竞争性。区域劳动力市场存在一定数量的非生产工人和管理人员，他们构成了中间产品生产中的间接劳动力。劳动力和私人资本在地区间可以自由流动。地区间进行中间产品货物贸易，涉及冰山式贸易成本，后者取决于公共基础设施服务水平。

1. 中间和最终产品生产

地区 i 的代表性中间产品生产企业采用柯布—道格拉斯生产技术，生产地区间可贸易的中间产品 z_{it} 为：

$$z_{it}=a_{it}(g_{it}^{e})^{\gamma}k_{it}^{\alpha}(\ell_{it}-\sigma)^{1-\alpha},\ i\in\{1,\ 2\} \tag{10-1}$$

其中，a_{it} 为全要素生产率、k_{it} 为私人资本投入、ℓ_{it} 为劳动投入、σ 为间接劳动、α 和 γ 分别为中间产品产出中的私人资本和政府基础设施投资形成的基础设施服务的份额；g_{it}^{e} 为企业实际能够获得的“有效”基础设施服务，与公共基础设施投资的关系（Turnovsky，1997；贾俊雪，2017）为：

$$g_{it}^{e}=\left(\frac{k_{it}}{k}\right)^{\lambda}g_{it}，(0\leqslant\lambda\leqslant1) \tag{10-2}$$

其中，g_{it} 为地区 i 公共基础设施投资，k 为两地区的总私人资本。式（10-2）表明随着地区 i 中间产品生产企业私人资本存量 k_{it} 相对于总资本存量 k 的增加，企业实际获得的有效基础设施服务 g_{it}^{e} 会增加。在企业私人资本存量 k_{it} 不变的情况下，要使企业实际获得的有效基础设施服务 g_{it}^{e} 随时间变化而保持不变，g_{it} 的增长率与 k 的增长率需要满足$\frac{\dot{g}_{it}}{g_{it}}=\lambda\frac{\dot{k}}{k}$，因此参数 λ 反映了公共基础设施服务的拥挤程度。具体而言，当 $\lambda=0$ 时，地区经济中存在充足的基础设施资源，不存在拥挤性，此时基础设施属于非竞争性、非排他性的纯公共资本产品；当 $\lambda=1$ 时，每个地区企业实际获得的有效基础设施服务的比例恰好等于该地区私人资本存量占总资本存量的比例，这种情况被称为“成比例拥挤”，即拥挤程度与经济规模成正比。当 $0<\lambda<1$ 时，基础设施为拥挤品，地区经济中存在一定程度可利用的基础设施资源，每个地区企业实际获得的有效基础设施服务的比例低于该地区私人资本存量占总资本存量的比例，这种情况被称为“部分拥挤”（Turnovsky，1997）。

中间产品生产函数中包含间接劳动 σ，这使模型一方面很好地反映企业在地区的内生退出机制，另一方面很好地捕捉现实经济中劳动资源在地区间的合理配置：当地区 1（地区 2）企业可雇用的劳动力 ℓ_1（ℓ_2）小于 σ，但地区 2（地区 1）企业可雇用的劳动力 ℓ_2（ℓ_1）大于 σ 时，从地区 1（地区 2）退出的劳动力可以进入地区 2（地区 1）。

企业在完全竞争的环境中经营，假定工资率为 w_{it}、资本租金率为 r_{it}，利润最大化意味着生产要素将根据式（10-3）进行最优配置：

$$w_{it}=(1-\alpha)a_{it}(g_{it}^{e})^{\gamma}\left(\frac{k_{it}}{\ell_{it}-\sigma}\right)^{\alpha}，\ r_{it}=\alpha a_{it}(g_{it}^{e})^{\gamma}\left(\frac{k_{it}}{\ell_{it}-\sigma}\right)^{\alpha-1} \tag{10-3}$$

中间产品在贸易过程中产生的冰山式贸易成本 τ_t 包括运输成本 τ_{1t} 和地方政府之间贸易保护等因素引起的国内贸易壁垒成本 τ_{2t}，即 $\tau_t=\tau_{1t}+\tau_{2t}$。对于运输的 1 单位中间产品来说，达到另一个地区时仅剩$\frac{1}{(1+\tau_t)}$单位中间产品，则可以将

$s_t=\frac{1}{(1+\tau_t)}$看作地区间贸易的交易效率（赵红军，2012）。τ_t 的大小取决于公共基础设施服务水平，其一阶导数和二阶导数满足$\frac{d\tau_t}{d}g_{it}^e<0$，$\frac{d^2\tau_t}{dg_{it}^{e\,2}}>0$，即贸易成本随公共基础设施服务的增加而递减，但递减的速率逐渐减缓，公共基础设施的改善降低了双边贸易成本。据此，贸易成本函数（Martin and Rogers，1995）为：

$$\tau_t=\frac{\chi}{(g_{1t}^e)^{\eta}(g_{2t}^e)^{1-\eta}} \tag{10-4}$$

其中，η 为核心地区相对于周边地区的规模参数，χ 为贸易成本调整参数。由式（10-4）可以看出，贸易成本除了受公共基础设施服务的影响，还受两地区的相对规模的影响。

若以核心地区中间产品 z_{1t} 作为计价单位，p_t 为周边地区中间产品 z_{2t} 的价格，则核心地区进口 1 单位周边地区中间产品的价格为 $P_{2t}=p_ts_t^{-1}$，周边地区进口 1 单位核心地区中间产品的价格为 $P_{1t}^*=(p_ts_t)^{-1}$。

中间产品市场出清条件由式（10-5）、式（10-6）决定：

$$\eta z_{1t}=\eta z_{11t}+z_{21t} \tag{10-5}$$

$$z_{2t}=z_{22t}+\eta z_{12t} \tag{10-6}$$

其中，z_{ii} 和 z_{ij} 表示在地区 $i\in\{1,2\}$ 的最终产品生产中作为投入的本地区和外地区（输入）的中间产品的数量。考虑到 z_{12}（z_{21}）是用于生产 y_1（y_2）的区外输入的中间产品投入，生产最终产品的企业在中间产品区外输入时也面临贸易成本。

最终产品生产企业使用本地区生产的中间产品和购买外地区生产的中间产品，生产出可以消费和投资的最终产品。最终产品 y_i 根据不变替代弹性技术函数［见式（10-7）］进行生产：

$$y_{it}=[\varphi_i^{\frac{1}{\mu}}(z_{iit})^{\frac{(\mu-1)}{\mu}}+(1-\varphi_i)^{\frac{1}{\mu}}(z_{ijt})^{\frac{(\mu-1)}{\mu}}]^{\frac{\mu}{(\mu-1)}} \tag{10-7}$$

其中，$\mu\geq1$ 度量本地区商品与外地区商品之间的可替代性，$\varphi_i\in[0,1]$ 为本地区生产的中间产品在最终产品生产中的偏好（以下简称为“本地偏好”）。参考 Bolaños（2017）的做法，并考虑中国的国情，本书认为 φ_i 取决于本地区（核心地区）的相对规模 η 和交易效率 s，具体而言，$\varphi_1=1-\eta s$，$\phi_2=1-(1-\eta)s$。在式（10-7）的约束下，地区 i 最终产品生产企业通过选择本地区中间产品 z_{ii} 和外地区中间产品 z_{ij} 投入的数量使其利润最大化：

$$\max_{z_{11t},\ z_{12t}} q_{1t}y_{1t} - (z_{11t} + p_t s_t^{-1} z_{12t}) \tag{10-8}$$

$$\max_{z_{22t},\ z_{21t}} q_{2t}y_{2t} - (z_{22t} + p_t^{-1} s_t^{-1} z_{21t}) \tag{10-9}$$

其中，q_{it} 为相对于计价单位 z_{1t} 的最终产品 y_i 的价格。地区 i 对 z_{ij} 和 z_{ii} 的最优需求量：

$$z_{11t} = \varphi_1 q_{1t}^{\mu} y_{1t},\ z_{12t} = (1 - \varphi_1)(q_{1t}s_t p_t^{-1})^{\mu} y_{1t} \tag{10-10}$$

$$z_{22t} = \varphi_2 q_{2t}^{\mu} y_{2t},\ z_{21t} = (1 - \varphi_2)(q_{2t}s_t p_t)^{\mu} y_{2t} \tag{10-11}$$

两地区最终产品的价格水平分别为：

$$q_{1t} = (\varphi_1 + (1 - \varphi_1) p_t^{1-\mu} s_t^{\mu-1})^{\frac{1}{(1-\mu)}},\ q_{2t} = (\varphi_2 + (1 - \varphi_2)(p_t s_t)^{\mu-1})^{\frac{1}{(1-\mu)}} \tag{10-12}$$

2. 家庭资本积累

对于家庭而言，地区 i 无限寿命的代表性家庭按照柯布—道格拉斯效用函数，通过消费本地区最终产品和休闲获得效用，得：

$$u(c_{it},\ \ell_{it}) = c_{it}(1 - \ell_{it})^{\varepsilon_{it}} \tag{10-13}$$

其中，c_{it} 为地区 i 家庭对最终产品的消费量，ε_{it} 为休闲偏好系数。家庭的时间禀赋标准化为 1，则 $1-\ell_{it}$ 为家庭享有的休闲时数。

家庭出租给生产中间产品企业的资本存量 k_{it} 与资本投资的关系为：

$$k_{it+1} = x_{it} + (1 - \delta)k_{it} \tag{10-14}$$

其中，x_{it} 为 t 时期的投资，$\delta \in [0,\ 1]$ 为私人资本折旧率。家庭资本在积累的过程中受到二次调整成本的影响（Mendoza，1991）：

$$c_{it}^{a} = \frac{\phi}{2}(k_{it+1} - k_{it})^2 \tag{10-15}$$

在 $t \geqslant 0$ 期，假设地区 i 的代表性家庭进入完全或有权益市场，ρ 为随机贴现因子，那么代表性家庭在 $t+1$ 期的随机支付 ν_{it+1} 在 t 期的价格为 E_t（$\rho\nu_{it+1}$），E_t 为期望算子。因此，代表性家庭基于计价单位的逐期预算约束为：

$$q_{it}(c_{it} + x_{it} + c_{it}^{a}) + E_t(\rho\nu_{it+1}) \leqslant (w_{it}\ell_{it} + r_{it}k_{it}) + \nu_{it} \tag{10-16}$$

同时，家庭偿债增长标准满足非蓬齐博弈条件：

$$\lim_{m\to\infty} E_t(\rho\nu_{it+m}) \geqslant 0 \tag{10-17}$$

在式（10-14）至式（10-17）的约束下，地区 i 的代表性家庭选择 c_{it}、ℓ_{it}、k_{it+1} 和 ν_{it+1}，使得跨期效用函数期望最大化：

$$\max E_t\left\{\sum_{t=0}^{\infty}\beta^t u(c_{it},\ \ell_{it})\right\},\ (i=1,\ 2)$$

其中，$\beta \in [0,\ 1]$ 为主观贴现因子。由此得到代表性家庭资本积累的跨期欧拉方程：

$$1+\phi(k_{it+1}-k_{it})=\beta E_t\frac{c_{it}}{c_{it+1}}\left[1-\delta+\phi(k_{it+1}-k_{it+1})+\frac{r_{it+1}}{q_{it+1}}\right] \tag{10-18}$$

其中，$1+\phi$（$k_{it+1}-k_{it}$）为托宾 Q 标准表示形式。

3. 要素投入与流动

在政府利用线性产出税进行融资（公共基础设施投资外生给定），劳动力和资本可以在地区自由流动的情况下，假设：

$$g_{1t}=\theta_{1t}y_{1t},\ g_{2t}=\theta_{2t}y_{2t} \tag{10-19}$$

$$k_{1t}=(1-\zeta_1\theta_{1t})y_{1t},\ k_{2t}=(1-\zeta_2\theta_{2t})y_{2t} \tag{10-20}$$

$$\ell_t=\ell_{1t}+\ell_{2t},\ k_t=k_{1t}+k_{2t} \tag{10-21}$$

其中，θ_{it} 为地区 i 公共基础设施投资额占其最终产品产出的份额，ζ_i 为私人资本投入调整参数，ℓ_t 为两地区劳动投入总量，k_t 为两地区私人资本投入总量。

要素的逐利性使要素在空间上的流动具有一定的区位指向性，劳动力和资本分别具有向高工资率和高租金率地区流动的趋势。劳动力流动方程（Forslid and Ottaviano，2003）和资本流动方程（Martin and Rogers，1995）分别为：

$$\frac{d\vartheta_{it}}{dt}=(w_{it}-w_{jt})\vartheta_{it}(1-\vartheta_{it}),\ \frac{d\xi_{it}}{dt}=(r_{it}-r_{jt})\xi_{it}(1-\xi_{it}) \tag{10-22}$$

其中，$\vartheta_{it}\equiv\frac{\ell_{it}}{\ell_t}$为地区 i 劳动力占劳动力总量的份额，$\xi_{it}\equiv\frac{k_{it}}{k_t}$为地区 i 私人资本存量占资本总量的份额，假设初始时刻劳动力和资本在两地区均匀分布，即 $\vartheta_{it}=\xi_{it}=\frac{1}{2}$，求解上述微分方程可得：

$$\vartheta_{1t}=\frac{e^{w_{1t}-w_{2t}}}{1+e^{w_{1t}-w_{2t}}},\ \vartheta_{2t}=\frac{e^{w_{2t}-w_{1t}}}{1+e^{w_{2t}-w_{1t}}} \tag{10-23}$$

$$\xi_{1t}=\frac{e^{r_{1t}-r_{2t}}}{1+e^{r_{1t}-r_{2t}}},\ \xi_{2t}=\frac{e^{r_{2t}-r_{1t}}}{1+e^{r_{2t}-r_{1t}}} \tag{10-24}$$

容易验证 $\vartheta_{1t}+\vartheta_{2t}=\xi_{1t}+\xi_{2t}=1$。

4. 稳态分析

在稳态时，托宾 Q 的标准形式 $1+\phi\ (k_{it+1}-k_{it})=1$，此时调整成本 $\frac{\phi}{2}(k_{it+1}-k_{it})^2$ 消失。由于假设 $p_t=1$，则稳态时最终产品价格简化为：

$$\bar{q}_1=(\varphi_1+(1-\varphi_1)s^{\mu-1})^{\frac{1}{1-\mu}},\ \bar{q}_2=(\varphi_2+(1-\varphi_2)s^{\mu-1})^{\frac{1}{1-\mu}} \tag{10-25}$$

由私人资本积累方程式（10-18）得到稳态时的租金率：

$$\bar{r}_1=(\beta^{-1}-1+\delta)\bar{q}_1,\ \bar{r}_2=(\beta^{-1}-1+\delta)\bar{q}_2 \tag{10-26}$$

由式（10-3）可得稳态时的工资率为：

$$\bar{w}_1=(1-\alpha)a_1(g_1^e)^{\gamma}\left(\frac{k_1}{\ell_1-\sigma}\right)^{\alpha},\ \bar{w}_2=(1-\alpha)a_2(g_2^e)^{\gamma}\left(\frac{k_2}{\ell_2-\sigma}\right)^{\alpha} \tag{10-27}$$

联立式（10-5）、式（10-6）、式（10-10）和式（10-11），可得到稳态时的 $\bar{z}_1$、$\bar{z}_2$，$\bar{z}_{11}$、$\bar{z}_{12}$、$\bar{z}_{22}$、$\bar{z}_{21}$ 表达式，在此基础上得到稳态时的产出 $\bar{y}_1$、$\bar{y}_2$，垂直专业化分工指数 V（Hummels et al.，2001）、地区 i 和地区整体的贸易一体化水平（对区外依存度）In_i 与 In 的表达式：

$$\bar{y}_1=\frac{\eta\varphi_2\bar{z}_1-(1-\varphi_2)s^{\mu}\bar{z}_2}{\eta(\varphi_1\varphi_2-(1-\varphi_1)(1-\varphi_2)s^{2\mu})\ \bar{q}_1^{\mu}}$$

$$\bar{y}_2=\frac{\varphi_1\bar{z}_2-\eta(1-\varphi_1)s^{\mu}\bar{z}_1}{(\varphi_1\varphi_2-(1-\varphi_1)(1-\varphi_2)s^{2\mu})\ \bar{q}_2^{\mu}} \tag{10-28}$$

$$V=\frac{\bar{z}_{12}\bar{z}_{21}}{(\bar{z}_{12}+\bar{z}_{21})\bar{y}_1}+\frac{\bar{z}_{12}\bar{z}_{21}}{(\bar{z}_{12}+\bar{z}_{21})\bar{y}_2} \tag{10-29}$$

$$In_1=\frac{\bar{z}_{12}+\bar{z}_{21}}{\bar{y}_1},\ In_2=\frac{\bar{z}_{12}+\bar{z}_{21}}{\bar{y}_2} \tag{10-30}$$

$$In=\eta\frac{(\bar{z}_{12}+\bar{z}_{21})}{\bar{y}_1}+(1-\eta)\frac{(\bar{z}_{12}+\bar{z}_{21})}{\bar{y}_2} \tag{10-31}$$

由式（10-30）和式（10-31）可以看出，国内区域贸易一体化表达式由 z_{ij} 和 y_i 的表达式来表示，后者则与区域经济系统的一系列内生变量和外生变量相关，公共基础设施投资比率 θ_{it} 不仅与公共基础设施投资变量 g_{it} 相关，也与多个内、外生变量相关，因而贸易一体化水平关于 θ_{it} 的解析解过于复杂。为此，下文将通过数值模拟和图示法来刻画公共基础设施投资对国内区域贸易一体化的影响。

三、公共基础设施投资的国内区域贸易一体化效应分析

1. 参数校准

本章的模型参数分为两类：一是一般参数，二是地区特有参数。按照以下原则确定模型中各参数的取值：一是典型文献赋值原则，借鉴已有文献中被广泛接受的参数取值；二是经验数据取值原则，依据中国的现实数据对特有参数进行取值；三是模型稳态取值原则，根据该参数与其他参数间关系的表达式以及稳态时其他参数的基准值，对该参数进行取值；四是预测值与现实值匹配原则，对于既缺乏中国经验的数据，也缺少良好的文献依据的参数，则通过多次赋值使参数的预测值与现实值相匹配。参数具体取值情况如表 10-1 所示。

表 10-1　参数取值

参数		描述	取值	来源
一般参数	α	中间产品产出的资本份额	0.60	王华（2017），Bolaños（2017）
	γ	中间产品产出的公共基础设施服务弹性	0.10	Easterly 和 Rebelo（1993）
	β	主观贴现因子	0.975	吴化斌等（2011），陈彦斌（2015）
	δ	私人资本折旧率	0.025	胡永刚和郭新强（2012），熊琛等（2022）
	μ	地区间中间产品的可替代性	1.48	姜卫民等（2017），Bolaños（2017）
	χ	贸易成本调整参数	0.01	Tombe 和 Zhu（2019），预测值与现实值匹配
地区特有参数	η	核心地区相对周边地区的规模	0.69	根据地区面积、GDP、人口
	σ	间接劳动	0.06	贾俊雪（2017）
	a_1	核心地区全要素生产率（相对值）	1.2	郑宝华和谢忠秋（2011），李国璋等（2010）

续表

参数		描述	取值	来源
地区特有参数	a_2	周边地区全要素生产率	1	标准化值
	ζ_1	核心地区私人资本投入调整参数	1.1	根据模型稳态校准
	ζ_2	中西部地区私人资本投入调整参数	1.2	根据模型稳态校准

一般参数值的设定如下：对中国中间部门 C-D 生产函数中间产品产出的资本份额的估计结果大都处于 0.5~0.7（王华，2017），Bolaños（2017）对阿根廷和巴西的中间产品产出的资本份额的估计值为 0.54，故本章将中间产品产出的资本份额 α 设定为 0.60。参照 Easterly 和 Rebelo（1993）对发展中国家的平均估计，公共基础设施服务的中间产品产出弹性 γ 设定为 0.10。在已有文献中，主观贴现因子 β 的取值范围为 0.95~0.99，吴化斌等（2011）、陈彦斌等（2015）将其设定为 0.97~0.98，本章将其取值为 0.975。胡永刚和郭新强（2012）、熊琛等（2022）等将中国私人资本折旧率 δ 设定为每年 0.10，对应每季度 0.025，本章取值为 0.025。姜卫民等（2017）对中国、美国、日本、巴西等代表性国家中间投入替代弹性的研究中，将中国的中间投入的替代弹性取值为 1.4681，Bolaños（2017）将发展中国家巴西以及阿根廷本国和外国产品之间的替代弹性设定为 1.5，本章将地区中间产品的替代弹性 μ 设定为 1.48。借鉴 Tombet 和 Zhu（2019）的做法，利用 2012 年和 2017 年投入产出表测算出中国省际贸易成本介于 2.23~5.24，为使贸易成本 τ_t 的取值区间落在（2.23，5.24），贸易成本调整参数 χ 取值为 0.01。

地区特有参数值的设定如下：对于核心地区相对周边地区的规模参数 η，本书综合考虑国土面积、GDP 和人口等方面的相对规模，然后求其平均值，由此设定为 0.69。根据贾俊雪（2017）对间接劳动的设置，将间接劳动设置为 σ = 0.06。将周边地区的全要素生产率 a_2 标准化为 1，考虑到郑宝华和谢忠秋（2011）、李国璋等（2010）将核心地区相对于周边地区的全要素生产率的估计值确定为 1.04~1.53，据此得到东部地区全要素生产率 a_1 相对值为 1.20。为保证家庭消费，私人资本投资比率与公共基础设施投资比率之和小于 1，即 $\theta_i y_i + (1-\theta_i\zeta_i) y_i < y_i$，故 ζ_i 的取值大于 1，进一步根据稳态时要素投入方程（10-20），将东部地区、周边地区私人资本投入调整参数分别校准为 1.1 和 1.2。

2. 公共基础设施投资的国内区域贸易一体化效应

图 10-1 给出了在不同政策实验下①，公共基础设施投资比率 θ_i 变化对国内区域贸易一体化 ln_i 和 ln、地区总产出 y_i 和地区整体总产出 y 的影响。图 10-1（A）显示，公共基础设施投资对核心地区、周边地区和地区整体国内区域贸易一体化的影响具有明显的倒“U”形影响，表明存在使贸易一体化水平最大化的公共基础设施投资比率 θ_i^*。当 $\theta_i<\theta_i^*$ 时，随着 θ_i 的增加，地区 i（地区整体）国内区域贸易一体化水平 ln_i（ln）提高，θ_i 对地区 i（地区整体）国内区域贸易一体化水平 ln_i（ln）的影响具有正效应；当 $\theta_i>\theta_i^*$ 时，θ_i 增加导致地区 i（地区整体）国内区域贸易一体化水平 ln_i（ln）降低，θ_i 对地区（地区整体）国内区域贸易一体化水平 ln_i（ln）的影响具有负效应。

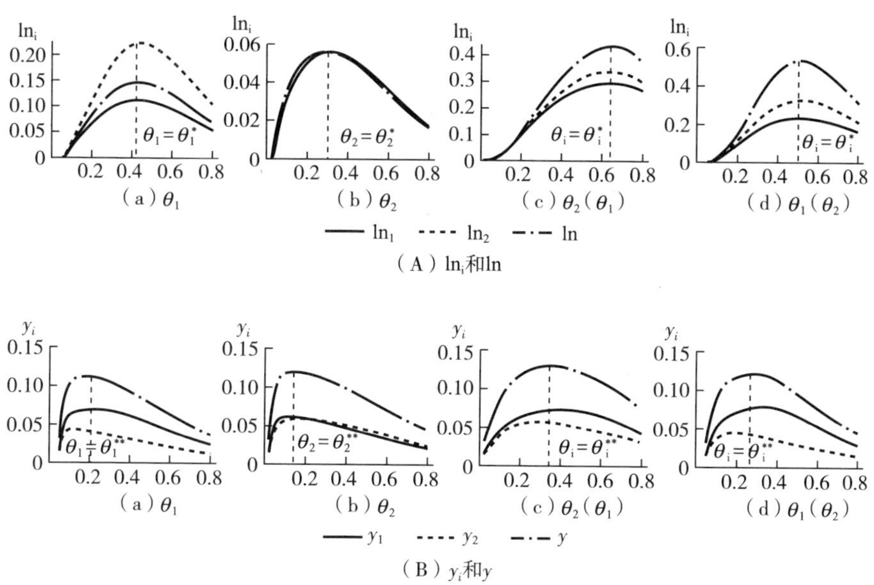

图 10-1 公共基础设施投资对国内区域贸易一体化和总产出的影响

① 在本章的四种政策实验中，东部地区、周边地区的初始值均为 $\theta_1=0.05$、$\theta_2=0.02$，其中政策实验（a）只有核心地区单边增加投资，投资增量 $\Delta\theta_1=0.005$；政策实验（b）只有周边地区单边增加投资，投资增量 $\Delta\theta_2=0.005$；政策实验（c）为东部、周边地区双边增加投资，周边地区投资增量 $\Delta\theta_2=0.02$，高于核心地区投资增量 $\Delta\theta_1=0.005$；政策实验（d）为东部、周边地区双边增加投资，核心地区投资增量 $\Delta\theta_1=0.01$，高于周边地区投资增量 $\Delta\theta_2=0.001$。

本章中，公共基础设施投资的国内区域贸易一体化效应表现为倒“U”形关系，主要原因在于，公共基础设施投资既可以通过本地市场效应提高国内区域贸易一体化水平，也可以通过生产成本效应降低国内区域贸易一体化水平。一方面，扩大的公共基础设施投资会降低贸易成本 τ［见式（10-4）］，要素投入成本的降低意味着要素投入规模的增加，从而提高可贸易中间产品 z_i 的供给，扩大区外对本地生产的中间产品 z_{ij} 的需求［见式（10-1）和式（10-11）］（本地市场效应），地区间中间产品贸易量增加，从而加快国内区域贸易一体化发展（正效应）；另一方面，考虑到本地生产的中间产品 z_{ii} 在本地市场销售无须支付贸易成本，对区外中间产品 z_{ij} 需求的增加以及由此引致的对本地区中间产品需求 z_{ii} 的降低，也意味着本地区最终产品生产的要素投入总成本的增加，因而减少对区外中间产品 z_{ij} 的需求（生产成本效应），地区间中间产品贸易量降低，从而减缓国内区域贸易一体化发展（负效应）。在这两种效应的共同作用下，公共基础设施投资对国内区域贸易一体化的影响呈现明显的倒“U”形［见图 10-1（A）］，公共基础设施投资对总产出的影响也呈现明显的倒“U”形［见图 10-1（B）］。从敏感程度来看，当 $\theta_i<\theta_i^{**}$ 时，总产出比国内区域贸易一体化对公共基础设施投资变动的反应更敏感，故公共基础设施投资的总产出效应明显大于国内区域贸易一体化效应（与国内区域贸易一体化曲线相比，总产出曲线更陡峭）。此外，国内区域贸易一体化的峰值对应的公共基础设施投资比率 θ_i^* 比总产出的峰值对应的公共基础设施投资比率 θ_i^{**} 具有滞后性。

3. 国内区域贸易一体化效应的影响机理

为深入揭示公共基础设施投资对国内区域贸易一体化的影响机理，本章进一步考察了公共基础设施投资通过生产贸易的交易效率关联机制、生产的垂直专业化分工以及贸易的本地偏向等渠道，影响地区间经贸联系和国内市场整合，进而影响国内区域贸易一体化。

（1）生产贸易的交易效率关联机制。交易效率关联机制指的是，交易效率的变动是公共基础设施投资的国内区域贸易一体化效应的杠杆，该机制是通过公共基础设施投资影响生产和贸易的前向联系机制实现的。由式（10-2）和式（10-4）以及交易效率与贸易成本之间的关系 $s=\frac{1}{(1+\tau)}$ 可知，随着公共基础设施投资比率 θ_i 的变动，贸易成本 τ 发生变动，继而交易效率 s 发生变动，s 变

动导致最终产品价格指数 q_i 变动［见式（10-25）］，q_i 变动引起产出 y_i 变动［见式（10-28）］，y_i 变动引起中间产品交易量 z_{ij} 变动［见式（10-10）和式（10-11）］，进而引起国内区域贸易一体化水平 $\ln_i$ 的变动。这种生产和贸易的“前向联系”机制可以概括为：

$\theta_i \updownarrow \Rightarrow s_i \updownarrow \Rightarrow q_i \updownarrow \Rightarrow y_i \updownarrow \Rightarrow z_{ij} \updownarrow \Rightarrow \ln_i \updownarrow$

正如图 10-2 所示的那样，在不同公共基础设施投资政策实验下，公共基础设施投资对交易效率的影响都表现出倒“U”形，与公共基础设施投资的国内区域贸易一体化效应曲线具有良好的一致性。这表明，在国内生产和贸易的构成的经济体系中，存在着广泛、复杂和密切的技术经济联系，而交易效率的前向联系机制则是公共基础设施投资影响国内区域贸易一体化的重要杠杆和影响渠道。

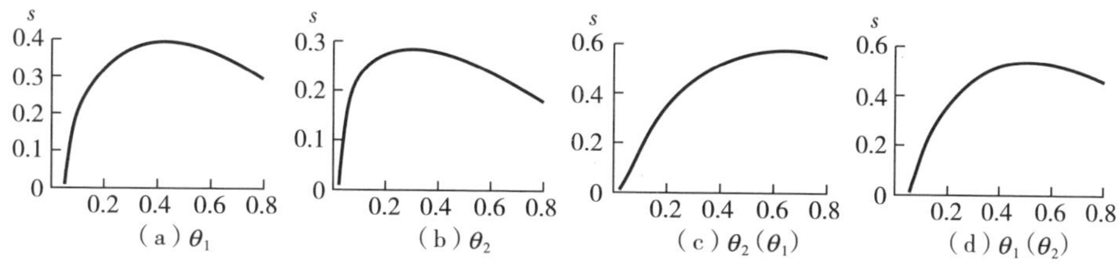

图 10-2　公共基础设施投资对交易效率的影响

（2）生产的垂直专业化分工效应。Feenstra（1998）有关贸易一体化与区域生产网络（生产非一体化）之间的关系研究，为本章揭示公共基础设施投资影响国内区域贸易一体化提供了新的研究视角：公共基础设施投资通过影响地区间生产转换的生产效应以及资产专用性引致的不完全竞争效应，影响到区域生产网络（区域生产非一体化）的发展，进而影响到国内区域贸易一体化。

一方面，公共基础设施投资比率 θ_i 的增加，地区间贸易成本 τ 降低，地区 i 最终产品的生产过程中，会放弃本地区生产的中间产品 z_{ii}，转而部分利用地区 j 专业化生产的生产成本更低的中间产品 z_{ij}。从地区整体来看，这种地区间生产转换所形成的生产效应，促进了垂直专业化分工的发展，地区间贸易量增加，国内区域贸易一体化水平得以提高。另一方面，随着公共基础设施投资比率 θ_i 的增加，垂直专业化分工程度不断提高，但要素投入的资产专用性也随之增强，贸易成本随之增加，要素在地区间的流动不再是完全自由的，不完全竞争效应抑制了垂直专业化分工的进一步发展，地区间贸易受到一定限制，出现所谓的分工—贸易悖论，由此降低地区贸易一体化。在这两种效应的共同作用下，公共基础设施投资对垂直专业化分工的影响呈明显的倒“U”形。

借鉴 Hummels 等（2001）国际贸易中的垂直专业化份额指数，根据式（10-29）可以计算出国内垂直专业化指数 V，据此绘制出公共基础设施投资对垂直专业化分工的影响（见图 10-3），不同公共基础设施投资政策实验下这些曲线都表现出倒“U”形，与国内公共基础设施投资的贸易一体化效应曲线具有良好的一致性，这也表明了国内生产的垂直专业化分工效应是公共基础设施投资影响国内区域贸易一体化的重要渠道。

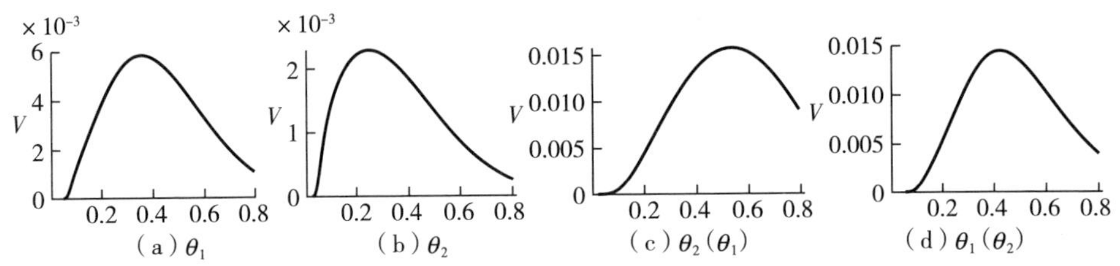

图 10-3 公共基础设施投资对垂直专业化分工的影响

（3）贸易的本地偏向效应。大量证据表明，贸易的本地偏向不仅存在于国家之间，在一国内部不同地区之间也普遍存在，因为在相同的贸易条件下企业仍然倾向于和本地企业进行贸易往来。影响国内贸易的本地偏向的因素主要包括自然地理因素导致的区际运输成本（τ_1）和地方政府之间贸易保护等因素引起的制度性贸易障碍（国内贸易壁垒成本）（τ_2）。τ_1 是客观性贸易成本，反映国内贸易客观条件的优劣状况，不能反映国内市场整合程度；而τ_2 较好地反映了国内市场整合程度，其值越高表明国内市场分割程度越低，国内市场整合程度越低。

借鉴赵永亮和徐勇（2007）的做法，本地区生产的中间产品价值与区外输入的中间产品价值的比值代表国内贸易本地偏向，记为 Ω_{it}（$i=1$，2）：

$$\Omega_{1t}=\frac{P_{1t}z_{11t}}{P_{2t}z_{12t}}=\frac{\varphi_1}{1-\varphi_1}p_t^{\mu-1}(1+\tau_t)^{\mu-1}，\ \Omega_{2t}=\frac{P_{2t}z_{22t}}{P_{1t}z_{21t}}=\frac{\varphi_2}{1-\varphi_2}p_t^{1-\mu}(1+\tau)^{\mu-1} \tag{10-32}$$

由于假设 $p=1$，所以在稳态时 $\Omega_i=\dfrac{\varphi_i(1+\tau)^{\mu-1}}{1-\varphi_i}$。不难看出，国内贸易本地偏向 Ω_i 受生产中的本地偏好 φ_i 和贸易成本τ的共同影响。

当不存在运输成本（$\tau_1=0$）和国内贸易壁垒成本（$\tau_2=0$）时，则 $\Omega_i=\frac{\varphi_i}{1-\varphi_i}$，表明在无贸易摩擦情形下，贸易的本地偏向 Ω_i 仅是本地偏好 φ_i 的增函数，其不受公共基础设施投资的影响，随着本地偏好 φ_i 的增大，贸易的本地偏向随之增大（见图 10-4）。特别地，当本地偏好无差异时（$\varphi_i=0.5$），国内贸易本地偏向不复存在，此时 $\Omega_i=1$。当存在贸易摩擦时（$\tau_1+\tau_2>0$），由于 $\mu-1\geqslant0$，贸易的本地偏向曲线（曲线 B—E）在无贸易摩擦情形的上方，表明贸易的本地偏向深受公共基础设施外生投资的影响：减少公共基础设施投资，会增加贸易成本，从而增强贸易的本地偏向，贸易的本地偏向与公共基础设施外生投资间具有反向变化的关系。存在贸易摩擦的本地偏向曲线表明，无论是 τ_1 的增加，还是 τ_2 的增加，由于高额的贸易成本，最终产品生产商更偏向于使用本地区生产的中间产品 z_{ii}，从而减少使用区外生产的中间产品 z_{ij}，这也与 Hillberry 和 Hummels（2002）的观点相一致。显然，贸易的本地偏向的增强加剧了国内市场分割，延缓了国内市场整合，从而不利于国内区域贸易一体化的发展。

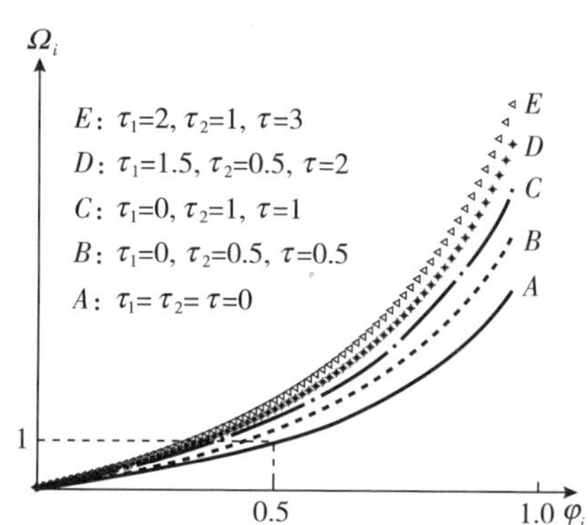

图 10-4　生产的本地偏好、贸易成本与贸易的本地偏向间关系

上述贸易的本地偏向、生产的本地偏好与贸易成本间的关系，是贸易成本为外生情况下得出的。在贸易成本为内生的情况下，贸易成本是公共基础设施投资的函数，公共基础设施投资对贸易的本地偏向具有明显的“U”形影响（见图 10-5）。考虑到贸易的本地偏向与区外偏向之间具有对偶关系，因而公共基础设施投资对贸易的区外偏向的影响表现为倒“U”形，与公共基础设施投资的国内区域贸易一体化效应曲线具有良好的一致性，这说明了贸易的本地偏向效应也是公共基础设施投资影响国内区域贸易一体化的又一重要渠道。

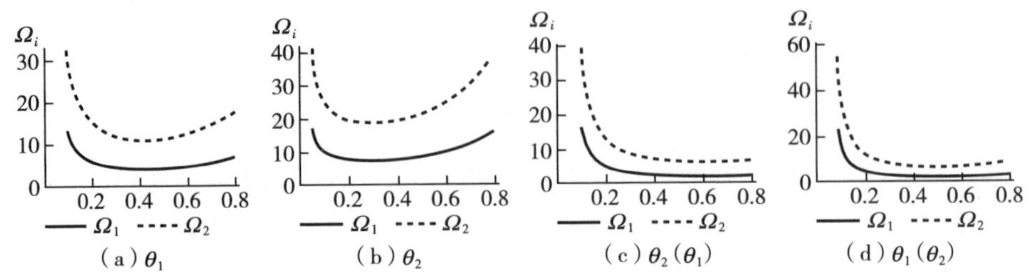

图 10-5 公共基础设施投资对贸易的本地偏向的影响

四、公共基础设施投资的国内区域贸易一体化效应的决定因素

为检验上述基准结论的稳健性并识别什么因素决定了公共基础设施投资的国内区域贸易一体化效应，本节进一步考察不同公共基础设施投资政策实验下重要参数变化对国内区域贸易一体化的影响与差异。

1. 产品可替代性

图 10-6（A）给出了本地区和外地区中间产品的可替代性参数 μ 不同取值下公共基础设施投资对国内区域贸易一体化的影响。已有研究表明，本地区产品和外地区产品是不完全替代品，即遵循 Armington（1969）假设，通常用替代弹性来表征。一般而言，产品可替代性越高，其产品替代弹性越大，产品差异性越低。在一国之内，两地区中间产品的可替代性较低（μ 较小），则说明输入本地区的中间产品 z_{ij} 与本地区生产的中间产品 z_{ii} 的差异性较高。这意味着在最终产品的生产过程中，地区间进行中间产品贸易的比较优势差别较大，地区间更倾向于展开区域间贸易，通过基于比较优势的中间产品的交换，在实现互惠贸易的基础上提升地区国内区域贸易一体化水平。

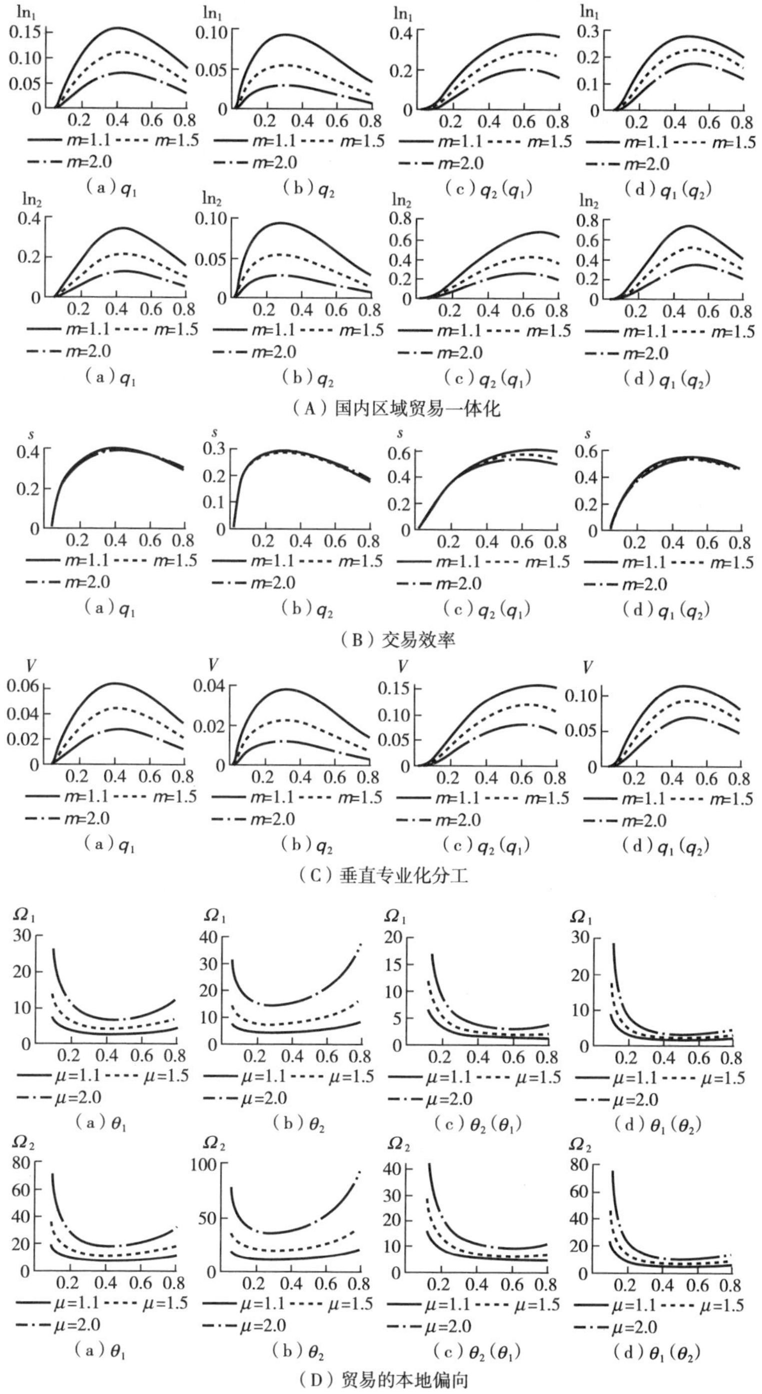

(a) q_1 (b) q_2 (c) $q_2(q_1)$ (d) $q_1(q_2)$

(a) q_1 (b) q_2 (c) $q_2(q_1)$ (d) $q_1(q_2)$

（A）国内区域贸易一体化

(a) q_1 (b) q_2 (c) $q_2(q_1)$ (d) $q_1(q_2)$

（B）交易效率

(a) q_1 (b) q_2 (c) $q_2(q_1)$ (d) $q_1(q_2)$

（C）垂直专业化分工

(a) θ_1 (b) θ_2 (c) $\theta_2(\theta_1)$ (d) $\theta_1(\theta_2)$

(a) θ_1 (b) θ_2 (c) $\theta_2(\theta_1)$ (d) $\theta_1(\theta_2)$

（D）贸易的本地偏向

图 10-6 μ 不同取值（1.1，1.5，2.0）下公共基础设施投资的影响

产品可替代性对公共基础设施投资的国内一体化效应具有显著影响：随着μ的增加，公共基础设施投资对国内区域贸易一体化的影响明显减弱，体现在国内区域贸易一体化倒“U”形曲线变得更加平缓［见图10-6（A）］。因此，就对国内区域贸易一体化的影响而言，公共基础设施投资与这一参数之间具有明显替代性。可能的原因在于：对于一个μ较大的地区经济体而言，本地与外地中间产品的可替代性较高，其差异性较低，因而地区间交易效率较低，垂直专业化分工水平较低，贸易的本地偏向较高，故公共基础设施投资对地区间贸易量进而对国内区域贸易一体化的影响也较小。这可以从图10-6（B）至图10-6（D）得到佐证：随着μ的增加，除了交易效率s的倒“U”形曲线（受μ的影响较小），垂直专业化分工指数V的倒“U”形曲线变得更平缓，贸易的本地偏向Ω_i的“U”形曲线均变得更陡峭。

在不同政策实验下，产品可替代性对公共基础设施投资的国内区域贸易一体化效应的影响存在着明显的地区差异：在单边投资政策下［见图10-6（A）（a）和（b）］，核心地区单边增加投资，μ变动对周边地区的影响更大；周边地区单边增加投资，μ变动对两地区的影响大致相同。在双边投资政策下［见图10-6（A）（c）和（d）］，从长远来看，这种政策更可行，无论是周边地区投资增量较大，还是核心地区投资增量较大，μ变动对周边地区的影响均更大。

2. 公共基础设施服务拥挤性

模型中拥挤性参数λ反映了公共基础设施拥挤程度，影响着公共基础设施的有效服务规模：λ越大，企业能够获得的有效服务规模受其相对资本规模的影响越大，获得的有效服务规模的地区间差异就越大。这会对企业家投资的区位选择产生正向激励，促进企业家将公共基础设施投资于λ较小的地区，但不同地区企业家面临的激励不同。因此，λ的变化，影响地区公共基础设施私人投资，进而影响公共基础设施有效服务规模，通过影响地区间生产转换的生产效应和资产专用性引致的不完全竞争效应进而影响生产的垂直专业化分工，通过影响生产的本地偏好和贸易成本进而影响贸易的本地偏向，通过影响贸易成本进而影响到生产和贸易的交易效率关联机制，由此影响到国内区域贸易一体化。

由图10-7（B）至图10-7（D）看到，随着λ的增加，交易效率s的倒“U”形曲线和垂直专业化分工指数V的倒“U”形曲线变得更平缓，贸易的本

地偏向 Ω_i 的“U”形曲线均变得更陡峭。与之相对应，公共基础设施服务的拥挤性对公共基础设施投资的国内区域贸易一体化效应具有明显影响：随着 λ 的增加，公共基础设施投资对国内区域贸易一体化的影响明显减弱，体现为国内区域贸易一体化倒“U”形曲线变得更平缓［见图 10-7（A）］。

就不同政策实验而言，公共基础设施服务拥挤性的影响也存在较大地区差异，表现出类似于产品可替代性的影响：在单边投资政策下［见图 10-7（A）（a）和（b）］，λ 变动或者表现出对周边地区的影响更大［见图 10-7（A）（a）］，或者对两地区的影响大致相同［见图 10-7（A）（b）］；在双边投资政策下，λ 变动均表现出对周边地区的影响更大［见图 10-7（A）（c）和（d）］。

3. 劳动摩擦

仿照贾俊雪（2017），我们在中间产品生产函数中引入间接劳动 σ，以捕捉现实经济中劳动资源的有效性和流动性对国内区域贸易一体化的影响。事实上，σ 的引入，一方面使有效劳动投入降低，中间产品产出 z_i 降低［见式（10-1）］，可贸易的中间产品 z_{ij} 降低［见式（10-5）和式（10-6）］，因而降低地区国内区域贸易一体化水平（劳动有效性效应）；另一方面使地区 i 工资率提高［见式（10-27）］，劳动力向地区 i 集聚趋势增强，劳动力更大的地区集聚导致有效劳动投入增加，中间产品产出 z_i 增加，可贸易的中间产品 z_{ij} 增加，因而增加地区 i 国内区域贸易一体化水平（劳动流动性效应）。间接劳动（劳动摩擦）引入的这两种效应共同作用的结果是，公共基础设施投资对国内区域贸易一体化效应具有倒“U”形关系［见图（10-8）（A）］。

随着 σ 的增加，公共基础设施投资的劳动工资率 w_i［见图 10-8（B）］、交易效率 s［见图 10-8（C）］，垂直专业化分工水平 V［见图 10-8（D）］均明显减弱，而贸易的本土偏向 Ω_i 明显增强［见图 10-8（E）］。随着 σ 的增加，公共基础设施投资的国内区域贸易一体化效应减弱，意味着一个较完善的劳动市场可增强公共基础设施投资对国内区域贸易一体化的影响。但这并没有改变本章的基准结论：公共基础设施投资对国内区域贸易一体化具有明显的倒“U”形影响。

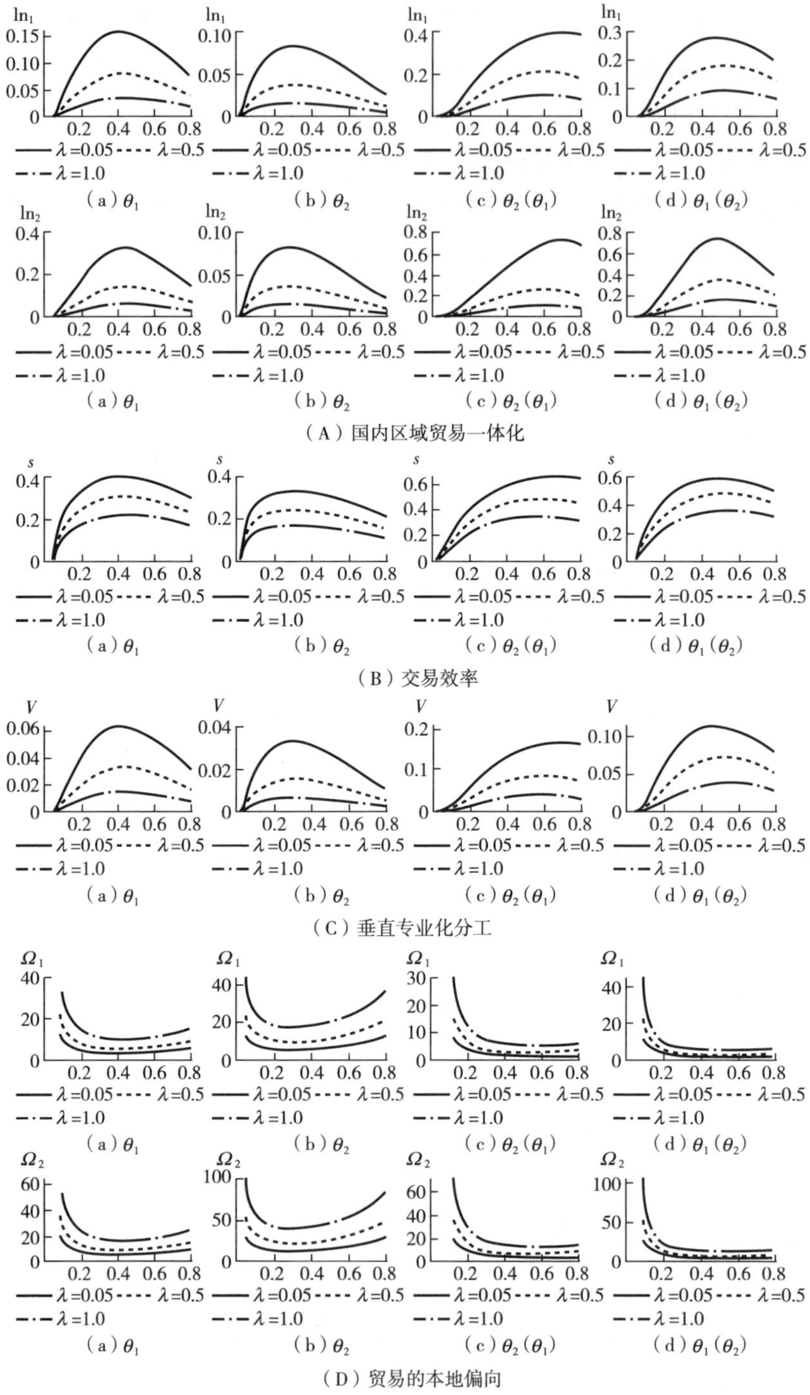

（a）θ_1 （b）θ_2 （c）$\theta_2(\theta_1)$ （d）$\theta_1(\theta_2)$

（a）θ_1 （b）θ_2 （c）$\theta_2(\theta_1)$ （d）$\theta_1(\theta_2)$

（A）国内区域贸易一体化

（a）θ_1 （b）θ_2 （c）$\theta_2(\theta_1)$ （d）$\theta_1(\theta_2)$

（B）交易效率

（a）θ_1 （b）θ_2 （c）$\theta_2(\theta_1)$ （d）$\theta_1(\theta_2)$

（C）垂直专业化分工

（a）θ_1 （b）θ_2 （c）$\theta_2(\theta_1)$ （d）$\theta_1(\theta_2)$

（a）θ_1 （b）θ_2 （c）$\theta_2(\theta_1)$ （d）$\theta_1(\theta_2)$

（D）贸易的本地偏向

图 10-7　λ 不同取值（0.05，0.5，1.0）下公共基础设施投资的影响

从政策实验的角度看，间接劳动的影响也存在较大地区差异，表现出了与产品可替代性和拥挤性类似的影响：无论是单边投资政策还是双边投资政策，总体上表现为对周边地区的影响大于对核心地区的影响。

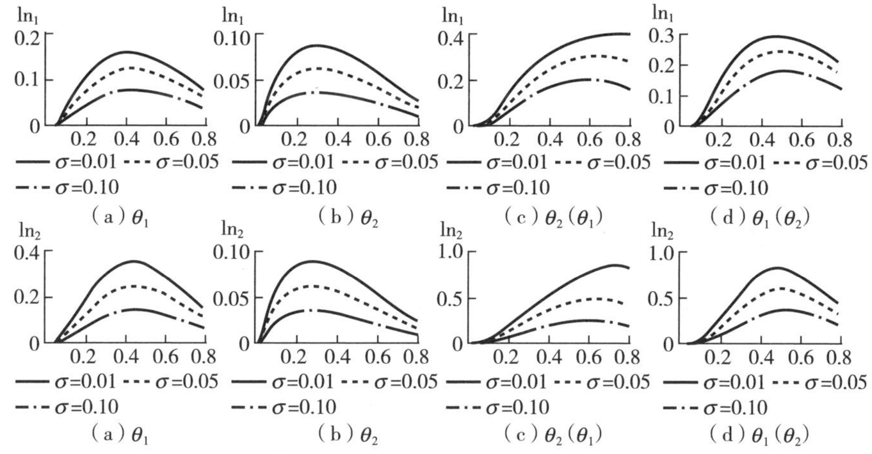

（a）θ_1　（b）θ_2　（c）$\theta_2(\theta_1)$　（d）$\theta_1(\theta_2)$

（a）θ_1　（b）θ_2　（c）$\theta_2(\theta_1)$　（d）$\theta_1(\theta_2)$

（A）国内区域贸易一体化

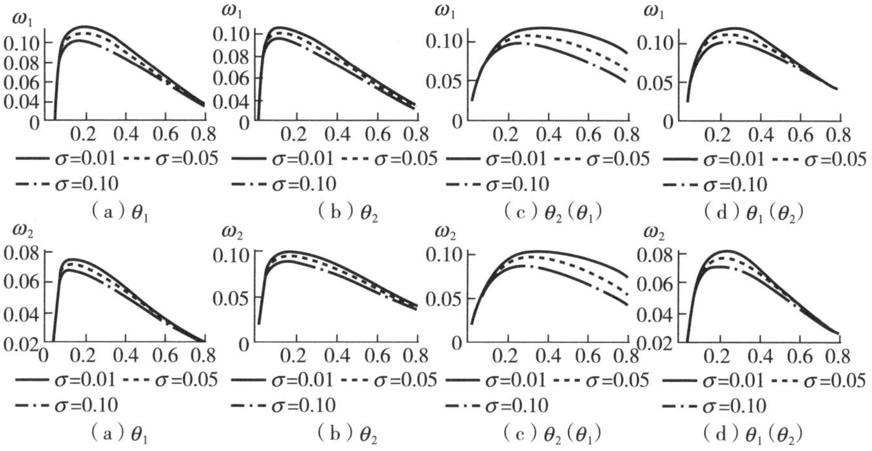

（a）θ_1　（b）θ_2　（c）$\theta_2(\theta_1)$　（d）$\theta_1(\theta_2)$

（a）θ_1　（b）θ_2　（c）$\theta_2(\theta_1)$　（d）$\theta_1(\theta_2)$

（B）工资率

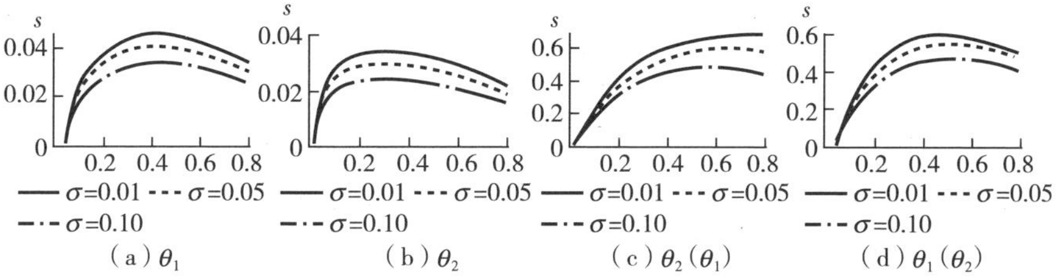

（a）θ_1　（b）θ_2　（c）$\theta_2(\theta_1)$　（d）$\theta_1(\theta_2)$

（C）交易效率

图 10-8　σ 不同取值（0.01，0.05，0.10）下公共基础设施投资的影响

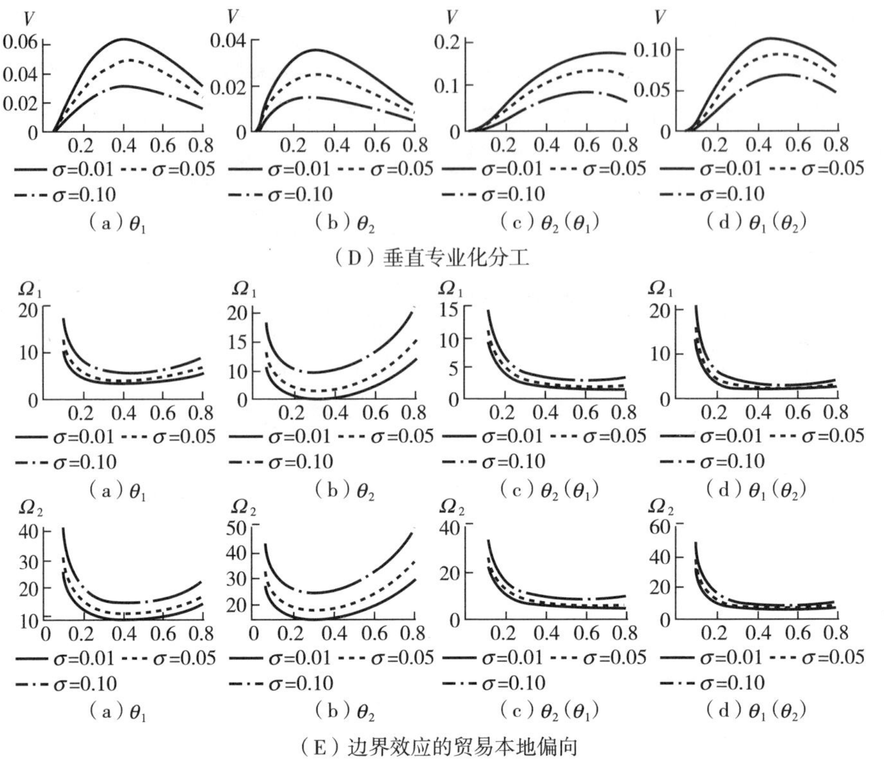

(D)垂直专业化分工

(E)边界效应的贸易本地偏向

图 10-8 σ 不同取值(0.01,0.05,0.10)下公共基础设施投资的影响(续)

五、政策建议

本章构建了一国内部两地区动态一般均衡模型,提出了公共基础设施投资影响国内区域贸易一体化的理论框架;以中国数据为基础,利用数值模拟不仅揭示了公共基础设施投资对国内区域贸易一体化的影响机理,而且考察了产品可替代性、公共基础设施服务拥挤性和劳动摩擦对公共基础设施投资的国内区域贸易一体化效应的具体影响。

研究表明,第一,公共基础设施投资对国内区域贸易一体化具有明显的倒"U"形影响,即存在国内区域贸易一体化最大化的公共基础设施投资规模,这

主要源于公共基础设施投资通过生产贸易的交易效率关联机制、生产的垂直专业化分工以及贸易的本地偏向等渠道施加影响。第二，公共基础设施投资对总产出也具有明显的倒“U”形影响，但产出最大化的公共基础设施投资比率小于国内区域贸易一体化水平最大化的投资比率。第三，产品可替代性、公共基础设施服务拥挤性和劳动摩擦（间接劳动）对公共基础设施投资的国内区域贸易一体化效应的影响显著，相比较而言，公共基础设施服务拥挤性的影响较大，产品可替代性的影响次之，劳动摩擦（间接劳动）的影响较小。第四，从长远来看，就更具可行性的公共基础设施双边投资政策来说，产品可替代性、公共基础设施服务拥挤性和劳动摩擦（间接劳动）对公共基础设施投资的国内区域贸易一体化效应的影响存在地区差异性，突出表现在对周边地区的影响大于对核心地区的影响。

上述结论不仅有利于从理论上更好地认识和理解公共基础设施投资的国内区域贸易一体化效应，而且对促进区域贸易一体化的发展具有重要的政策启示：第一，公共基础设施投资的国内区域贸易一体化效应的倒“U”形曲线表明，公共基础设施投资规模的扩大未必会促进国内区域贸易一体化的发展。进一步优化调整地区公共基础设施投资政策以更好发挥其对国内区域贸易一体化的促进作用，是公共基础设施投资政策取向的出发点。第二，公共基础设施投资的国内区域贸易一体化效应与总产出效应均为倒“U”形，但前者最大化投资比率 θ_i^* 滞后于后者最大化投资比率 θ_i^{**} 。这一结论启示我们，即使在公共基础设施投资增速放缓的背景下，在 $\theta_i^{**}<\theta_i<\theta_i^*$ 范围内，加大公共基础设施投资以促进国内区域贸易一体化和经济发展水平的“双赢”，是公共基础设施投资政策取向的落脚点。第三，参数 μ、λ 和 σ 在公共基础设施投资的国内区域贸易一体化效应的影响中表现突出，就对国内区域贸易一体化的影响来说，公共基础设施投资与它们之间分别具有替代作用，因而提升产品差异化（降低产品可替代性）、提高新增公共投资的效益并维持现有公共基础设施资本的良好运行（降低公共基础设施服务拥挤性）和完善劳动力市场（降低间接劳动）以增强公共基础设施投资对国内区域贸易一体化的影响，是公共基础设施投资政策取向的着力点。第四，公共基础设施投资的国内区域贸易一体化效应的影响因素 μ、λ 和 σ，其对周边地区的影响程度更强烈，因而立足并发挥周边地区在公共基础设施投资的国内区域贸易一体化效应中的作用，加快形成国内统一大市场，是公共基础设施投资政策取向的根本点。

第Ⅳ篇

推进长三角更高质量一体化发展的实证研究

第十一章　长三角更高质量交通一体化发展研究*

本章针对长三角交通虽已具备良好的发展基础，但依然面临交通体系发展不平衡、不协调等突出问题，首先简要介绍交通一体化发展的内涵与特征；其次分析长三角交通一体化发展现状及困境、长三角高铁发展与区域一体化间的关系；最后在坚持服务为本和优化升级、改革创新和融合高效、生态优先和绿色发展、统筹协调和有序推进原则基础上，提出长三角交通更高质量一体化发展对策。

一、交通一体化发展的内涵与特征

1. 交通一体化的内涵

交通一体化在于统筹高速公路、铁路、民航、公交、轨道等多种交通运输方式的总体布局，并使其有机衔接，构建多层次综合交通网络，提高区域间的通达性，缩短乘客周转时间，降低交通运输成本，围绕旅客的出行流、货物的运输流、交通综合监管流形成的海陆空铁等一体化综合立体大交通，从而打造一流的综合交通运输服务体系。交通一体化的功能是使各项交通方式功效最大化、换乘效率最大化与换乘服务最优化。因此，交通一体化是指各种交通方式按照其特点进行组合分工且顺畅连接在一起并形成完整高效的交通网布局，除了整合多种运

* 本章借鉴朱英明等（2022）的研究成果。

输方式，还可以整合一定范围内的区域交通，包括以前不够连通的城乡交通，这不仅涉及运输服务设施，还需规划运营管理和信息系统等多个方面（傅志寰和陆化普，2016）。同时要求多种类的交通方式应在两个角度完成一体化交通进程：一方面是交通内部一体化，即交通方式自身的一体化。另一方面是综合运输系统下的多种交通方式一体化，也就是某一种交通方式与其他平面交通方式的有效连接和协调（樊新舟，2019）。

具体来说，交通一体化的概念可以从广义和狭义两个维度来解释。从广义上讲，交通一体化要通过整合区域内交通运输资源以实现交通运输方式的优化，从而带动区域内其他产业结构的调整，经济、人文环境的改善和实现区域协同发展的目标。从狭义上讲，交通一体化是一种通过对基础设施、既有设备的管理，以及统筹协调各种交通因素来解决城市交通问题的方法，同时需注意以下几个方面（杨晨等，2020）：

（1）交通一体化不仅是区域交通设施的互联互通，还包含运输资源整合、信息互联及数据共享、法规标准统一互认、管理体制机制协同等方面的一体化要求。

（2）交通一体化不仅是交通体系内部的一体化，还要关注交通体系内外要素之间的一体化，包括交通目标与区域目标的一致性，交通与区域、产业、空间、环境、人口等要素的协调性，体现区域一体化多元目标的统筹和公共政策的平衡。

（3）一体化不是一样化，区域及城乡之间的交通设施配置和政策导向要有差别化，亦即并非均质化，要体现均衡性、合理性、适应性。在做交通指标的横向比较时，要将交通与人口、经济、产业等要素结合起来考虑。

（4）一体化也不能单一化，区域一体化不是要改变行政区划，交通一体化的本质是通过各交通方式的有机衔接和高效配合以及各市场主体的健康竞争，产生最大的协同效应。

因此，长三角一体化的发展，交通一体化必然是先行领域和关键支撑，必须牢牢把握住交通“先行官”的定位，推动交通发展由追求速度规模向更加注重质量效益转变，由各种交通方式相对独立发展向更加注重一体化融合发展转变，合力推进交通运输共建共享，构建区域协同发展新格局（刘勇，2009）。

2. 交通一体化的内容

本章将借鉴傅志寰和陆化普（2016）、卢同（2020）的研究成果，将长三角交通一体化分为规划建设一体化、交通设施一体化、信息服务一体化和运营管理一体化四个方面的内容（见表 11-1）。

表 11-1　长三角交通一体化的具体内容

交通一体化	规划建设一体化	规划主体一体化	综合路网规模、综合路网人口面积密度、管理集中度、政策统一度、规费统一度、轨道交通收费统一度、配套设施建设同步度、壁垒消除度、路网连接度、节点通达度等
		规划设计体系一体化	
		协同建设一体化	
	交通设施一体化	衔接换乘设施一体化	运输适应度、公交分担率、出行便捷度、平均运距、国道及主干线比重、行政村通公路率、地区间路网衔接情况、硬化路通达水平、公铁联运比重、交通枢纽场站一体化水平、行程利用率、运输市场集中度、车辆结构合理度、综合客运枢纽规模等
		交通枢纽空间布局一体化	
		交通运输网络设施一体化	
	信息服务一体化	信息服务一体化	共享信息利用情况、电子政务利用情况、铁路联网售票率、公路联网售票率、客运站联网售票覆盖率、运营车辆导航系统安装率、客货运信息化水平、车载 GPS 系统普及率、EDI 系统普及率等
		态势分析与决策支持	
		客运与货运服务一体化	
	运营管理一体化	交通政策一体化	综合交通信息共享机制、一体化交通控制诱导与一体化应急智慧体系、枢纽内不同方式间运营时间一体化实现程度、政策落实的监督检查与保障体系等
		体制和机制一体化	
		运营管理一体化	

（1）规划建设一体化。规划建设一体化发展水平是区域交通一体化发展的重要基础，只有完善的规划建设一体化才能提高交通一体化的发展水平，进行统一的规划建设，从顶层设计出发确保同目标、同方向。

（2）交通设施一体化。合理确定不同交通运输网络分工与协调关系，进而合理确定交通供给总量和供给结构；合理布局枢纽、定位枢纽功能、确定枢纽等级及相关配套；实现无缝衔接、零距离换乘等。

（3）信息服务一体化。建立区域范围内一票到底无缝衔接的起终点全程客运服务、一单到底的多式联运的货运服务；实现跨区域、跨部门、多交通方式系统信息的整合与共享，实现多途径、多方式的综合信息融合、分析及信息服务；

建立动态全过程跟踪的智能物流体系等。

（4）运营管理一体化。实现综合交通全环节一体化，提高运营管理水平和效率，最大限度地发挥交通系统网络的运行效益和提高系统服务水平；实现对众多部门进行统一管理、统一部署，对各个环节进行规划建设；从制度、政策上保证城市群交通一体化进程。

3. 交通一体化的特征

（1）阶段特征。近年来，我国大量中小型城市交通已进入多元化联运体制与节点枢纽设施链接整合阶段，交通一体化进程稳步发展（樊新舟，2019；汪光焘和王婷，2020）。具体来说，交通一体化发展大致可分为以下四个阶段：

1）多元化交通方式一体化阶段，其关键在于综合交通运输通道的综合性能，强调各种交通方式的分工与合作，即平台综合性。在一体化交通枢纽方面，强调多种交通方式一体化处理功能，即立体综合性。

2）城市交通基本方式与一体化方式紧密衔接阶段，市民通过便捷的公共交通出行，并可在既定小型交通枢纽地区完成零距离转运或换乘，配套的基础设施实现城市交通一体化人员聚散功能。

3）交通与土地一体化科学利用阶段，即城市交通发展应站在土地集约利用的基础上进行，实现交通投入低成本、高回报。

4）交通与生态环境一体化阶段，将环境保护纳入交通一体化范畴，坚持可持续发展战略根本原则。

交通一体化的演化趋势表现为：区域内行政区划淡化，行政主体之间的交流与合作增多，区域内交通资源得到充分的流动和整合，实行统一的规划和建设；区域内将形成安全高效的综合交通运输网络体系，各地区间达到优势互补，各交通运输方式实现分工协作；区域内信息交流更加密切，要素流动更加便捷，交通运输服务质量和运输效率大大提高，从而促进了区域内产生转型升级，带动区域经济的发展。

（2）基本特征。城市内的交通需求多为城市间对原材料和半成品的运输需求，上下游产业链之间的物流需求，以及城市之间的人员流动需求。因此，区域交通需求特性决定了其交通结构要体现出完善的货运通道以及为城市间的人员流动提供快捷、高效服务的特点。这就要求各个城市内部要有发达、完善的交通运输网络体系，城市之间要建立快捷、高效的运输通道，即区域要形成一体化的交通网络系统（孙宏日等，2021）。区域的结构特点和交通供求特性决定了城市群交通一体化的基本特征（傅志寰和陆化普，2016），主要体现在以下四个方面：

第一，跨区域性。提高交通运输系统效率的关键是一体化，需要解决好交通设施与用地的紧密结合，以及衔接换乘、末端交通及多式联运问题。区域交通一体化就是要打破地域、行政和部门界限的约束，使不同的交通方式合理分工、协调配合，使整个交通运输系统之间及交通系统与土地使用深度融合，提供高效、快捷、安全、环保节能的交通运输服务，满足区域内部城市之间的客货交通运输需求。

第二，多层次性。区域内的结构特点及城市之间交通需求的多样性，决定了其内部的交通运输方式的多层次性。区域中（城市群）主要城市之间的通道交通需求、都市圈内的城市交通需求是两大类基本的交通需求。从运输对象来看，主要分为客运需求和货运需求。

第三，协调性。区域内交通需求的跨区域性及交通运输方式的多层次需求特性，使其不同城市内的交通资源（如交通工具、交通基础设施、交通信息等）要完成分工合作、一体化发展，以实现交通资源的充分利用和运输效率的最大化。这就要求区域交通一体化建设必须与其结构、土地使用、产业布局和资源环境的约束相适应、相协调。

第四，统一性。要实现区域交通一体化，必须建立起跨区域的组织机构和运转机制，制定一体化的政策和法规，对交通资源进行统一规划、统一组织、统一管理和统一调配，真正实现交通基础设施规划建设一体化、交通方式一体化、交通枢纽一体化、交通组织和信息管理一体化、交通管理政策一体化。

二、长三角交通一体化发展的现状及困境

1. 长三角交通一体化发展的现状

（1）交通一体化整体发展现状。交通一体化是长三角区域一体化的显著标志。改革开放以来，特别是党的十八大以来，长三角区域枢纽型机场、枢纽型港口、高铁网络和高速公路网络等区域性快速交通骨干网络已经基本形成，运输服

务水平显著提升，综合交通运输体系初步建成，交通一体化发展取得明显成效，总体适应长三角区域经济社会发展需要。轨道上的长三角加快推进，省际公路通达能力明显提升，区域港航协同发展有序推进，长三角世界级机场群协同联动。2019 年，在长三角地区旅客运输结构中，公路占比为 70.2%，铁路占比为 23.8%，水路占比为 2.3%，航空占比为 3.7%；长三角货物运输结构中，公路占比为 59.3%，铁路占比为 1.8%，水路占比为 38.9%，航空占比为 0.05%。交通建设总投资达到了 5297.35 亿元；其中，铁路投资占比为 27.9%，公路投资占比为 60.3%，水路投资占比为 8.8%，航空投资占比为 3.0%。此外，长三角地区的客运量为 307887 万人次，货运量为 1010131 万吨。近年来，沪苏浙皖交通部门签署的《长三角地区省际交通互联互通建设合作协议（2020-2022 年）》、通州湾新出海口开发建设战略合作框架协议、南通新机场合作共建协议等协议，行政壁垒和观念藩篱正在被逐步打破，各地协同发展意识不断增强，为长三角地区未来的协同发展增添了信心与期待。

具体来说，长三角交通一体化发展主要表现为：

一体联通的综合交通网络初步成型。长三角形成了以高速铁路、高速公路和长江黄金水道为主的多向联通对外运输大通道和城际综合交通网络，高速铁路、高速公路和民用机场覆盖率显著高于全国平均水平。此外，《长三角区域打通省际断头路合作框架协议》明确了首批 11 个省际断头路项目，省际交通互联互通水平日益提高。

一体衔接的运输服务质量不断提升。长三角客运一体化服务和货运保障能力显著增强，上海、南京、杭州等城市间基本实现城际客运高频次 1~1.5 小时快速通达，江海、铁水等多式联运积极推进，城际速递、同城物流等多样化、专业化物流模式快速发展。

一体融合的业态模式深入探索。长三角区域新业态、新模式蓬勃发展，信息资源区域间共享共用稳步推进，交通与旅游等产业深度融合，枢纽综合开发持续探索推进，枢纽经济发展效能初步显现。长三角区域实施多式联运高效发展工程，引导多式联运枢纽区布局，推行联网售票一网通。

一体化合作持续深化。长三角三省一市交通运输主管部门签署合作备忘录，确定了“加强区域港航协调发展、取消高速公路省界收费站、省际断头路项目建设、毗邻公交、船舶污染防治联动、联合执法管控”6 项合作事项。铁路、港口、航空等领域合作持续深化，区域合作工作机制逐步健全。

一体协同的体制机制持续完善。长三角不断强化一体化顶层设计。三省一市建立了跨区域交通等基础设施加快落地协同会商机制，明确了建立对口联络、规划编制对接、项目前期会商、建设推进协同、项目研究储备、数据共享六项机制，加快推进跨区域交通基础设施领域的高质量建设。

长三角将携手共建区域协调发展新格局，分区域来说，长三角三省一市发展现状表现为：

上海发挥龙头引领作用。上海坚定推进长三角交通更高质量一体化发展的信心，上海交通部门将发挥一体化发展协同优势，秉持合作共赢理念，发挥上海龙头引领作用，推进长三角区域交通运输共建共享，努力为长三角一体化交通发展做加法。

浙江谋划千亿级“超级交通工程”。沿海高铁工程、千吨级内河航道、杭州都市圈环线、洋山港区整体开发、宁波西综合枢纽、沪杭甬超级磁浮、沪甬跨海大通道等，投资千亿级别的“超级交通工程”落地浙江。“百大百亿”工程涵盖公路、铁路、轨道、水运、枢纽等各种交通运输方式。这些项目为交通强省建设提供了强有力的支撑，浙江综合交通大的网络、格局、体系将全面形成。

江苏建设立体化交通枢纽场站集群。江苏省积极推进取消高速公路省界收费站工作，推进跨省公交运输服务，牵头开展长三角毗邻地区公交客运衔接线路试点，综合交通基础设施、运输结构总体达到世界先进水平，将合力共推枢纽协同、网络设施、运输服务、行业治理、体制机制“五个一体化”，实施“十二项工程”。

安徽加快都市圈同城化通勤步伐。安徽努力打造为长三角连通中西部的重要开放枢纽，沪苏湖高速铁路建成后，安徽将拥有第二条直通上海的高速铁路大通道。“十四五”时期，安徽积极补齐高速公路建设，围绕全省“一枢十支”运输机场体系和65个通用机场布局，实施合肥新桥机场二期工程，阜阳机场、池州机场改扩建以及芜宣机场建设等一批重点工程。

综上所述，基于长三角交通一体化建设的发展需求，长三角区域将围绕轨道交通、公路、港航、民航、邮政等高质量一体化发展，推进一批重大交通基础设施项目建设，打造世界级机场群、港口群、交通网，强化跨区域、跨方式融合发展。

（2）交通体系内部一体化现状。

1）公路。长三角区域围绕“全面提升省际公路运输能力”，公路通达能力持续提升，积极投入国道等的建设，三省一市协同完善公路网络，加速推进交通一体化进程。2019 年，长三角公路总里程为 51. 3 万千米，公路网密度为 143. 3 千米/百平方千米，每万人拥有公路里程为 22. 6 千米，在高速公路方面，上海为 657. 4 千米，江苏为 4865 千米，浙江为 4643 千米，安徽为 4877 千米。长三角各城市在高速公路平均交流时间为 3. 5 小时通行圈内，近年来，长三角长途客运量呈连年下降趋势，从联系强度来看，上海到江苏、浙江到江苏的长途客运线路最多。长三角共推进 30 个省际公路项目，其中，省际断头路项目 17 条，国道、省道项目 21 条。此外，各地区共同发力，2020 年上海实施 11 项省际公路工程，江苏加快推进宁马、宁合、京沪、沪武等高速公路江苏段改扩建项目，以及溧宁、连宿、宁盐、苏台等高速公路新建项目，助力打通省际通道，努力形成便捷通达的高速公路网络。

2）铁路。长三角围绕加快轨道交通网建设，加快铁路建设步伐，形成全国密集、完善的高铁网，动车组列车密集开行，长三角区域内的主要高铁线路有京沪高铁、沪宁高铁、沪昆高铁等。长三角地区高峰日铁路客运开行列车达 1400. 5 对，其中，高铁 932 对、动车组列车 174. 5 对、普速列车 297 对，上海和江苏、江苏和安徽之间的高铁联系超过了 200 对以上[③]。2019 年，长三角三省一市共推进 16 个轨道交通项目建设，启动协同编制《长三角区域城际铁路网规划》。长三角运营铁路总里程为 11526. 9 千米，密度为 3. 21 千米/百平方千米，其中，高速铁路里程为 4974. 1 千米，密度为 1. 39 千米/百平方千米。长三角地级市铁路站点覆盖率达到 97. 6%，高铁站点覆盖率达到 90. 2%。其中，通车高铁线路增至 22 条，全年铁路旅客发送量将首次突破 7 亿人次大关，如沪苏湖铁路、沪苏通长江公铁大桥等项目的效益显著。

3）城市轨道交通。长三角区域抢抓新基建发展机遇，畅通城市轨道交通对长江经济带等国家战略实施的强大助推作用，致力成为新基建时代轨道交通创新发展的推动者、贡献者。加快推进“轨道上的长三角”建设，逐步提升城际公路通达能力，优化市域交通体系，推进完善城市轨道交通网络，深化智慧交通发展。为了深入“一体化”建设，长三角除了推进上海地铁 17 号线、苏州地铁 10 号线延伸至嘉善等重大项目，七城轨道交通推进“一码通行”，成为国内首个实现轨道交通刷码互联互通的城市群。目前，地铁“一卡通”工程初显成效，运输服务一体化加快推进，进一步加快了长三角地区综合交通高质量发展的进程。

4）航空。长三角围绕“协力打造长三角世界级机场群”，区域实施共建世界级机场群工程，以上海为龙头，充分发挥长三角机场的比较优势和协同作用。从机场群分布来看，2019 年，长三角共推进 5 个航空项目，加快研究制定《长三角航空协同发展战略规划》。长三角区域机场总数为 23 个，密度达到 0.64 个/万平方千米，跑道数量为 29 条，基本形成了“2+3+18”的机场布局体系。长三角机场群旅客吞吐量为 2.66 亿人次，占比达到了 19.67%。2019 年，上海机场旅客吞吐量为 1.22 亿人次，成为全球第 5 个航空旅客跨入“亿级俱乐部”的城市，上海港集装箱吞吐量超 4300 万标准箱，连续 10 年位居世界第一。长三角国际枢纽机场、区域枢纽机场等基本配有城市轨道交通、高铁客运站、汽车客运中心等，其中，虹桥国际机场的“集疏运”配套功能最完善。

5）港口。长三角围绕持续推进区域港航协同发展，目前港口一体化发展进入新阶段，是我国物流最为发达的地区之一。长三角港口群形成以核心港口为主导、以骨干港口为补充、其他港口联动发展运营格局；其中，以上海港、宁波舟山港为核心，2019 年上海港集装箱吞吐量连续 10 年位居世界第一，宁波舟山港货物吞吐量连续 11 年位居世界第一。2019 年，长三角地区共推进 22 个港航项目，长三角沿海港口泊位总数为 1833 个，码头货物年通过能力为 36.31 亿吨；河港口泊位数为 9732 个，码头货物年通过能力为 17.13 亿吨，港口饱和度超过 1 的比例为 64.5%。长三角港口群“一体两翼”的发展格局基本形成，航道发展和治理工程为长三角交通一体化再添新动能，如苏申内港线西段（老白石路—油墩港）已开工，“一环十射”内河高等级航道网对接江浙两地的航运快速通道基本成型等。

6）体制机制。长三角区域实施体制机制深化改革工程，建立交通一体化协同推进机制，强化区域交通运输监管与协同共治。在推动长三角一体化发展领导小组统筹指导下，依托长三角区域合作办公室，协调推进交通一体化发展，港航等资源整合持续推进，民航等协同发展工作机制建立运行，一批跨区域的重大项目统筹衔接推进，货运车辆超限超载治理等交通联合执法行动机制加快完善，逐渐推进实现“共享、共治、共赢”的一体化执法监管新格局。例如，上海青浦着力推动打通与江浙两地的省界断头路，通过“一体化”理念的深入，跨省域规划建设机制的创新，盘活更大区域交通网络，从而提升区域社会经济发展能级，持续推进该地区体制机制一体化进程。

（3）交通与外部要素一体化现状。

1）开放。长三角区域积极推动形成“陆海内外联动、东西双向互济”的对外开放格局，通过建设战略性枢纽载体，共同打造对内对外开放新高地。改革开放初期，随着经济特区的设立以及浦东开发开放等，凭借良好的交通区位，长三角对外贸易占全国对外贸易总额的近四成。从“一带一路”倡议提出至2019年10月底，合肥、南京、苏州等7个城市累计开行中欧班列1451列、运输13.52万标准箱，同比增长23%，辐射30多个国家，且中欧班列（义乌）为小商品贸易搭建了“卖全球、买全球”的大平台，线路从1条增加到现在的10条。党的十九大要求推动新一轮高水平对外开放，长三角区域越发注重交通的开放性，推动更高层次对外开放，如江苏实施枢纽城市能级提升工程，增强南京国际枢纽功能，推动“苏锡常通”共同打造环沪枢纽集群，建设连云港海港、徐州国际陆港、淮安空港互为支撑的“物流金三角”等。

2）区域。长三角聚焦区域高质量、一体化发展，紧密携手共建“轨道上的长三角”、提升省际公路通达能力，合力打造世界级机场群，协同推进港航建设，加密畅通骨干线网，持续打通路线，逐渐形成长三角区域协调发展新格局。实施区域交通网络互联互通工程，共同推进一体化示范区交通建设。具体来说，打通溧阳—宁德、高淳—宣城、宜兴—长兴、苏州—台州高速公路等省际“断头路”和“瓶颈路”；铁路网络越发密集，各省交通网络优联优通工程持续推进，如先行谋划沪甬、沪舟等战略通道，打造省域城际铁路一张网；以消除京杭运河、秦淮河航道、苏申内港线、苏申外港线等省际瓶颈为重点，建设通江达海的干线航道网；构筑功能完善的过江通道系统，加快推进龙潭、苏通第二、崇海等项目建设。

3）产业。长三角区域综合交通网络慢慢成形，“交通带+产业带”发展显著，产业协作开始向“质的提升”飞跃。第二届长三角综合交通发展大会开展的同期举行了第二届浙江国际智慧交通产业博览会，最先进的国内交通装备基本都参与展览，包括600千米以上的磁悬浮列车、无人机等。此外，在长三角铁路运营图中，首开上海至兰州“新丝绸之路”概念动卧列车，嘉兴南站首开4对“红色之旅”概念动车组列车等，皆映射出沿线地区旅游产业的不断崛起。同时，交通网络的发展提高了行业治理能力与创新发展能力，联合拓展长三角区域交通发展新空间、新动能、新模式，试点开展无人驾驶等的研究及应用，打造G15现代化沿海产业走廊、G25绿色制造走廊、G42交通创新产业走廊，现代综合交通产业助推长三角高质量一体化发展。

4）空间。面对区域一体化格局，长三角区域空间资源逐步实现集约化利用，交通空间逐渐呈现网络化，区域可达性显著提升。苏州、无锡、常州等区域特色新型制造业产业体系等一系列区域联动发展新模式正在长三角以抱团之势，参与全球竞争合作。目前，长三角铁路已建成物流基地 51 个、集装箱办理点 145 个、铁路无水港 21 个，已规划建设上海、宁波、连云港、南京、温州等进港铁路 16 条，建成后将全面补强长三角铁水联运“前后一公里”短板，构成多元化的交通空间。与此同时，杭黄高铁串联起包括 7 个 AAAAA 级景区在内的“黄金旅游线”；金山充分发挥集聚辐射效应，加快探索形成跨区域协同发展的新路径，努力成为环杭州湾重要节点城市、沪浙毗邻地区一体化发展示范区。

5）环境。长三角区域践行“绿水青山就是金山银山”理念，实施绿色智慧平安提升工程，推进一体化智能化交通管理，加强生态保护和污染防治，强化平安交通共保联治。一直以来，长三角区域加强长江污染防治和生态修复，打造长三角“绿廊”；建设京杭运河绿色现代航运示范区，打造长三角“绿带”；共建宁杭生态交通走廊，打造长三角“绿脊”；建设世界级湖区生态交通体系，围绕太湖、洪泽湖、骆马湖等打造长三角“绿核”。同时，完善多层次轨道交通系统，联合打造跨界生态文化廊道。此外，也通过打通省际断头路项目来提升跨省际区域路网功能、改善城市周边交通环境，如 228 国道（鳗鲤泾—海湾路以东）、320 国道（金山大桥—金山松江区界）项目坚持生态环保理念，严格保护土地资源，优化绿化保护方案，积极应用节能技术。

6）人口。长三角区域受各级城镇交通基础设施发展不均衡、区域间互联互通能力弱的影响，人才、资金、技术等要素难以实现高效流动和合理配置，导致小城镇与大城市之间的差距扩大，高质量一体化发展受限。随着区域经济社会一体化发展速度的加快，交通网络逐渐覆盖，各级城市人口郊区化不断深入，区域产业经济布局加快转型升级，城市人口和产业功能结构的改变对区域内快速交通出行的需求不断提升，对区域性交通联系也提出新的要求。同时，践行“为人民服务”的宗旨，交通部门密切协作，开通省际毗邻公交，积极推动公交一卡通、扫码支付、内河船舶“多证合一”等跨区域便民服务项目，在交通一体化的过程中群众的获得感得到提升。

2. 长三角交通一体化发展的困境

长三角交通虽已具备良好的发展基础，但依然面临交通体系发展不平衡、不协调以及整体竞争力有待提升等瓶颈和挑战。高质量是相对于高速度而言的。长三角交通发展未来不应过度关注规模、速度、增量等外延式扩充，需更加注重功能融合、存量优化、结构调整、生态友好等内涵式提升。按照交通一体化的内容，本书围绕规划建设一体化、交通设施一体化、信息服务一体化与运营管理一体化四个方面阐述其发展困境。

（1）规划建设一体化。长三角区域资源配置、土地使用与其交通需求发展不协调，同时缺乏跨行政区的区域综合交通规划。放大长三角区域的路网比例尺度就能发现，干线交通虽发达，但出行效率不高；在密布的小城镇中，依然存在大量“交通洼地”，各级城镇间的衔接有待加强；新建高铁站点与城市内部轨道交通、公共交通网络的衔接不畅，使交通网络的整体效率和出行速度难以提高。基于此，长三角交通基础设施应互联互通，打通行政区间的交通阻碍，新建扩建现有交通网络，提高网络建设密度，提升其运输通行能力。近年来京沪、沪宁等高速公路拥堵现象日益频繁，运输能力趋于饱和，省际公路中的“断头路”现象仍然存在，城市间、行政区间的交通联系尚未实现高效通畅。例如，现阶段进入上海浦东机场的轨道线路仅有两条：2 号线为连接上海“一市两场”的重要线路，由虹桥商务区开往浦东国际机场，但由于距离较远且中间站点过多，削减了轨道交通的优势，影响出行效率；另一条线路为磁悬浮线，市区终点设置在龙阳路站，距离商圈、办公区较远，利用率低。因此，长三角交通市场定位清晰的差异化发展格局仍有待形成，区域交通体系的网络密度有待加强，着力破解物流成本高的问题，优化调整交通运输结构，推动海港、陆港、空港、信息港联动发展，提升铁路、内河水运等绿色方式的比重。综上所述，长三角区域内交通网络的一体化亟待科学合理地统筹规划建设。

（2）交通设施一体化。作为区域产业整合的前提，交通基础设施是合理配置资源、提高经济运行质量和效率的基础。目前长三角区域的综合交通运输体系已形成一定的体量规模和较好的基础，但该地区交通基础设施缺乏合理分工与协调，仍存在发展不平衡、不充分的问题，城市内及城际交通结构有待优化，交通方式间相互割裂，仍未实现交通基础设施的互联互通，与形成综合交通运输体系仍有一定距离。具体来说，长三角区域的高铁网覆盖率仍偏低，且空间分布不平衡，各城市的轨道交通分布仍然比较分散。现有的轨道交通、高铁网络难以满足长三角区域日益增长的城际、市郊出行需求。例如，苏北、浙南等地区高铁滞后、市郊轨道交通网络稀疏等问题；上海浦东机场的交通设施一体化方面发展程度低，仍面临停车位紧张、道路拥堵等影响出行效率的问题。其中，交通方式中

缺少专用的机场联络线和直接接入机场的高速铁路，导致可选择出行的多样性偏低。在停车设施方面，泊车位数量偏少，泊车能力未得到充分开发。由于上海浦东机场的轨道交通数量少，运行时间长，导致空轨联运的分担率也未达到较高水平。虽然公路路网密度处于全国前列，机场巴士发展程度较高，但早晚高峰拥堵情况严重，出行效率低，导致旅客旅行时间成本较高。

（3）信息服务一体化。随着长三角一体化进程的不断深入，区域间体制机制约束和利益共享机制不健全等矛盾不断显现，信息共享机制缺失，智能交通建设落后。从而造成交通网络的整体均衡性和沿线车站利用率不足，城市交通较为拥堵，仍然难以满足长三角这一高密度城市群地区日益增长的城际出行需求，其运输服务和区域服务能力仍需提升。此外，绝大多数港口集疏运主要依靠公路，港口与铁路衔接不紧，交通信息服务不均衡现象明显，需按照“宜水则水、宜铁则铁、宜公则公”的原则，协同推进长三角区域交通服务结构调整（蒋海兵和韦胜，2020）。具体表现为：长三角公路运输压力依然很大，某些区域铁路服务仍是空白；作为长三角的核心航空枢纽，上海虹桥机场和浦东机场的运营能力均已达到饱和状态，区域服务能力达到极限；长三角的空海联运还主要集中于货运，客运还未全面普及；上海浦东机场并未全面开通针对多式联运的一体化售票以及未形成系统的“行李直挂机场”系统，缺乏统一有效的信息交流共享平台，交通枢纽间的衔接度低，交通运输需求不能及时有效传递。因此，长三角交通的整体功能和效率仍有待提升，须以服务人民为原则，将该区域建设成引领示范区、交通高质量发展先行区、人民满意交通样板区。

（4）运营管理一体化。长三角交通一体化的投融资体系有待拓展，在交通的运营方面缺乏衔接性，在交通的管理方面未达成一致，三省一市间强有力的协同联动机制尚未完善。在长三角区域亟须建设区域轨道交通的背景下，目前投融资体系尚不健全，结合行业发展实际，交通运输投融资体制机制改革尚未深化。长三角主要铁路枢纽站的客运规模大幅增长，然而高铁运营能力仍较为有限、运营班次不足等问题凸显，这些长期以来都是交通管理的重点和难点。同时，近年来地区间交通衔接不顺的问题仍存在，如苏州、昆山、上海等地虽然签订了诸多合作协议，但各市在各自管辖的行政区域内进行的交通规划、建设和管理，以高铁、高速公路为主，城市快速轨道尚未建设，且非付费通道以主干路为主，缺乏快速通道，客货混行严重，缺少区域交通的统筹规划，进而导致在衔接边界依旧存在众多的断头路和瓶颈路，阻碍了苏昆、沪昆之间的来往与联系，无法满足其同城化发展带来的交通需求。尽管昆山已与上海、苏州等地开通城际公交线路，但由于缺乏较为详细的客流调查、合作机制尚未完善等，存在公交线路利用率和覆盖率不高等问题。因此，长三角区域仍需共同协商，建立一体化的交通运营管理机制（孙博文和尹俊，2021）。

三、长三角高铁发展与区域一体化

长三角高铁萌芽于19世纪末期，历经百年发展，区域高铁网络逐渐由发达地区向欠发达地区延伸，目前除舟山以外其余40个城市全部通高铁。高铁有效提升了区域通达性，促进了区域网络空间结构优化和一体化，但仍存在路网发展不平衡和不充分、高铁站人流集聚效应较弱、与高铁配套衔接的设施不完善、区域外围经济落后地区高铁费用增幅较大等问题不利于区域一体化发展。

1. 长三角高铁发展的历史演变

长三角地区是中国铁路的发源地，长三角地区铁路的发展经历了萌芽阶段、停滞阶段、恢复建设阶段、稳步发展阶段和高速建设阶段。

第一阶段：萌芽阶段（1937年前）。1876年，英国人在上海铺设了14.5千米的吴淞铁路，是长三角也是中国第一条营运铁路，但运营不到一年即被清政府视为“异端”而拆除。19世纪末，沪宁、沪杭甬铁路开始兴建，其中沪宁铁路仍由英国承办，1905年正式动工，次年抵达苏州、无锡，此时铁路已将当时中国最大的口岸城市上海、省会城市苏州和新兴工商业城市无锡连为一体，当年客运人次增长了71%，1907年该铁路通至常州、镇江，客运量增长了109%，1908年建成后，客流量比1907年增长了59.08%。与此同时，连接上海与杭州、宁波的沪杭甬铁路也开始筹划建设，该铁路由江浙绅商相继成立的商办铁路公司自建，但基于前期筹资较少，杭州城外江墅铁路先行修建，1907年9月建成通车，至年底已近15万人次客运量。1908年，随着上海至松江以及杭州至长安段的通车，沪杭甬铁路人口流量增长了557%，1909年，沪杭全线通车时人口流量增长了101.69%。1910年，杭甬铁路的宁波至曹娥段建成通车（岳钦韬，2014）。沪宁、沪杭甬铁路的兴建标志着区域内铁路交通正式发展起来。清政府被推翻后，中国进入军阀混战

时期，但为促进经济发展，铁路建设没有中断，浙江省内的杭江铁路、杭甬铁路，安徽境内的淮南铁路、苏皖之间的江南铁路及通往区外的陇海铁路、津浦铁路相继建成，截至 1935 年，长三角铁路里程达 2000 千米（见表 11-2）。

表 11-2　1876~1935 年长三角地区铁路建设情况

序号	铁路线	开放年份	长三角通车长度（千米）
1	吴淞铁路	1876	14.5
2	江墅铁路	1907	16.35
3	沪宁铁路	1908	311
4	沪杭铁路	1909	125
5	杭甬铁路（宁波—曹娥段）	1910	77.9
6	津浦铁路	1912	373.25
7	陇海铁路（开封—徐州段）	1915	84
8	杭江铁路（杭州—玉山段）	1934	341
9	江南铁路（芜湖—孙家埠）	1934	76
10	江南铁路（南京中华门—孙家埠）	1935	175
11	淮南铁路	1935	214
12	陇海铁路（徐州—连云港段）	1935	222
13	江南铁路（现宁芜铁路）	1935	175
合计			2205

资料来源：根据相关城市地方志整理。

第二阶段：停滞阶段（1937~1948 年）。1937~1945 年，中国铁路建设主要集中在东北地区。为防范日军进犯，长三角地区不但没有建设新线路，反而拆除了部分铁路（见表 11-3）。如 1937 年为切断交通枢纽，茅以升亲手毁掉竣工不到两个月的铁、公两用钱塘江大桥，1938 年沪杭甬铁路管理局奉命将萧甬铁路道轨及枕木逐段拆除，江南铁路沿线许多大桥被炸毁，芜湖至宣城段实际处于瘫痪状态。抗战胜利后，江南铁路得到迅速恢复，然而蒋介石此时积极准备内战，为了修复津浦、陇海两大铁路干线，1946 年 1 月，下令将京芜路铁轨、枕木全部拆除，运往南京下关，恢复营运不到三个月的江南铁路再次被迫中断，直到 1948 年才再度铺轨营业。因频繁战乱和外部势力影响，这一时期长三角铁路不增反减。

表 11-3　1937~1948 年长三角地区部分铁路变动情况

序号	铁路线	年份	线路状态
1	杭甬铁路（萧山—曹娥江段）	1937	建成（68 千米）
2	钱塘江大桥	1937	建成
3	钱塘江大桥	1937	炸毁
4	杭甬铁路（宁波—曹娥段）	1938	拆除
5	宁芜铁路	1946	拆除
6	宁芜铁路	1948	铺轨营业
7	钱塘江大桥	1948	修复

资料来源：根据相关城市地方志整理。

第三阶段：恢复建设阶段（1949~1977 年）。1949 年，中华人民共和国成立后立即展开了对全国铁路的抢修恢复工作，到 1949 年底，长三角铁路营业里程总计 1400 余千米（金士宣，1986），其中沪宁、津浦、沪杭、浙赣、杭甬、江南（宁芜）、淮南等几条单线，技术标准较低，设备简陋。1950 年初，新中国政府决定填补西部地区铁路空白，铁路建设重心西移，此阶段长三角新建铁路较少，即使有几条新建铁路也主要是为了满足区域能源运输及其他货运需求（杨红光，2019）。例如，1957 年，金千铁路是为满足新安江大坝水库建设所需建筑材料和设备运输修建的；1966 年，符夹铁路是为了开发闸河煤田和减轻徐州枢纽运输负担修建的；1970 年，青阜铁路是为了连接淮南、淮北两大煤炭基地修建的；1971 年，芜铜铁路是沿江地区对外货运及长三角地区与华中西南部地区生产要素交流的主要通道之一；1972 年，杭牛铁路是浙江省人民政府为尽快争取省内煤炭自给建造的；1975 年，漯阜铁路是为了将煤炭资源丰富的豫西地区与能源紧缺的华东地区连接起来。1949~1977 年，长三角地区新增铁路不足 1000 千米（见表 11-4）。

表 11-4　1949~1977 年长三角地区部分铁路变动情况

序号	铁路线	开放年份	长三角通车长度（千米）
1	金千铁路	1957	79
2	符夹铁路	1966	84.3
3	青阜铁路	1970	152

续表

序号	铁路线	开放年份	长三角通车长度（千米）
4	芜铜铁路	1971	72.68
5	杭牛铁路	1972	154
6	漯阜铁路	1975	70.07
合计			612.05

资料来源：根据相关城市地方志整理。

第四阶段：稳步发展阶段（1978~2007 年）。1978 年，改革开放翻开了长三角铁路建设新的一页，区域内除陇海、津浦、沪宁、沪杭等干线改造成复线外，又修建了沟通区内外的皖赣、合九、新长和宁西铁路、沟通长三角省际之间的宣杭铁路、沟通长三角省内的阜淮、青芦和金温铁路等一批国家干线铁路（见表 11-5）。与此同时，为适应社会主义市场经济发展，京沪、京广、京哈、陇海四大干线开始实施提速计划。1996 年 4 月 1 日，铁路部门在沪宁线开展提速试验，率先开行了“先行号”快速列车，使沪宁间最快运行时间大幅压缩，1997~2006 年，我国对主要干线铁路实施大规模技术改造，进行了六次大面积提速，列车最高时速提至 200 千米，铁路系统实现了新的飞跃。

表 11-5　1978~2007 年长三角地区部分铁路变动情况

序号	铁路线	开放年份	长三角通车长度（千米）
1	阜淮铁路	1982	114.01
2	皖赣铁路	1985	349
3	宣杭铁路	1992	224
4	合九铁路	1996	252
5	金温铁路	1998	251
6	青芦铁路	2001	79.6
7	新长铁路	2002	561
8	宁西铁路	2004	266
9	铜九铁路	2008	171
合计			2267.61

资料来源：根据相关城市地方志整理。

第五阶段：高铁建设阶段（2008 年至今）。2008 年以来，长三角地区除了建设阜六、宿淮、庐铜等以货运为主的普通铁路，其余大部分新建铁路均为高速铁路。2008 年 4 月，全长 166 千米、时速 250 千米的长三角第一条高铁——合宁高铁开通运营，标志着长三角进入高铁时代。2010 年 7 月和 10 月，时速 300 千米以上的沪宁和沪杭客运专线先后通车，苏浙沪形成“铁三角”黄金通道。长三角高铁建设从无到有，呈现加速度，截至 2021 年 2 月，长三角共建合宁、合武、温福等高铁 27 条，高铁营业里程约为 6125 千米（见表 11-6），实现了除浙江舟山外所有地级市全部通达高铁，在占全国 3.7%的土地上建造的高铁占全国总量的 16%，高铁密度为 170.61 千米/万平方千米，是全国的 4.32 倍。长三角已基本建成以上海为中心 1~3 小时高铁交通圈，1 小时达到杭州、南京并覆盖嘉兴、苏州、无锡和常州等城市，2 小时到达宁波、金华、义乌等城市，3 小时到达温州、合肥、徐州、蚌埠、芜湖等城市，形成了全国最为密集完善的高铁网。

表 11-6　2008~2020 年长三角高铁建设情况

序号	高铁线路	开放时间	设计时速（千米/小时）	线路总长（千米）	长三角长度（千米）	经过城市
1	宁合客运专线	2008 年 4 月	250	166	166	合肥、巢湖、滁州、南京
2	合武客运专线	2009 年 4 月	225	359	139	合肥、六安
3	温福客运专线	2009 年 9 月	200	302	65	温州、宁德、福州
4	甬台温客运专线	2009 年 9 月	250	282	282	宁波、台州、温州
5	沪宁客运专线	2010 年 7 月	300	301	301	南京、镇江、常州、无锡、苏州、上海
6	沪杭客运专线	2010 年 10 月	350	159	159	上海、嘉兴、杭州
7	京沪客运专线	2011 年 6 月	300	1318	614	蚌埠、北京、沧州、常州、滁州、德州、济南、南京、上海、苏州、宿州、泰安、天津、无锡、徐州、枣庄、镇江
8	合蚌客运专线	2012 年 10 月	350	130	130	合肥、蚌埠
9	杭甬客运专线	2013 年 7 月	350	150	150	杭州、绍兴、宁波
10	宁杭客运专线	2013 年 7 月	350	256	256	南京、镇江、常州、湖州、潮州、湖州、杭州

续表

序号	高铁线路	开放时间	设计时速（千米/小时）	线路总长（千米）	长三角长度（千米）	经过城市
11	杭长客运专线	2014 年 12 月	350	927	269	杭州、金华、衢州、上饶、鹰潭、南昌、新余、宜春、萍乡、长沙
12	合福客运专线	2015 年 6 月	300	850	348	合肥、芜湖、宣城、黄山、上饶、南平、宁德、福州
13	宁安城际铁路	2015 年 10 月	250	257	257	南京、马鞍山、芜湖、铜陵、池州、安庆
14	新金丽温铁路	2015 年 12 月	200	188	188	金华、丽水、温州
15	郑徐客运专线	2016 年 9 月	350	362	81	郑州、开封、兰考、民权、商丘、砀山、永城、萧县、徐州
16	衢九铁路	2017 年 12 月	200	334	54	九江、上饶、衢州
17	杭黄高铁	2018 年 12 月	200	287	287	杭州、黄山、宣城
18	青盐高铁	2018 年 12 月	200	428	230	青岛、日照、连云港、盐城
19	宁启铁路	2019 年 1 月	200	365	365	南京、扬州、泰州、南通
20	商合杭高铁商合段	2019 年 12 月	310	378	329	商丘、亳州、阜阳、淮南、合肥
21	徐盐高铁	2019 年 12 月	250	313	313	徐州、宿迁、淮安、盐城
22	连镇高铁连淮段	2019 年 12 月	250	105	105	连云港、淮安
23	商合杭高铁合湖段	2020 年 6 月	350	382	382	合肥、巢湖、马鞍山、芜湖、宣城、湖州
24	沪苏通铁路	2020 年 7 月	200	137	137	南通、苏州、上海
25	连镇高铁淮丹段	2020 年 12 月	250	199	199	淮安、扬州、镇江
26	盐通高铁	2020 年 12 月	350	157	157	盐城、南通
27	合安高铁	2020 年 12 月	300	162	162	合肥、安庆
28	徐连高铁	2021 年 2 月	350	180	180	徐州、连云港

资料来源：根据《中长期铁路网规划》（2008 年调整版）、《列车极品时刻表》（http：//www.jpskb.com/）、高铁网（http：//news.gaotie.cn/）等网站整理。

2. 长三角高铁网络特征

（1）平均最短时间可达性。平均最短时间可达性指目标城市与其他所有城市平均最短通行时间，借鉴已有的研究成果（蒋海兵等，2010；孟德友和陆玉麒，2011），其计算公式为：

$$A_i = \frac{\sum_{j=1}^{n-1} T_{ij}}{n-1} \qquad (11\text{-}1)$$

其中，A_i 为区域内城市 i 的平均最短旅行时间可达性；T_{ij} 为通过铁路网络从城市 i 到城市 j 所需要的最短时间；n 为区域内的全部城市数目。A_i 值越小，城市可达性越好；A_i 值越大，则城市可达性越差。根据 2009 年《石开旅行时刻表》和中国铁路 12306 App 数据（以 2021 年 1 月 25 日高铁线为准）计算各城市平均时间可达性（下同）。

高铁显著改善了长三角各城市时间可达性：2009 年长三角各城市平均最短时间可达性为 6.55 小时，2021 年降低到 2.83 小时，平均时间可达性降低了 56.86%。2009 年可达性最高的城市是南京（3.93 小时），其次是合肥（4.34 小时）和芜湖（4.42 小时），可达性最低的城市是温州（11.94 小时），其次是丽水（9.96 小时）和安庆（8.90 小时）；2021 年可达性最优的城市依然是南京（1.46 小时），其次是镇江（1.88 小时）和湖州（1.95 小时），可达性最低的城市还是温州（4.83 小时），其次是丽水（3.97 小时）和连云港（3.90 小时）（见图 11-1）。从可达性变化绝对值来看，长三角地区各城市平均降低 3.7 小时，其中可达性降低最多的城市是温州（-7.11 小时），其次是丽水、安庆、淮安、黄山、绍兴、盐城、宁波、连云港等城市，从地理位置看，这些城市均为长三角边缘城市；可达性降低最少的城市是马鞍山（-1.86 小时），其次是滁州、芜湖、合肥、南京、宣城等长三角地理中心城市。总体上看，处于可达性绝对优势地位的城市多为长三角地理中心城市，边缘城市可达性绝对值相对较低，但从变化性来看，处于边缘地的城市在高铁影响下时间可达性收缩效应较明显，而中心地区城市时间可达性变化相对较小。

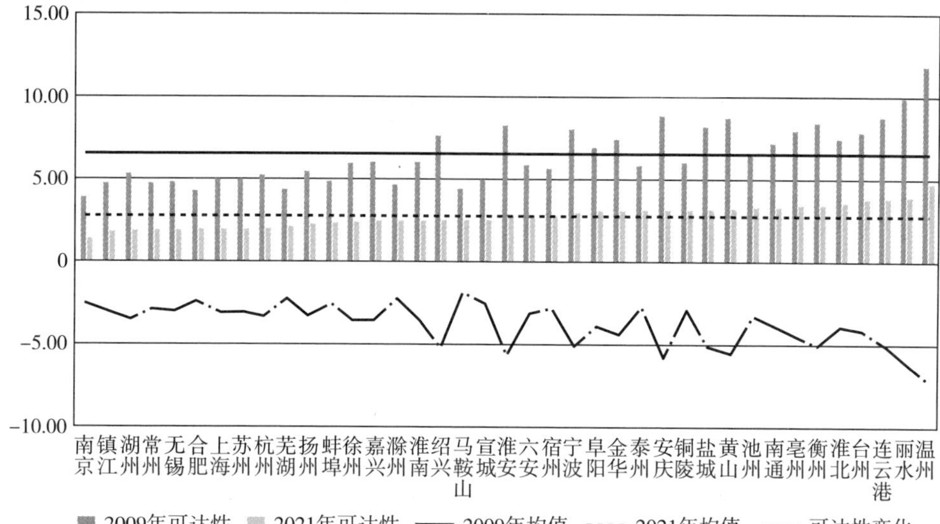

图 11-1　2009~2021 年长三角地区各城市时间可达性变化

（2）高铁客流网络连通性。客流连通性反映一个城市与其他城市联系的便捷程度，其计算公式为：

$$S_i = \sum_{j=1}^{n-1} (S_{ij} + S_{ji}) \tag{11-2}$$

其中，S_i 为城市 i 的连通性，即城市 i 与其他所有城市的每日运行班次；S_{ij} 为城市 i 到城市 j 每日运行班次；S_{ji} 为城市 j 到城市 i 的每日运行班次。S_i 越大，城市在区域铁路网络中的连通性和集聚能力越强。

高铁显著改善了长三角市网络连通性：2009 年长三角各城市网络连通性平均值为 644.03 次/日，2021 年增长到 1369.23 次/日，平均增长 725.21 次/日。2009 年网络连通性最强的城市是南京（2389 次/日），其次是上海（2345 次/日）、杭州（1583 次/日）、常州（1577 次/日）、无锡（1518 次/日）和苏州（1420 次/日），2021 年网络连通性最强的城市是上海（4914 次/日），其次是南京（4519 次/日）、杭州（3973 次/日）、苏州（3416 次/日）、无锡（3201 次/日）和常州（2927 次/日）（见图 11-2），可见 2021 年和 2009 年长三角网络连通性格局显著相关，且网络连通性与城市发展水平高度相关。从连通性变化来看，与 2009 年相比，2021 年每天频次增加超过 1000 次的城市有 8 个，即上海、杭州、南京、苏州、无锡、常州、芜湖和温州，每天频次增加低于 200 的城市有 4 个，即滁州、蚌埠、宣城、宿州，其中滁州频次增加值甚至为-85，由此可见，发展水平较高城市的连通性改善最大；相反，发展水平较低的城市，其连通性改善相对较小，这有可能会造成优者更优、劣者更劣。

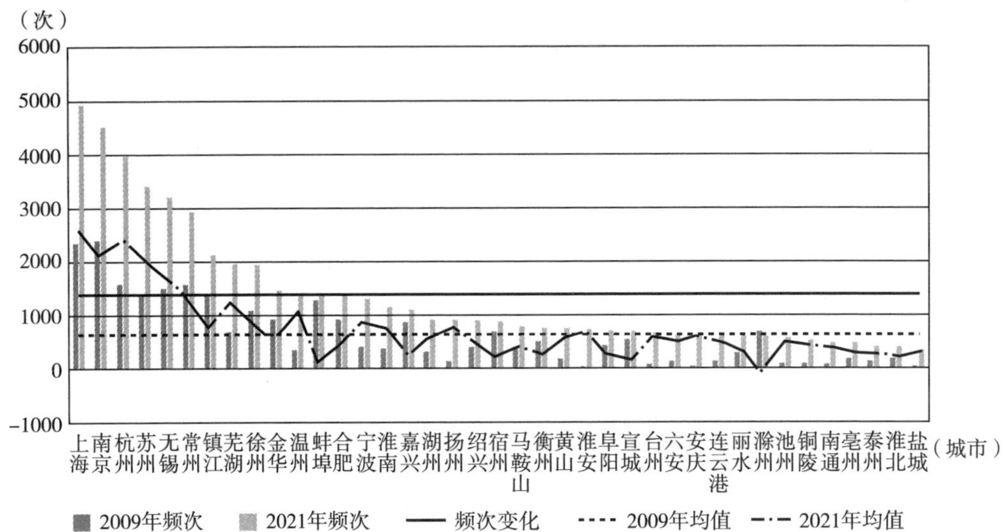

图 11-2　2009~2021 年长三角地区各城市网络连通性

（3）高铁经济潜力可达性。经济潜力可达性常指在特定的时间成本约束下，某地区在可达到的距离范围内所覆盖的经济活动总量。借鉴陶世杰和李俊峰（2017）的研究成果，城市经济潜力可达性的计算公式为：

$$P_i = \sum_{j=1}^{n} \frac{M_j}{T_{ij}^{\alpha}} \tag{11-3}$$

其中，P_i 为城市 i 的经济潜力可达性，潜力值越高，经济潜力越大；T_{ij} 为从城市 i 到城市 j 所花费的最短旅行时间；α 为摩擦系数，一般取 1；M_j 为城市 j 的综合规模，在可达性计算中一般采用人口或 GDP 作为代理变量，考虑到高铁的主要作用对象是人，此处选择城市年末总人口反映各地的综合规模。

高铁显著改善了长三角各城市的经济潜力可达性，2009 年长三角地区城市经济潜力可达性均值为 90.66，2021 年均值增加到 216.88，增长了 139.21%。2009 年经济潜力可达性较高的城市是常州（173.01），其次是南京、镇江、无

锡、苏州、滁州、嘉兴和上海等；2021 年经济潜力可达性较高的城市是无锡（389.89），其次是苏州、常州、镇江、南京、杭州和嘉兴等。从地理空间位置来看，经济潜力较高的城市大多是位于沪宁高铁和沪杭高铁沿线经济较发达的城市。从经济潜力可达性变化来看，可达性增加值较高的无锡（248.12）、苏州（211.53）、镇江（197.44）、南京（180.56）和常州（172.82），大多是位于沪宁高铁沿线经济发展较好的城市（见图 11-3）。

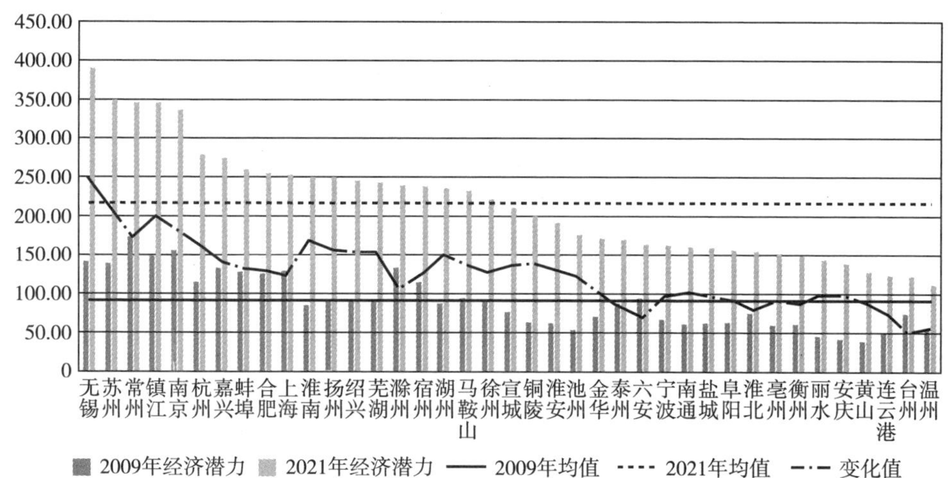

图 11-3 2009~2021 年长三角地区各城市经济潜力可达性变化

（4）高铁日常可达性。日常可达性指某地区在一天时间内可达到的人口或经济活动规模（Gutiérrez，2001）。通常以 3 小时作为一日交流圈来表征日常最大可达范围（张超亚等，2015）。本章以 3 小时作为高铁日常可达性的关键时间节点，其公式为：

$$D_i = \sum_{j=1}^{n} p_j \delta_{ij} \tag{11-4}$$

其中，D_i 为城市 i 的日常可达性，p_j 为节点 j 的土地面积，δ_{ij} 为系数。如果城市 i 到城市 j 的时间少于 3 小时，$\delta_{ij}=1$；否则，$\delta_{ij}=0$。

高铁显著改善了长三角各城市的日常可达性：2009 年长三角地区高铁日常可达性均值为 4.5 万平方千米，2021 年均值增加到 13.74 万平方千米，日常可达性均值增长了 205.33%。2009 年日常可达性最高的城市为杭州（9.99 万平方千米），其次是嘉兴（8.44 万平方千米）、上海（8.32 万平方千米）、金华（8.26 万平方千米）和南京（7.41 万平方千米），日常可达性较低的城市是安庆（0.22 万平方千米）、黄山（0.49 万平方千米）和池州（0.59 万平方千米）；2021 年日常可达性最高的城市为上海（21.52 万平方千米），其次是南京（21.24 万平方千米）、湖州（19.68 万平方千米）、常州（19.28 万平方千米）、无锡（19.219 万平方千米）、杭州（19.08 万平方千米）、嘉兴（18.71 万平方千米）和苏州（18.35 万平方千米）等，日常可达性较低的城市是亳州（5.16 万平方千米）、阜阳（7.01 万平方千米）和淮北（7.56 万平方千米）（见图 11-4），总体来看，日常可达性最高值由经济相对发达的长三角东南地区向中心地区转移，最低值由长三角经济相对落后的西南地区向西北地区转移。从增加值来看，与 2009 年相比，2021 年增加较多的城市是上海、杭州、嘉兴、温州和宁波等相对发达的长三角东南地区的城市。

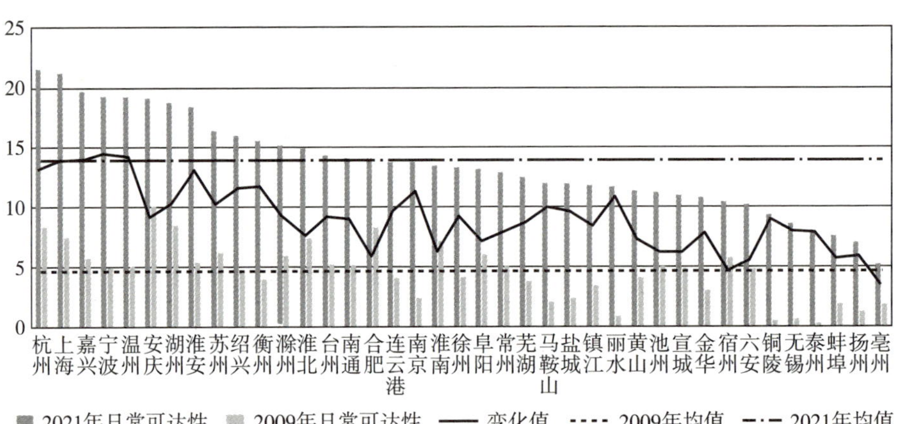

图 11-4　2009~2021 年长三角地区各城市日常可达性变化

3. 高铁影响长三角区域一体化发展存在的问题

（1）高铁路网发展不平衡、不充分。从数量来看，虽然长三角地区高铁总量位居全国第一，单位密度较高，但从质量来看，一些高铁干线的速度等级还相对较低，如在已开通的 28 条高铁钱路中有 14 条高铁线路的设计时速低于 300 千米/小时，且温福铁路、青盐高铁、沪苏通铁路等都是 200 千米/小时（见表 11-5）。从

网络连通性来看，截至2021年1月，除了上海、杭州和南京到长三角地区的其他城市均有直达列车，其他城市均有不能直达长三角部分城市的问题，其中不能直达最多的城市是盐城（20个），其次是淮北（15个）、泰州（14个）等中小城市，且直达城市间发车频次的差异也较大，大城市和经济发达城市的发车频次较高，而小城市和经济欠发达城市的发车频次较低，由于人流、物流总是向交通便捷地区倾斜，这些高铁连通性较差的中小城市的经济发展可能会受到抑制，阻碍区域一体化的进程。

（2）高铁站人流集聚效应尚未得到充分发挥。长三角地区现有高铁选址大多离市中心较远，且高铁新区的功能多被定位为城市新中心区、城市副中心、城市商务区、城市枢纽门户等（许闻博和王兴平，2016），这往往会带来片面追求城市服务功能、高估商务开发规模与需求问题。但事实上，由于中小城市的能级较低、规模较小，难以对高铁新城形成有效的辐射和支撑，因此县级市、高铁新区往往出现人气缺失现象，高铁站人流集聚效应尚未得到充分发挥。

（3）与高铁配套衔接的设施还不完善。高铁虽然拉近了城市之间的时空距离，但高铁站本身并非目的地，还需要乘坐其他市内交通工具前往市中心，目前除了昆山等经济发达地区的高铁站与大城市高铁基本实现了无缝对接，实现了高铁“公交化”运行，大部分经济欠发达地区中小城市的高铁站点与公交车、出租车场站及小汽车停车场等配套设施建设的衔接还相对滞后，配套能力普遍不足（尹维娜等，2020），从而制约了高铁在小城镇优势的发挥。此外，在铁路内部，统筹高速与普速、新建与既有、枢纽与通道之间的系统协同性还不强，路网配套设施还不完善，影响了高铁在城镇化建设中作用的发挥。

（4）区域外围经济落后地区高铁费用增幅较大。高铁建设虽然显著改善了长三角地区城市间日常可达性，但费用可达性增幅较大。2009年长三角高铁费用可达性均值为75.49元，2021年费用可达性均值增加到183.68元，增长了143.32%，其中增幅较大的城市是亳州、温州、衢州、丽水、阜阳、淮北等地理位置处于长三角外围边缘且经济欠发达的地区。虽然人们在出行方式的选择上越来越重视时间的节约和效率的提高，费用成本对出行方式的影响有所减弱，但对于收入水平较低的地区或群体而言，旅行费用仍是影响其选择出行方式的重要因素。因此，票价较高可能在很大程度上限制了高铁的普及使用。

四、政策建议

面对百年未有之大变局，为应对新一轮国际分工格局调整和更好服务国家发展战略、更好支撑引领区域人口经济空间布局调整、更好促进现代化产业体系构建和产业链分工协作、更好探索生态优先和绿色发展新路子、更好把握世界新一轮科技革命和产业变革新趋势，应加快创新长三角交通运输发展模式和组织运行机制、推进信息技术与交通运输深化融合、提升智能化水平和培育发展新动能，为此，在坚持服务为本和优化升级、改革创新和融合高效、生态优先和绿色发展、统筹协调和有序推进原则的基础上，积极推进长三角区域交通高质量一体化发展，加强政府政策调控和引导，打破各自为政的瓶颈壁垒，建立常态化的协调机制，实现交通协调化、均衡化和高级化发展，可考虑从体制机制、服务体系、设施网络、智能交通、低碳绿色等维度实现交通从“主动脉”到“毛细血管”的全面畅通和无缝对接。

1. 进一步完善一体化交通规划管理体制机制

在规划研究层面，依托 2019 年 12 月成立的长三角交通一体化研究中心，围绕长三角交通高质量一体化发展的全局性、战略性、前瞻性和长期性问题及近期热点、难点问题，进行务实研究，如在干线铁路运能紧张，停靠小城镇车站高铁班次较少的情况下，不能一味地考虑增加高铁班次，应加强对列车开行方案的研究，在开行停战少、速度快、旅行时间短的“大站车”基础上，研究开行分区段运行的“站站停”列车，优化开行早晚“通勤列车”，使中心城镇的车站列车和大城市的干线高铁列车相互衔接，为旅客提供更多选择（许若曦等，2020）。在战略管理层面，成立推进长三角交通一体化领导小组及办公室，定期会晤商谈亟待解决的交通问题，统筹推进长三角交通一体化工作。在具体运作层面，可分类建设各类协调机构，例如，在规划方面，可成立长三角交通规划办公室，共同研究和编制综合交通发展规划和若干重点领域专项规划，形成综合交通规划“一张图”，实现规划同步、计划同步；在港口管理方面，可设立长三角港口群管理机构，构建长三角港口群协调机制；在多式联运方面，可成立海铁联运综合协同

监管机构，构建区域海铁联运企业联盟；在执法方面，可设立长三角联合交通执法部门，加强常态化联合执法，克服“临时性联合执法”的不足。在审批、评估等制度建设层面，可建立车辆、船舶、人员电子证照和“多证合一”、“多检合一”等审批互认制度改革措施；建立客观、完善的后评估机制，聘请第三方对区域交通规划进行客观评估，确保交通规划较好实施。

2. 进一步健全交通服务体系，提高交通服务供给水平

在交通收费服务上，进一步优化高速公路不停车收费（ETC）服务体系，完善移动终端支付配套设施，推动多种电子支付手段兼容互认，健全通行费跨省清分结算机制，探索推进基于北斗的高速公路自由流收费。在交通监管服务上，统一开放交通运输市场，实现区域交通运输市场监管信息互联互通，如加快推进巡游出租汽车统一调度平台、互联网租赁自行车信息服务平台、公共停车信息平台等项目建设（刘华军等，2018），通过交通信息系统一体化建设，实施对跨省市运营网约车的管理；改革交通违法、交通事故处理、加气站、车辆事故理赔、停车系统等属地化管理原则，建立跨区域政府管理信息平台、出行服务信息平台，让驾驶员享受跨区域同一化标准服务；进一步提升港口智能化管理水平，把铁路运输信息管理纳入口岸信息管理系统，即使沟通货运信息，减少运输延误和集装箱滞港，提高联运效率，满足集装箱追踪等需求。在交通服务产业发展上，积极推动停车系统、加油站以及交通违法处理、保险理赔等服务，为驾驶员跨区域驾驶提供便利；结合长三角区域金融、贸易产业集聚优势和要素优势，大力发展航运交易与信息、航运金融与保险、海事法律与仲裁、航运研究与咨询、航运教育与培训、海事衍生服务等现代航运服务产业。

3. 以轨道交通为骨干构建一体化设施网络

以轨道交通为骨干、以公路网络为基础、以水运和民航为支撑、以沪宁杭皖苏锡常等城市为主要节点构建对外高效连通、对内有机衔接的多层次综合一体化交通网络。在对外通道上，依托沿海、京沪、京港台、陆桥、沿江、沪瑞等国家综合运输通道，优化对外铁路布局，强化公路对外互联互通，高效对接“一带一路”、京津冀地区、长江经济带和粤港澳大湾区；加大对大别山革命老区等经济欠发达地区交通基础设施建设的支持力度，统筹布局开发性铁路、高等级公路等交通基础设施，实现与国际、国内其他经济板块高效连通。在城际交通上，以上海为核心，以南京、杭州、合肥、宁波为中心，加快高铁连接线、城际铁路建设，利用干线铁路富余运力开行城际列车，构建以轨道交通为骨干的城际交通网，实现中心城市间1~1.5小时快速连通；优化高速公路网络层次结构，加快省际高速公路建设，实施打通省际高速公路待贯通路段专项行动，推进高速公路拥挤路段扩容改造，对高峰时段拥堵严重的国（省）道干线公路实施改扩建；充分发挥长江黄金水道功能，积极推进京杭大运河、江淮运河、芜申运河等高等级航道建设，完善高等级航道网。在通勤交通上，鼓励建设中心城区连接周边城镇的市域（郊）铁路，研究选择合理制式与周边毗邻地区衔接，充分利用既有干线铁路、城际铁路开行市域（郊）列车，有序推进中心城区城市轨道交通建设；提升轨道交通服务重要旅游景区能力，研究规划水乡旅游线、黄山旅游线等项目。

4. 协同共建现代化智能交通系统

以智能化信息化为手段，加快打造智能交通系统，提升交通运输技术装备综合保障能力，实现运输服务水平提升和管理组织模式创新。在智能交通设施方面，积极开展车辆网和车路协调技术创新试点，筹划建设长三角智慧交通示范项目，稳妥提升车辆网市场渗透率，推动公交车、大货车、出租车、网约车等相关运营车辆互联互通；构建长三角智慧公路体系，共同谋划打造连接甬杭沪宁皖的“Z”字形新一代国家交通控制网和智慧公路示范通道，推进杭绍甬、沪宁智慧高速公路建设；构建车路协同环境，在长三角地区部分高速公路和城市主要道路开展车用无线通信网络示范应用；在机场、港口和产业园区等场景下，率先推动自动驾驶技术商业化应用示范，加快自动化或半自动化码头建设和改造。在交通信息互联平台建设方面，整合区域内既有平台和公共资源，依托企业平台，提供全链条、一站式综合交通信息服务；运用人工智能等现代化信息技术，深化国家交通运输物流公共信息平台建设，支撑区域一体化智慧物流服务，完善长三角地区电子运单互联标准；完善江海联运数据交换节点和数据交换规范，共建船货交易、船舶拍卖、综合物流等专业平台；进一步加强长江入海口及沿海主要港口航标、潮汐、水文、气象等监测终端布局建设，构建航行保障信息感知体系和公共信息服务平台。构建区域数字化监控平台，推动区域内运输管理全过程无缝衔接和监管数据实时交换，打造道路危险货物运输电子运单报备系统。

5. 推动交通绿色低碳可持续发展

强化生态保护和污染防治，推动交通运输与生态环境和谐发展，构建长三角可持续发展长效机制。在运输结构方面，以推进大宗货物运输“公转铁、公转水”为主攻方向，强化公路货运车辆超载超限治理，大力推进货车车型标准化，鼓励研发跨运输方式和快速换装转运专用设备，优化铁路运输组织模式，推动大宗货物集疏运输向铁路和水路转移，深化运输结构调整。在集约低碳运输方面，加快新能源和清洁能源汽车、船舶推广应用，新增或者替换的城市公共汽车、物流配送车辆全面采用新能源汽车或清洁能源汽车；加强电动汽车充电基础设施建设，提升充电设施覆盖率；加强码头资源整合，促进规模化、集约化公用港区建设，提升港口岸线效率效能；提高集装箱道路运输专业化程度，鼓励无车承运人发展，推进大宗干线、城市配送、农村物流等规模化、集约化发展，降低车辆空驶率。在交通污染治理和资源利用上，统一三省一市的公路货运车辆污染排放认定标准，开展船舶污染物排放区域协调治理，严格落实治理车辆超标排放联合执法；协同开展危险货物运输罐车、超长平板车、超长集装箱半挂治理工作，做好既有运营车辆的情况排查，加快更新淘汰不合规车辆；统筹规划布局线路和枢纽设施，集约利用土地、线位、桥位、岸线等资源，提高资源利用率。

第十二章　长三角产业集聚的区域一体化效应研究*

首先，本章将产业集聚分为专业化集聚和多样化集聚，并分别从产业专业化集聚对区域一体化的专业化效应、产业多样化集聚对区域一体化的多样化效应和产业集聚对区域一体化的溢出效应三个方面，深入分析了产业集聚对区域一体化的影响机制。其次，利用长三角 26 个核心城市的相关数据，运用线性回归模型进行回归分析。再次，运用门槛回归模型，分析在不同门槛变量下，长三角专业化集聚、多样化集聚对区域一体化的专业化效应、多样化效应。最后，基于实证分析结果提出加快推进长三角更高质量一体化发展的对策建议。

一、引言

产业集聚是地区经济发展的重要特征，是产业发展的必然趋势，区域一体化既是一个过程，也是一种状态，是区域经济发展和体制转型的必然趋势。现有文献中关于影响区域一体化因素的研究和产业集聚对一体化影响的研究较少。基于长三角产业集聚和区域一体化的情况，本章将二者联系起来，探究不同类型产业集聚对区域一体化影响作用。因此，一方面，本书不仅能够进一步丰富区域一体化的理论研究内容，而且能够促进区域经济学与集聚经济学的融合发展，因而本书具有重要的理论价值；另一方面，本书得出的研究结论不仅能够为长三角区域

* 本章借鉴刘晓钰（2022）的研究成果。

内部各地区的协调发展提供决策思路，还能够为相关部门制定促进长三角区域一体化的政策提供决策依据。因而，本书具有重要的现实意义。

二、产业集聚对区域一体化的影响机制

1. 产业专业化集聚对区域一体化的专业化效应

专业化集聚是由于相同产业内不同企业的集聚所形成的集聚现象，所带来的外部经济被称为地方化经济。专业化集聚经济的本质是分工经济，分工和专业化产生的规模报酬递增是专业化集聚最根本的源泉，专业化集聚又会反过来推动分工利益的实现，促进分工的动态演进与深化（王得新，2013）。产业专业化集聚对区域一体化影响的专业化效应主要通过垂直专业化、水平专业化分工实现产业协调和要素自由流动。

（1）垂直专业化分工促进区域一体化的发展。垂直专业化分工是指生产环节从整体生产活动中分离出来，随着产业内分工的纵深发展，各个环节形成上下游关系，逐步形成产业链上的垂直分工。同一产业内的不同企业在初期会因为某一优势区位因素向该地区集聚，劳动力的共享、技术的溢出使市场规模越来越大，分工越来越细，并逐渐在该地区形成专业化生产，生产体系发生了巨大变化，产业链被拉伸，进而具有前后项相互关联的职能开始逐渐分离，推动在产业链上的具有上下游相关联的专业化生产（黄洁，2009）。

随后，专业化产业集聚在该地区内的垂直化分工水平不断上升，同时所带来的劳动力共享和资本累积也在产业链上流动。当某一地区专业化集聚发展到一定程度后，生产的空间范围扩展到既有区域和产业的边界，开始对周边地区产生扩散效应，产业链上的一些生产环节开始向周边地区转移。企业根据自身的产品定位、成本和生产约束寻找最优要素禀赋的地区并选择最适合自己的区位，形成新的专业化集聚区。原产业链上下游行业在该地区内部形成不同类型、不同规模的专业化集聚区，实现产业在空间上的互补发展，相应地，以劳动力、资本、技术为代表的生产要素也在该地区内自由流动，区域一体化水平得到提升。

（2）水平专业化分工促进区域一体化的发展。产业水平专业化分工是指工

业产品在经济发展程度比较相近的城市之间进行分工，包括产业内与产业间水平分工。在产业间水平分工下，不同区域基于绝对优势或者比较优势发展不同的产业部门，由这些产业部门生产的产品在地区间通过流动进行分工和贸易，各地区形成不同的部门专业化集聚区。在地区产业内水平分工下，同一产业内的不同企业尽管生产同一种类的产品，但为了保持产品差异，产品外观、质量等特性是不同的，从而引致区域内的分工以及产品的流动交换。随着区域内经济发展程度的不断提高以及科学技术在产业内溢出共享，产业内专业化生产程度越来越高，相同生产部门内部各分部门之间的生产专业化程度不断提高，由此形成了产品专业化集聚区。

区域内各地区立足于自身的资源优势以及经济发展基础，形成不同的部门专业化产业集聚区、生产相同或相似但有所差异的产品产业集聚区，生产和消费需求的差异以及共享和学习机制，产业之间或产业内的各环节进行跨越生产环节、生产部门甚至产业界限的联系和互动（王媛玉，2019）。在更大范围的区域内部，经济技术水平差异最大的地区之间主导的产业分工格局是产业间分工；经济技术条件相当的发达地区间更多的是基于其比较优势和区位优势进行产业间分工；发达地区间的主导分工模式是产业内分工。不同类型专业化集聚区的形成，实现了产业在空间上形成错位发展以及以资本、劳动力为代表生产要素在区域内流动，最终促进区域一体化水平的提高。

在专业化集聚初期，分工主要发生在集聚区内，由于“集聚呼唤集聚”的效果，专业化集聚区与周边地区会产生极化效应，增大地区之间的差距，随着专业化集聚水平的进一步发展，同一产业内的不同企业向周边地区扩散，在更广阔的区域内进行布局，促进产业在空间上互补错位发展，逐步形成城市间的分工，生产要素也随着产业的布局在空间上自由流动，推动了区域一体化的进程。

综上所述，提出假设 1：产业专业化集聚通过专业化分工促进区域内产业分工与要素流动，从而推动区域一体化进程。同时，专业化集聚与区域一体化也可能存在非线性关系。

2. 产业多样化集聚对区域一体化的多样化效应

多样化集聚是由于不同产业内不同企业的集聚形成的集聚现象，所带来的外部经济被称为城市化经济。产业多样化集聚的发展有助于推动大中小城市协调发展，实现城市体系规模等级结构扁平化，从而推动一体化的发展（闫程莉，

2018）。产业多样化集聚对区域一体化影响的多样化效应，主要是多样化产业集聚通过产业集聚规模扩大和城市城镇发展推动城市体系规模等级结构扁平化，进而促进区域一体化。

（1）通过产业集聚规模扩大促进区域一体化的发展。城市内产业多样化集聚，使不同产业共享金融、物流、公共基础设施等，增加中间商品的供给获得城市化经济，推动城市集聚规模的扩大，从而带来城市体系规模等级结构扁平化。

在城市发展的过程中，中心城市由于具有要素禀赋优势，会优先成为多产业集聚区。不同产业的集聚推动城市发展结构向高级化和现代化发展，即产业结构逐步从“二三一”转变为“三二一”，第三产业的比重逐步上升。由于服务业的不可流动性或弱流动性，使中心城市的服务业规模扩大，进一步推动城市规模的扩大，但是城市的资源是有限的，服务业规模的扩大会挤压制造业的发展空间，此时制造业会向大城市的郊区或中心城市的周边城市转移，周边城市的工业规模在扩大的同时也伴随着服务业规模的扩大，然后逐步形成这样一种结构，即大城市的中心集聚着公司的总部、研发中心、技术服务等环节，在大城市的郊区集聚着高科技产业、先进制造业，中心城市的周边城市集聚着劳动密集型和资源密集型制造业，中心城市和外围城市的产业结构得到了优化，而且不同规模等级的城市生产不同的产品，产品结构与产品的梯度转移效应加强，产业在城市群内有序分层，城市内形成多元化产业集聚，城市与城市间的差距缩小，城市体系规模等级结构趋于扁平化，区域协调发展，一体化水平得到显著提高。

（2）通过城镇体系发展促进区域一体化的发展。区域内城市多样化产业集聚的进一步发展导致城市发展程度的差异，从而形成不同类型和等级城市构成的城市体系。城市空间结构从单中心结构向多中心结构演化，推动城市体系不断发展完善，促进城市之间协同发展，最终推动区域一体化的进程。

随着区域多样化产业集聚的进一步发展，一方面，在交通条件或开发条件较为优越的区位，会逐步形成新的经济增长极，进而会逐步发展成为城镇或小城市，从而进一步完善区域的城镇体系等级结构和职能结构，促进生产要素在农村和新城镇或小城市的自由流动，促进城乡一体化的发展；另一方面，城市的集聚规模进一步扩大，集聚水平进一步提高，不同规模和等级城市的能级水平不断提高，其集聚与辐射范围进一步扩大，不同城市的集聚辐射空间相互重叠覆盖，城市间的生产要素在点、线、面等多个维度上流动速度与规模持续扩大，城市间一体化水平显著提高。产业多样化集聚的结果不仅导致城乡间一体化水平的提高，而且也导致城市间一体化水平的提高，城镇体系规模等级不断发展完善，最终促进区域一体化的发展。

产业多样化集聚通过集聚规模扩大与城镇体系发展推动生产要素和产业在地区间流动与布局，促进区域一体化水平的提高。

综上所述，提出假设 2：产业多样化集聚通过集聚规模扩大与城镇体系发展，促进城市之间协调发展，最终促进区域一体化的发展。另外，因为不同的城市规模和城市经济发展水平对周边地区的辐射和带动作用不同，多样化集聚可能会对区域一体化具有非线性影响。

3. 产业集聚对区域一体化的溢出效应

借用规模侧重于研究城市与城市之间的互动关系，主要是指小城市借用大城市聚集经济的规模优势，同时避免自身规模过大所带来的负外部性。随着对借用规模的深入研究，学者发现借用规模不局限于小城市对大城市，大城市也可能借用小城市的某些要素（姚永玲和朱甜，2021）。该部分从借用规模视角，分析产业集聚对区域一体化的溢出效应。

借用规模的产生基于城市之间的利益关系，这种利益关系又取决于城市之间的相对规模结构。城市之间不同集聚规模的差异推动城市之间借用规模的发生，逐步实现城市之间的协同发展，促进区域一体化。

各个城市由于不同的产业集聚水平推动城市形成不同的规模，城市规模的差异影响着借用规模的方向和程度。一方面，中小城市借助与周边大城市地理邻近的优势以及其交通基础设施的完善，通过借用周边大城市规模优势、功能、技术、资本和基础设施等，使中小城市内的各个企业等实现显性、隐性知识的共享转移，整个城市则共享大城市的服务和功能，实现城市经济增长、规模扩大与城市间的协同发展，减小了中心城市与周边城市的差距，推动中心城市与外围城市的一体化发展。另一方面，随着中小城市借助区域外部性实现产业规模和市场规模的扩大，从而使自身经济得到较大程度的发展，逐步成长为区域内的次中心，从而对周边地区和城镇的辐射范围扩大、强度增强，城镇之间关联强度不断增加。另外，大城市借用中小城市的劳动力、土地等廉价的生产要素动态调整产业链的专业化分工，优化自身产业结构，整合资源，进而推动大城市空间辐射能力的进一步增强（陆军和毛文峰，2020）。外围城市在借用规模的作用下，不同等级规模的城镇相互间也产生紧密的联系。城市群内不同等级的城市通过借用规模

使城市间的关联网络层次更加丰富，突破规模等级的限制，使城市之间的联系不只局限于高等级城市之间、高等级城市与低等级城市之间，低等级城市之间的联系也在逐渐增强（郭振松，2017）。

产业集聚的发展推动城市群内不同规模等级城市的形成，并通过借用规模增强城市间、城镇间的经济联系，实现城市的协同一体化发展，城市内部的产业和要素以此为基础在更广阔的区域内进行布局分工以及流动，集聚经济在区域内实现集聚经济和分散经济的共存（杨继军等，2021）。

综上所述，提出假设 3：产业集聚基于城市集聚规模的差异通过借用规模产生溢出效应实现城市之间的互动与要素流动，推动区域一体化的进程。

三、长三角产业集聚对区域一体化影响的实证分析

1. 计量模型

本章以长三角地区 26 个核心城市为研究对象，考察长三角地区产业集聚主要是专业化集聚、多样化集聚产生的专业化效应、多样化效应和溢出效应对区域一体化的影响，因此首先构建了线性回归模型，如式（12-1）所示：

$$\ln R_{it}=\beta_0+\beta_1\ln SP_{it}+\beta_2\ln jac_{it}+\beta_3\ln borrow\_functions_{it}+\beta_4\ln tra_{it}+\beta_5\ln gov_{it}+\beta_6\ln urb_{it}+\beta_7\ln ope_{it}+\varepsilon_{it} \tag{12-1}$$

其中，R_{it} 为长三角各城市的区域一体化水平，SP_{it} 为各城市专业化集聚水平，jac_{it} 为各城市多样化集聚水平，$borrow\_functions_{it}$ 为产业集聚对区域一体化的溢出效应，ε_{it} 为残差项，除此之外，其余变量是控制变量。i 和 t 分别为城市和年份。

考虑到专业化集聚和多样化集聚通过专业化效应、多样化效应和溢出效应推动区域一体化的进程，而区域一体化反过来基于要素的跨区域流动推动城市专业化集聚和多样化集聚。因此，计量模型中存在潜在的双向因果问题，因而产生内生性问题。为此，本章使用差分 GMM 缓解内生性问题，将被解释变量的一阶滞后项作为解释变量加入模型，模型如式（12-2）所示：

$$\ln R_{it} = \beta_0 + \beta_1 \ln R_{it-1} + \beta_2 \ln SP_{it} + \beta_3 \ln jac_{it} + \beta_4 \ln borrow\_functions_{it} + \beta_5 \ln tra_{it} + \beta_6 \ln gov_{it} + \beta_7 \ln urb_{it} + \beta_8 \ln ope_{it} + \varepsilon_{it} \quad (12-2)$$

2. 变量说明

（1）被解释变量——区域一体化水平（R_i）。衡量区域一体化指标的方法较多，有的学者用市场一体化、产业一体化、市场潜力和经济收敛等单一指标进行测度，还有一些学者通过建立指标体系进行测度。由于区域一体化涉及的方面较多，为了更加全面地测度长三角区域一体化的发展情况，本章利用熵权法，从市场、产业、空间、公共服务和交通五个方面、13 个指标对区域一体化水平进行测度。

（2）解释变量。将产业集聚分为专业化集聚和多样化集聚，并将其作为解释变量。①专业化集聚（SP），也称地方化经济、MAR 外部性。本章采用相对专业化指数来测度产业专业化水平。②多样化集聚（jac），也称为城市化经济、Jocabs 外部性。本章采用相对多样化指数来测度城市的产业多样化水平。③溢出效应（borrow_ function）。本章借用规模来作为产业集聚对区域一体化溢出效应的代理变量。因此，本章借鉴刘修岩和陈子扬（2017）的做法，如式（12-3）所示：

$$Borrow\_function_{it} = \sum_{j=1}^{25} \frac{function_{jt}}{dis_{i,j}^{2}}$$

$$function_{it} = \sum_{k=1}^{6} \frac{function_{it,k}}{muf_{it}} \quad (12-3)$$

其中，$borrow\_function_{it}$ 为 t 年 i 城市对其他 25 个城市的借用规模，$function_{it,k}$ 分别为城市 i 第 t 年交通运输、仓储和邮政业，信息传输、计算机服务业和软件业，金融业，房地产业，租赁和商业服务业，科学研究、技术服务和地质勘察业六个行业的就业人员。$k=1, 2, 3, \cdots, 6$。muf_{it} 为制造业从业人员规模。$dis_{i,j}$ 为城市 i 与城市 j、j 之间的距离。

（3）门槛变量。①经济发展水平（pgdp）。本章用人均生产总值衡量城市经济发展水平。不同的经济发展水平，使产业集聚对区域一体化产生不同的影响。②城市规模（pop）。本章用城市人口衡量城市规模。不同的城市规模，使产业集聚对区域一体化产生不同的影响。

（4）控制变量。

1）对外开放程度（ope）。对外开放程度反映的是一个地区跟国际经济联系的紧密程度，对外开放程度一方面表现为某一个城市的经济受到外部市场影响的大小，另一方面体现为该地区吸纳外资的能力。本章用实际用外资占 GDP 的比重衡量地区对外开放程度。

2）地方政府作用（gov）。地方政府在区域一体化中扮演着重要的角色。一方面，地方政府作用越大，可能会从行政手段层面推动要素在区域内流动，清除要素自由流动的障碍，规划产业的整体布局以及完善公共基础设施的共建共享；另一方面，为了本地经济的发展，地方政府作用越大，越会阻碍本地要素的外流，形成行政壁垒，不利于区域一体化的发展。本章用政府预算支出占 GDP 的比重衡量地方政府作用。

3）城镇化水平（urb）。城镇化水平的提高为城市的发展提供了大量的劳动力资源，为要素在区域内自由流动提供动力。本章用第三产业的增加值占地区生产总值的比重衡量城镇化水平。

4）交通设施水平（tra）。交通是区域一体化的重要载体，一方面交通可以拉近地区之间的时间距离；另一方面可以带动要素的跨区域流动，地区产业以及生产要素逐渐摆脱地区距离的限制，推动一体化的发展。本章用公路里程与地区行政面积之比衡量交通设施水平。

3. 实证结果分析

本部分分别用双向固定效应模型和差分 GMM 模型来检验专业化集聚、多样化集聚通过专业化效应、多样化效应和溢出效应对区域一体化的影响。其中，模型（1）至模型（3）是双向固定效应模型，采用逐步加入解释变量、控制变量固定加入的方式，模型（4）是差分 GMM 模型的结果。具体的回归结果如表 12-1 所示。

模型（1）至模型（3）是双向固定效应模型，模型（4）是差分 GMM 模型。在差分 GMM 中可以发现，Sargan 检验和 Hansen 检验的结果表明所选取的差分 GMM 的工具变量是有效的，且 AR（1）检验和 AR（2）检验说明扰动项的差分存在一阶自相关而不存在二阶自相关。考虑到模型变量间具有内生性，本书认为差分 GMM 更具科学性。所以，下文根据差分 GMM 的结果进行说明。

表 12-1 实证回归结果

变量	(1)	(2)	(3)	(4)
lnSP	0. 125*** (5. 40)	0. 088*** (3. 60)	0. 092*** (3. 79)	0. 553** (2. 51)
lnjac		−0. 086** (−2. 17)	−0. 085** (−2. 22)	0. 286 (1. 08)
lnbf			0. 102 (1. 07)	0. 289*** (2. 98)
lntra	0. 001 (0. 02)	0. 009 (0. 26)	0. 010 (0. 30)	0. 065 (1. 16)
lngov	−0. 131* (−2. 00)	−0. 157** (−2. 37)	−0. 169** (−2. 73)	0. 405*** (3. 78)
lnope	−0. 048** (−2. 53)	−0. 043** (−2. 21)	−0. 046** (−2. 37)	−0. 010 (−0. 24)
lnurb	0. 122** (2. 36)	0. 184*** (3. 25)	0. 191*** (3. 46)	−0. 090 (−0. 73)
l. lnri				−0. 188** (−2. 48)
constant	−1. 155*** (−6. 87)	−0. 925*** (−5. 15)	−0. 100 (−0. 14)	
Sargan 检验				79. 08 (0. 000)
Hansen 检验				24. 54 (0. 106)
AR (1)				−3. 06 (0. 002)
AR (2)				−1. 02 (0. 310)
R^2	0. 799	0. 807	0. 809	
模型	双向固定效应模型	双向固定效应模型	双向固定效应模型	差分 GMM

注：括号内数值是 t 值；*、** 和 *** 分别表示 10%、5%和 1%的统计水平。

从表 12-1 的模型（4）的回归结果可以发现，lnSP 的系数显著为正，系数是 0.553，说明长三角专业化集聚对区域一体化具有显著的正向影响，即长三角各城市的专业化集聚程度每提高 1%，长三角区域一体化水平会提高 5.53%。随着城市专业化集聚的发展，同一产业内不同企业水平和垂直分工不断深化，规模不断扩大，使对企业有效配置资源的能力提出了更高的要求，各个企业会在更广阔的区域进行布局分工，整合资源，进而推动产业在区域内深化分工和要素的跨区域流动，促进区域一体化的发展，由此假设 1 得到验证。lnjac 的系数为正，但未通过显著性检验，表明长三角多样化集聚与区域一体化呈正相关，即随着城市多样化集聚的发展，区域一体化的水平会提高，但是影响的效果不显著。原因可能在于多样化集聚表现的是一种"大而全、小而全"的产业结构，对于大城市而言，发展基础比较雄厚，为城市多种产业的发展奠定了坚实的基础，制造业和服务业所具有多样化的特征有助于推动城市体系规模等级的扁平化、城乡一体化以及城市与城市间一体化，从而进一步促进区域一体化的发展；长三角的一些中小城市制造业基础比较薄弱，但是服务业发展多样，城市规模以及经济发展水平无法较好地支撑中小城市多产业的发展，不利于与中心城市形成协同互补的关系。另外，一些中心城市虽然在区域内具备比较强的经济实力，和完善的城市公共服务与功能，并逐渐成为区域内部的增长极，但是并没有较好地发挥辐射和带动作用，积极促进与周边中小城市的合作。因此，多样化集聚虽然对区域一体化具有正向影响，但是作用并不明显。表示溢出效应的 lnbf 系数显著为正，表明长三角城市间的溢出效应显著地促进区域一体化的发展，由此假设 3 得到验证。小城市由于自身的集聚规模较小并且存在较少的高级功能，所以通过城市网络借用大城市的规模、基础设施以及高级功能，大城市则借此来缓解中心城市的集聚拥挤问题以及利用周边地区的劳动力。区域内的各城市处于开放的城市系统中，大城市跟周围中小城市通过相互借用，逐步实现城市的分工，同时缩小了各方在基础设施、公共服务等方面的差距，进而促进了区域一体化的发展。通过借用规模所带来的溢出效应，无论是大城市还是小城市都可以找到自己在一体化进程中的位置，并实行有效的分工合作，劳动力与资本等要素通过城市网络实现流动与交换。

在其他控制变量方面，反映交通的 lntra 的系数为正，表示交通对区域一体化具有促进作用，交通基础设施的不断完善一方面缩短了城市间的物理距离，另一方面降低了要素在区域间流动的成本，从而加速了生产要素的流动，进而促进了长三角区域一体化的发展。反映地方政府作用的变量 lngov 对区域一体化具有显著的正向影响。多年来，为了推动长三角地区的经济高质量发展以及区域协调发展，政府积极出台相关政策，为长三角一体化营造良好的外部环境。代表对外开放程度的 lnope 的系数为负，但未通过显著性检验，表示长三角对外开放水平对区域一体化表现为抑制作用，可能是因为长三角各城市在发展过程中，各地政府为了招商引资，实施了各项优惠政策，以促进本地经济的发展，控制资源的流出，这样加剧了城市之间的竞争，不利于区域一体化。

为了进一步探讨专业化集聚和多样化集聚对一体化的影响，对专业化集聚和多样化集聚对市场一体化、产业一体化和空间一体化进行回归分析。表 12-2 是专业化集聚和多样化集聚对长三角市场一体化、产业一体化和空间一体化的差分 GMM 回归分析。

表 12-2　实证回归结果

变量	市场一体化（mi）	产业一体化（ii）	空间一体化（si）
l. lnmi	-0.240*** (-4.41)		
l. lnii		0.328*** (2.88)	
l. lnsi			0.926*** (14.12)
lnSP	0.619** (2.04)	0.142*** (2.82)	-0.137** (-2.03)
lnjac	0.711 (1.44)	-0.113 (-1.51)	-0.181** (-2.15)
lnbf	0.481** (2.07)	-0.045 (-1.33)	0.070 (1.11)
lntra	0.206 (0.30)	0.026 (1.00)	-0.058 (-0.48)
lnope	-0.050 (-0.38)	-0.006 (-0.57)	-0.069** (-2.13)
lngov	1.263*** (3.70)	0.064* (1.69)	-0.170 (-1.00)

续表

变量	市场一体化（mi）	产业一体化（ii）	空间一体化（si）
lnurb	-0.970** (-2.31)	0.169*** (2.73)	0.090 (1.36)
Sargan 检验	156.08 (0.000)	70.77 (0.000)	178.09 (0.000)
Hansen 检验	24.45 (1.000)	23.50 (0.216)	23.99 (1.000)
AR（1）	-3.75 (0.000)	-1.75 (0.080)	-2.20 (0.028)
AR（2）	-1.38 (0.168)	-0.30 (0.761)	-0.96 (0.338)
模型	差分 GMM	差分 GMM	差分 GMM

注：括号内数值是 t 值；*、** 和 *** 分别表示 10%、5%和 1%的统计水平。

（1）市场一体化。市场一体化水平是用相对价格法测度出的指数的倒数表示的，即该数值越高，市场一体化水平就越高。从表 12-2 可以发现，专业化集聚和多样化集聚对长三角的市场一体化具有促进作用，且系数较大，其中专业化集聚的促进作用是显著的。这表明，长三角各城市的专业化集聚和多样化集聚通过各产业在城市间的互补错位布局可以促进劳动力、技术以及资金等生产要素在区域内自由流动，降低城市间的市场分割程度。另外，产业集聚过程中所伴随的产业转移也不断推动各要素的流动，进一步降低城市间的市场分割程度。

（2）产业一体化。产业一体化水平主要测度城市间产业的分工与协同水平。从表 12-2 可以发现，专业化集聚显著地促进长三角产业一体化水平的提高，多样化集聚对产业一体化水平表现为不显著的抑制作用。从上文中可以发现，长三角各城市的专业化产业不同，各城市根据自身的经济发展基础以及比较优势发展专业化产业集聚，有助于实现产业在城市间的分工协作。

（3）空间一体化。空间一体化主要衡量的是城市间的经济联系强度。从表 12-2 可以发现，专业化集聚和多样化集聚均在 5%的显著性水平上对空间一体化表现为不利作用。产业集聚与产业转移是相辅相成的，产业转移有利于产业结构的优化升级，加强与周边地区的联系。但是，目前长三角的产业集聚无论是专业化集聚还是多样化集聚都没有很好地通过产业联系平衡城市间的空间作用。长三角许多中心城市，如南京、苏州、杭州、上海等城市间的产业转移效应主要局限于周边城市，没有有效发挥自身的扩散辐射效应，使扩散效应小于极化效应，因此产业集聚对缩小地区经济差异、带动落后地区发展、推动空间一体化水平提高没有起到重要作用。

四、长三角产业集聚对区域一体化影响的门槛效应分析

长三角产业集聚对区域一体化的影响可能会随着某些变量的变化而产生不同程度的变动，这种变动可能是非线性的。由于长三角内各城市的经济发展水平、城市规模等具有差异，所以这部分构建门槛效应回归，分析在不同的门槛变量下，长三角产业集聚对区域一体化的专业化效应、多样化效应的非线性影响。根据前文的分析可知，专业化集聚水平不同可能对区域一体化产生不同的影响；在不同的城市规模和城市经济发展水平下，多样化集聚可能对区域一体化产生不同的影响。因此，首先分析在不同的专业化集聚水平下，专业化集聚对区域一体化专业化效应的门槛回归；其次研究当以城市规模和经济发展水平作为门槛变量时，多样化集聚对区域一体化多样化效应的门槛回归。

Hansen（2020）提出了“门限回归”模型，以严格的统计推断方法对门限值进行参数估计与假设检验。其设定的门限回归模型如式（12-4）所示。

$$\begin{cases} y_{it} = \mu_{\iota} + \beta_1^{\ni} x_{it} + \varepsilon_{it}, & 若\ q_{it} \leqslant \gamma \\ y_{it} = \mu_{\iota} + \beta_2^{\ni} x_{it} + \varepsilon_{it}, & 若\ q_{it} > \gamma \end{cases} \tag{12-4}$$

其中，q_{it} 为门限变量，γ 为待估计的门限值，扰动项 ε_{it} 为独立同分布的。本部分基于 Hansen 的门限回归模型检验长三角产业集聚对区域一体化的门槛效应。

1. 长三角产业集聚对区域一体化专业化效应的门槛回归

（1）模型设定。根据前文的分析可知，城市内产业专业化集聚水平的不同会对区域一体化影响不同。本章以产业专业化集聚水平作为门槛变量，同时以专业化集聚水平作为核心解释变量。研究长三角地区不同产业专业化集聚水平对区域

一体化影响的门槛效应，参考 Hansen 面板门槛的模型，设定模型如式（12-5）所示。

$$\ln R_{it} = \beta_1 + \beta_2 \ln SP_{it} I(\ln SP_{it}, \gamma) + \beta_3 \ln tra_{it} + \beta_4 \ln gov_{it} + \beta_5 \ln ope_{it} + \beta_6 \ln urb_{it} + \varepsilon_{it} \tag{12-5}$$

其中，ln*SP* 既是门槛变量也是核心解释变量，γ 是门槛值。本节分别以存在单个门槛、双重门槛和三重门槛为假设条件进行验证，得到的结果如表 12-3 所示。可以发现，三种假设的 p 值分别为 0.0033、0.1400、0.1500。只有在单一门槛的假设条件下，F 值和 p 值在 1%的显著性水平下显著，其余两个假设条件下的 F 值和 p 值均不显著。这表明当以专业化集聚为门槛变量时，专业化集聚对区域一体化存在单一门槛效应。

表 12-3 门槛变量的显著性检验结果

		F 值	p 值	BS 次数	1%临界值	5%临界值	10%临界值
lnSP	单一门槛	46.88	0.0033	300	29.2499	22.8713	20.0698
	双重门槛	12.37	0.1400	300	22.7207	15.4002	13.3226
	三重门槛	12.54	0.1500	300	22.1464	16.3938	13.8470

当以专业化集聚为门槛变量时，其相应的估计值以及所处的 95%的置信区间如表 12-4 所示。专业化集聚的单一门槛值是 0.9649。

表 12-4 门槛估计值

	门槛估计值	95%置信区间
Th_ 1	0.9649	[0.9288, 0.9739]

根据表 12-4 可知，将模型修正为单一门槛模型：

$$\ln R_{it} = \beta_1 + \beta_{21} \ln SP_{it} I(\ln SP_{it} \leqslant 0.9649) + \beta_{22} \ln SP_{it} I(\ln SP_{it} > 0.9649) + \beta_3 \ln tra_{it} + \beta_4 \ln gov_{it} + \beta_5 \ln ope_{it} + \beta_6 \ln urb_{it} + \varepsilon_{it} \tag{12-6}$$

（2）回归结果分析。对式（12-6）进行回归，得到的回归结果如表 12-5 所示。

表 12-5　回归结果

	系数	t 值
lnSP×I（lnSP≤0.9649）	-0.108**	-2.23
lnSP×I（lnSP>0.9649）	0.063**	2.29
lngov	0.365***	9.43
lntra	0.112***	3.57
lnope	-0.085***	-5.96
lnurb	0.029	0.83
Cons	-2.296***	-24.66

注：*、**和***分别表示 10%、5%和 1%的统计水平。

由表 12-5 可知，当专业化集聚水平低于 0.9649 时，产业专业化集聚水平增加对区域一体化发展产生显著的负向影响，不利于区域一体化发展，系数为 -0.108；当专业化集聚水平超过门槛值 0.9649 时，产业专业化集聚水平的提高会推动区域一体化的进程，系数为 0.063，且在 5%的水平上显著。当专业化集聚水平较低时，地区内主导产业还没有形成，产业链上下游企业以及生产同类产品的企业没有形成规模经济，使产业对生产要素的需求以及资源的整合能力不足，城市内企业缺乏向外围城市转移的动力，城市与城市间没有形成分工与合作，使区域一体化的水平比较低；当专业化集聚水平超过阈值时，长三角专业化集聚对区域一体化的影响由负转正，也就是说当专业化集聚水平较高时，地区内主导产业形成，并形成规模经济，推动产业内各企业在更广阔的区域内进行布局并逐渐形成专业化集聚区，使得产业在空间上实现了产业的分工，城市之间的联系因产业关联而变得紧密，要素也在城市之间自由流动，促进区域一体化的发展。其他控制变量，政府作用在 1%的水平上表现为正向影响，系数为 0.365。近年来，随着一体化政策的不断深入，政府也在积极发挥着宏观调控作用，推动企业间的合作与信息交流。交通设施对区域一体化表现为显著的正向影响，交通有利于要素的流动，促进区域一体化。

2. 长三角产业集聚对区域一体化多样化效应的门槛回归

（1）模型设定。根据前文的分析可知，城市规模与城市经济发展水平的不同可能会影响产业多样化集聚对区域一体化的多样化效应，所以在模型中引入表示城市规模和城市经济发展水平的变量，将其作为门槛变量进行门槛回归。借鉴

Hansen 的面板门槛模型，设定模型为式（12-7）和式（12-8）：

$$\ln R_{it} = \beta_1 + \beta_2 \ln jac_{it} I(\ln pgdp_{it}, \gamma) + \beta_3 \ln tra_{it} + \beta_4 \ln gov_{it} + \beta_5 \ln ope_{it} + \beta_6 \ln urb_{it} + \varepsilon_{it} \quad (12-7)$$

$$\ln R_{it} = \beta_1 + \beta_2 \ln jac_{it} I(\ln pop_{it}, \gamma) + \beta_3 \ln tra_{it} + \beta_4 \ln gov_{it} + \beta_5 \ln ope_{it} + \beta_6 \ln urb_{it} + \varepsilon_{it} \quad (12-8)$$

本节同样分别以存在单个门槛、双重门槛和三重门槛为假设条件进行验证，得到的相关结果如表 12-6 所示。结果显示，以经济发展水平作为门槛变量时，三种假设条件下的 p 值分别为 0. 0033、0. 0767、0. 7400。单一门槛和双重门槛的假设条件下，F 值和 p 值分别在 1%和 10%的水平上显著，三重门槛的 F 值和 p 值没有通过显著性检验。这表明以经济发展水平作为门槛变量时，多样化集聚对区域一体化存在双重门槛效应。以城市规模作为门槛变量时，三种假设条件下的 p 值分别为 0. 0267、0. 0433、0. 4533。单一门槛和双重门槛的假设条件下，F 值和 p 值均在 5%的水平上显著，三重门槛的 F 值和 p 值没有通过显著性检验。这表明以城市规模作为门槛变量时，多样化集聚对区域一体化存在双重门槛效应。

表 12-6　门槛变量的显著性检验结果

门槛变量		F 值	p 值	BS 次数	1%临界值	5%临界值	10%临界值
经济发展水平	单一门槛	45. 78	0. 0033	300	40. 4862	30. 1586	25. 6719
	双重门槛	56. 43	0. 0767	300	101. 9050	67. 0837	43. 8851
	三重门槛	14. 00	0. 7400	300	104. 9197	88. 7952	75. 2073
城市规模	单一门槛	33. 98	0. 0267	300	39. 9287	31. 0572	26. 5762
	双重门槛	26. 26	0. 0433	300	72. 4890	22. 5446	16. 6758
	三重门槛	12. 23	0. 4533	300	39. 6477	27. 6108	22. 0591

两个门槛相应的估计值以及其所处的 95%的置信区间如表 12-7 所示。当以经济发展水平为门槛变量时，门槛值为 9. 0013 和 9. 6722，以城市规模为门槛变量时，两个门槛值分别为 6. 4591 和 7. 2633。

表 12-7 门槛估计值

门槛变量		门槛估计值	95%置信区间
经济发展水平	Th_ 21	9.0013	[8.9792, 9.0134]
	Th_ 22	9.6722	[9.6553, 9.6750]
城市规模	Th_ 21	6.4591	[6.4516, 6.4651]
	Th_ 22	7.2633	[7.2513, 7.2671]

根据表 12-7，将模型修正为双重门槛模型：

$$\ln R_{it} = \beta_1 + \beta_{21}\ln jac_{it}I(\ln pgdp_{it} \leqslant 9.0013) + \beta_{22}\ln jac_{it}I(9.0013 < \ln pgdp_{it} \leqslant 9.6722) + \beta_{23}\ln jac_{it}I(\ln pgdp_{it} > 9.6722) + \beta_3\ln tra_{it} + \beta_4\ln gov_{it} + \beta_5\ln ope_{it} + \beta_6\ln urb_{it} + \varepsilon_{it} \quad (12-9)$$

$$\ln R_{it} = \beta_1 + \beta_{21}\ln jac_{it}I(\ln pop_{it} \leqslant 6.4591) + \beta_{22}\ln jac_{it}I(6.4591 < \ln pop_{it} \leqslant 7.2633) + \beta_{23}\ln jac_{it}I(\ln pop_{it} > 7.2633) + \beta_3\ln tra_{it} + \beta_4\ln gov_{it} + \beta_5\ln ope_{it} + \beta_6\ln urb_{it} + \varepsilon_{it} \quad (12-10)$$

（2）回归结果分析。对上述公式进行回归分析，回归结果分别如表 12-8 所示，从左至右分别是以经济发展水平和城市规模作为门槛变量的回归结果：

从表 12-8 可以发现，当经济发展水平小于 9.0013 时，多样化集聚对区域一体化在 1%的水平上具有负向影响，系数为-0.075；当经济发展水平处于 9.0013~9.6722 时，多样化集聚对区域一体化具有显著的正向影响，且影响力较小，系数是 0.080；当城市经济发展水平大于 9.6722 时，多样化集聚对区域一体化具有显著的正向影响，且影响变大，系数为 0.606。随着地区经济发展水平的提高，多样化集聚对区域一体化的影响由负变正。这是因为经济发展水平较高的城市，已经成为区域内的经济增长极，城市内不同产业已经逐渐优化升级，经济发展水平和不同产业集聚的发展使城市对周边城市的辐射范围扩大以及带动作用增强，进一步推动城市间的联系与交流，推动区域一体化。经济发展水平较低的城市，在城市体系中处于层级比较低的位置，多样化产业集聚并没有很好地推动其经济发展，与周围城市的经济联系不强，没有产生良好的协同发展作用。

表 12-8 以经济发展水平和城市规模作为门槛变量的回归结果

以经济发展水平作为门槛变量			以城市规模作为门槛变量		
变量	系数	t 值	变量	系数	t 值
lnjac×I（lnpgdp≤9.0013）	-0.075***	-2.63	lnjac×I（lnpop≤6.4591）	-0.080***	-2.63
lnjac×I（9.0013<lnpgdp≤9.6722）	0.080**	2.31	lnjac×I（6.4591<lnpop≤7.2633）	0.077*	1.78
lnjac×I（lnpgdp>9.6722）	0.606***	7.51	lnjac×I（lnpop>7.2633）	0.563***	5.66
lngov	0.315***	8.29	lngov	0.378***	9.44
lntra	0.094***	3.06	lntra	0.091***	2.77
lnope	-0.059***	-4.09	lnope	-0.093***	-6.82
lnurb	-0.039	-0.97	lnurb	-0.010	-0.23
Cons	-2.134***	-20.27	Cons	-2.389***	-21.73

注：*、**和***分别表示 10%、5%和 1%的统计水平。

当城市规模小于 6.4591 时，多样化集聚对区域一体化具有显著的负向影响，系数是-0.080；当城市规模处于 6.4591~7.2633 时，多样化集聚对区域一体化的影响由负转正，系数为 0.077；当城市规模大于 7.2633 时，多样化集聚对区域一体化具有显著的正向影响，且系数较大（0.563）。当城市规模较小时，小城市对区域一体化的影响为负，即小城市多样化集聚的发展不利于区域一体化，大城市多样化集聚更有利于区域一体化。大城市在城市体系规模等级结构的扁平化过程中扮演着重要角色，一方面，大城市主导的产业梯度转移，通过产业转移增强大城市与中小城市之间的经济联系，进而带动小城市的发展，促进区域一体化。另一方面，随着城市规模的扩大，多样化集聚的发展带动城市能级水平不断提高，进而对周边地区的辐射扩大，使城镇间、城市间的联系日益密切，生产要素的流动日益频繁，促进区域一体化的发展。

其他控制变量，如地方政府作用、交通设施水平都对区域一体化产生不同程度的促进作用。

五、政策建议

1. 通过专业化集聚，推动区域一体化水平的提高

根据以上研究结果可以发现，专业化集聚对区域一体化具有显著的促进作用，随着专业化集聚水平的提高，对区域一体化的影响由抑制变为促进。根据这一结论，要通过专业化集聚，推动区域一体化水平的提高。在长三角区域一体化过程中要立足优势产业，通过专业化集聚与专业化分工，进一步推动区域一体化水平的提高。

第一，各城市要充分发挥各地的比较优势，发展专业化集聚。比较优势是地区打造核心竞争力的有利条件，通过优势产业专业化集聚的构建形成地区间优势互补、区域互动、相互促进、共同发展的格局。一方面，基于区域协同发展的目标，各城市构建优势产业专业化集聚。各城市根据自身的优势，并且立足于区域协同发展的总体目标，找出最能够带动周边地区经济发展的产业并布局专业化集聚，实现城市产业的精准赋能，使区域内产业相互协作，增强城市间的经济联系。从长三角各城市相对专业化指数可以看到，各城市都在逐渐形成自己的专业化产业，江苏省在制造业方面具有明显的优势，安徽省在矿产等行业优势明显，二者地理位置较近，在发挥比较优势的基础上，还可以发挥联动作用，推动产业承接与协同。浙江省可以依靠阿里巴巴等互联网公司的快速发展，重点发展信息传输、计算机服务和软件业等的服务业。上海市可以借助其人才优势、经济发展优势发展高技术产业、金融业等。三省一市发展各自优势专业化产业集聚，城市之间要互相协作，发挥整体效应，推动产业一体化和空间一体化水平的提高，最终更好地推动整体一体化。另一方面，政府要积极发挥引导作用。在产业发展过程中，城市优势产业的识别与发展，可能会受到利润和市场导向的影响，造成城市间的产业同构问题。中央和地方政府要积极出台相关政策引导地方优势产业的布局和发展，并选择专业化集聚模式。同时，给予发展较弱的城市或地区适当的政策倾斜，通过减税、补贴等政策推动各地形成优势产业集群，推动城市间产业的协同、错位发展，促进区域一体化。

第二，各城市要立足于自身要素禀赋，进行专业化产业的布局与分工。在进行专业化产业布局时，要注意与区域内其他城市的分工。长三角内各城市地理位置邻近，要素禀赋相近，如果各自为政，很容易产生产业同构问题，不仅会造成资源浪费，还会带来无谓的竞争，造成效率低下，因此在进行专业化产业布局时，要注意城市间的分工，促进产业内部的联动和产业链的深度融合。一方面，强化区域内的产业水平分工。长三角地区很多城市的区位条件相似，产业重合度较高，所以要强化长三角区域内产业部门分工以及产品质量、价格和档次分工。同时，各地在进行经济规划时，要形成有效的对接机制，促进城市间的协调发展。另一方面，强化区域内的产业垂直分工。中心城市要发挥在都市圈中的中心地位，强化与周边地区的垂直分工，推动产业有序转移，从梯次布局向块状布局过渡。同时，基于专业化集聚积极在区域内延伸扩展产业链，扩大协作配套范围，提高产业配套能力，方便产业的转移。大力发展深加工、精加工产业，技术密集的高端产业，限制发展并逐步转移原材料产业、初加工产业等的低端产业，向价值链高地转型。长三角各地通过构建优势产业集聚，积极推动产业在整个长三角区域的水平和垂直分工，进一步推动区域一体化。

2. 根据实际情况调整产业集聚模式，推动区域一体化水平的提高

根据上文的研究结果可以发现，产业的多样化集聚水平对区域一体化的促进作用不显著，随着经济发展水平的提高和城市规模的扩大，多样化集聚对区域一体化的影响由抑制变为促进。根据这一结论，长三角各城市应根据自身的经济发展水平、人口规模等调整产业集聚模式，即大中城市选择多样化产业的集聚模式，小城市致力于专业化集聚模式，以此推动区域一体化的发展。大中小城市通过不同的产业集聚模式，以极点带动、轴带支撑、辐射周边的方式，推动大中小城市合理分工、功能互补。

第一，大中城市要选择多样化产业的集聚模式。大城市人口吸纳能力较强，基于人口优势和经济发展基础，多样化集聚可以带来明显优势，不同产业的集聚助推产业互补，进一步促进城市经济增长，随着大城市和中等城市多样化产业集聚带来城市能级水平的提高，对周边城市的辐射能力进一步扩大，促进城市间的协同发展与交流。一方面，大力发展相关多样化产业集聚。大城市和中等城市要注意相关多样化产业的发展，尤其是工业内部的关联产业的协同发展，发挥产业间的正外部性，促进知识、技术等在相关产业间的溢出。另一方面，大中城市基

于多样化集聚模式下在区域内主导构建相互联系，相互协作的产业链。大城市要发挥自身在区域内的主导作用，构建产业链，并且积极对产业链上的薄弱环节进行补链、强链，通过产业链加强大中小城市之间的联系，促进生产要素的流动，发挥长三角的整体效应。

第二，小城市致力于专业化集聚模式。小城市经济发展水平较弱以及城市规模较小，应该要扬长避短，“小而精”的专业化模式更适合小城市发展。一方面，小城市要发掘专业化产业，并吸引其他企业进入，形成专业化集聚与地区特色产业，以此积极嵌入长三角产业链。小城市要基于自身的发展情况以及整个长三角区域的发展目标，发掘专业化产业，并以此延伸产业链。同时，围绕长三角产业集群建设相关配套产业，与长三角其他地区的产业形成跨区域产业链，积极融入长三角产业链，进一步推动长三角的产业分工与要素流动，以产业带动经济发展，缩小与中心城市的差距，推动区域一体化的进程。另一方面，小城市可以承接大城市的某些产业。小城市在引进大城市的产业转移时，要注重培养专业化产业，注意产业的筛选，提高专业化集聚水平，进一步融入长三角地区分工体系，促进区域一体化。

3. 通过借用效应，推动区域一体化水平的提高

根据上文的研究结果可以发现，城市之间的借用规模推动了长三角区域一体化的进程。根据这一结论，城市间通过借用效应，推动区域一体化的发展。中心城市要发挥龙头作用，推动城市间的借用效应。长三角地区在发展过程中形成了以上海为中心城市，以南京、杭州等为副中心城市的长三角大都市圈城市体系，要积极发挥这些中心城市在区域一体化过程中的作用。

第一，长三角中心城市要发挥龙头作用。长三角地区在发展过程中形成了上海、南京、杭州等几个中心城市，这些中心城市在一体化过程中要积极发挥龙头作用，带动辐射周边地区的发展。首先，上海要发挥在整个长三角地区的龙头作用。上海是中国的经济、金融、贸易、航运和科技创新中心，集聚了众多人才、企业，上海是长三角名副其实的龙头城市。一方面，提升上海的服务辐射能级。上海要发挥自身国际金融中心、国际贸易中心和国际航运中心等全球资源配置能力，推动长三角地区产业升级，功能提升，辐射带动更广阔地区的发展，同时要加强上海对周围城市的直接辐射效应。另一方面，次中心城市紧密对接上海，当好次区域发展的龙头。其次，南京和杭州是长三角地区重要的副中心城市，南京

作为长三角北翼的中心城市，在城市群中具有“承东启西、联通南北、衔接海陆”的独特作用，南京应该紧密对接上海，借助其丰富的创新资源，巨大的创新潜力，打造创新名城，助推高技术产业的发展，加强对长三角地区北部的辐射。杭州作为长三角南翼的中心城市，要全面提升城市综合能级，强化对长三角地区南部的辐射带动作用，精准对接上海需求，主动承接上海的辐射效应，充分利用上海的大平台提升自己的能级水平，深刻嵌入长三角一体化的发展。

第二，发挥城市间的借用效应。长三角地区在发展过程逐步形成了不同层级的城市体系，各个城市通过动态的城市体系实现互动，推动城市间的协同发展，发挥整体效应。一方面，发挥都市圈在区域一体化中的先行作用。都市圈在区域发展中具有靶向精度更高的优势，通过都市圈内不同等级城市的协同发展，促进区域一体化。都市圈内以中心城市为核心，以周边小城市为节点，城市间相互借用，各级城市形成合作和专业化分工，促进区域一体化。目前，长三角地区形成了南京都市圈、杭州都市圈、合肥都市圈、上海都市圈、苏锡常都市圈等不同层级都市圈，这些不同层级都市圈实现联动发展，才能推动长三角更高质量一体化发展。另一方面，城市间发挥借用效应。中心城市将要素集聚优势转化为协同优势，与中小城市进行各种信息、知识和要素的交流和交换。各级城市的发展要着眼于城市关系进行城市规模和功能的借用，大城市要基于有利于中小城市发展的目标进行城市建设，借用中小城市的某些要素，中小城市也要借用中心城市的高级功能，积极嵌入其发展过程。大中小城市间的互相借用，可以突破大中小城市发展的瓶颈，同时扩大与加深市场的广度与深度，使要素在更广阔的区域内流动，共同推动城市间的协同与分工。

另外，不仅要通过借用效应实现技术、资金在城市间的流动与分配，产业在城市间分工协同发展，还要利用借用效应以及中心城市的龙头作用主导构建标准化，统一化的社会保障体系、公共文化服务体系以及交通网络建设，以更好地为长三角地区人民的生活以及企业的发展服务，推动更高质量一体化发展。

六、结论

本书的实证研究结论如下：①长三角专业化集聚对区域一体化具有显著的促

进作用。②长三角多样化集聚对区域一体化具有促进作用，但是影响不显著。在区域一体化过程中，多样化集聚对区域一体化的促进作用有待发挥。③在专业化集聚和多样化集聚的基础上，城市与城市之间以借用规模度量的溢出效应显著地促进了区域一体化的发展。④长三角专业化集聚对区域一体化具有非线性影响。随着专业化集聚水平的提高，专业化集聚对区域一体化的影响由抑制变为促进。⑤在不同的经济发展水平下，长三角多样化集聚随着经济发展水平的提高对区域一体化具有先抑制后促进的作用。⑥在不同的城市规模水平下，多样化集聚随着城市规模的扩大对区域一体化具有先抑制后促进的作用。

第十三章　长三角数字产业集聚的企业绿色创新效应研究*

首先，本章探讨了数字产业集聚对企业绿色创新的影响，并利用2017~2021年中国长三角地区A股上市公司的数据，分析了长三角地区数字产业专业化集聚和多元化集聚对企业绿色创新影响的不同影响。研究结果表明，数字产业集聚显著促进了企业的绿色创新，尤其是专业化集聚发挥了主导作用，而多元化集聚的影响较为有限。其次，机制分析显示，数字产业聚集主要通过促进知识溢出来推动企业的绿色创新。最后，提出了以数字产业集聚促进企业绿色创新，进而加快长三角更高质量一体化发展的对策和建议。

一、引言

在环境问题日益严峻的背景下，企业绿色创新已成为世界各国的基本共识。从国家层面来看，美国、欧盟和日本等致力于通过绿色创新来奠定国家核心竞争优势（Fliaster and Kolloch，2017）。从企业层面来看，环境管理已经成为企业战略的重要组成部分。那些能够及时进行绿色创新的企业将更具竞争力，并能够实现持续发展（Hermundsdottir and Aspelund，2021）。鉴于我国在经济领域经历了多年的连续快速增长，迫切需要从资源驱动、要素驱动和资本驱动的发展模式向以绿色创新为驱动的模式转变（Feng et al.，2021）。因此，如何有效地激发企业

* 本章借鉴了杨亚茹和朱英明（2023）的工作论文《数字产业集聚对企业绿色创新的影响研究》。

对绿色技术创新的热情已引起各国政府和学者的高度关注和广泛讨论。

全球数字经济正在飞速发展，围绕数字经济的国际竞争不断加剧。因此，加快发展数字经济，促进数字经济和实体经济深度融合，打造具有国际竞争力的数字产业集聚区成为新一轮国际竞争的重点。作为中国“一带一路”和长江经济带的交汇点，长三角城市群以其优越的区位条件和完善的基础设施吸引了众多数字产业企业聚集发展。数字产业集群不仅具有强大的自我增值能力，而且能够改造绝大多数的传统产业，提高传统产业生产效率，为建设现代化产业体系提供有力支撑（Farboodi et al.，2019）。在此背景下，企业作为宏观经济的最小构成单元，能否借助数字产业集聚优势激发绿色创新活力？如果可以，背后的微观作用机制如何？

鉴于此，本章利用2017~2021年我国长三角地区微观企业绿色专利数据和数字产业数据匹配，考察了数字产业集聚及其不同集聚模式对长三角地区企业绿色创新的影响，以期为推进更高质量一体化发展提供决策依据。研究发现，数字产业集聚显著促进了长三角地区企业绿色创新。区分不同集聚模式表明，该效应主要是专业化集聚带来的，多样化集聚对企业绿色创新的影响不显著。本章进一步检验了数字产业集聚通过专业化集聚促进企业绿色创新的潜在作用机制，发现知识溢出是数字产业集聚影响企业绿色创新的重要机制。本章为现阶段我国数字产业集聚特别是专业化集聚助力长三角更高质量一体化发展提供了新的微观证据。

二、理论分析与研究假设

1. 数字产业集聚与企业绿色创新

集聚经济效应有专业化集聚经济与多样化集聚经济之分（Guo et al.，2023），而相应的数字产业集聚也可分为数字专业化集聚和数字产业多样化集聚两种集聚模式。数字产业专业化集聚反映了同一类数字行业的空间分布状态。正如Marshall（1961）所强调的，同一产业的集中分布和专业分工更有助于产生集聚经济外部性。数字产业专业化集聚可同时产生规模经济和技术外溢两类效应。

一方面，数字产业专业化集聚可以实现区域内部的专业化劳动力、中间投入和基础设施的高效共享，有助于降低企业购入实现绿色发展相关产品和服务的价格，使企业将资金集中于技术研发环节，为企业绿色创新提供重要的资金支撑。另一方面，在专业化集聚区内，同类企业在生产工艺和生产流程上更容易进行沟通交流，通过要素流动、产业关联、学习模仿等渠道发挥知识溢出效应。知识溢出不仅促进了新思想的传播，还使企业能够获得来自竞争对手的新知识和新技术，从而增强企业的异质性知识，有助于打破思维定式和传统认知范式。这让后发企业更加强烈地认识到自身知识和能力的不足，激发了它们的“追赶意识”和“领先意识”，从而提高企业的绿色创新能力，使其更好地参与市场竞争。

数字产业多样化集聚反映了不同类型的数字产业在同一地区空间分布的状态。理论上数字产业多元化集聚也有助于企业绿色创新。首先，数字产业多样化集聚扩大了集群内的多样化中间产品供应，为企业提供了更多的中间产品，从而不仅提高了企业的生产效率，还使企业能够更灵活地选择与高水平污染处理技术相匹配的中间产品，有助于推动企业的绿色创新；其次，数字产业多样化集聚有助于企业获取、利用、模仿、吸收和重组来自不同行业的多种互补性知识资源，推动差异化思维的相互碰撞和学习，从而激发新的创意，进一步提升企业的绿色创新能力。此外，数字产业多样化产业集聚构筑的“劳动力蓄水池”有助于提高企业与劳动力间的匹配效率，使企业可以灵活挑选与促进企业绿色技术创新相匹配的劳动力，进而提高企业绿色技术创新水平。

因此，在专业化集聚和多样化集聚带来的集聚外部性作用下，产业集聚有助于促进企业绿色创新。但由于我国近年来才开始打造数字产业集聚区，现阶段各地区融合的数字产业多样化水平仍较低，极大地限制了数字产业多元化集聚的正外部性，导致多元化集聚可能对绿色技术创新的促进作用并不明显。因此，数字产业专业化集聚对企业绿色技术创新的促进效应占主导地位，据此提出如下研究假设：

假设 1：数字产业集聚有助于促进企业绿色创新。

假设 2：数字产业专业化集聚显著促进企业绿色创新，而数字产业多元化集聚对企业绿色创新的影响可能并不明显。

2. 数字产业集聚、知识溢出与企业绿色创新

当出现集聚效应时，企业间通过互动与学习所产生的知识溢出往往是不可避

免的。正如 Arrow（1962）所指出的，任何法律保护都不能使信息这样无形的东西成为完全可占有的商品。在任何生产过程中使用这些信息都必然会揭示信息，至少部分地揭示它。因此，企业间在地理位置上的邻近促进了知识和技术的沟通与交流。在集聚区内，数字产业通过企业之间的技术外部性获得了显著的知识和技术溢出，长期来看，为企业绿色创新准备了大量的知识和技术积累，提升了企业绿色创新的成功率。

首先，数字产业集聚引发了企业之间的知识溢出效应。在纵向上，表现为供应商—生产商—下游经销商—客户之间基于供应链的垂直交流与互动。知识和技术嵌入创新型产品和技术中被传递，处于供应链下游的企业通过“干中学”和“用中学”等方式，对知识和技术进行吸收，获得了技术和知识的溢出。这不仅能使产业协作更加灵活、精准和高效，而且有助于企业及时准确把握前沿信息技术和发展动态，提高绿色创新的成功率。在横向上，表现为同一市场内企业之间的竞争和模仿行为，优先创新的企业的技术成果也会使集聚区内的其他企业获益。企业通过学习来自竞争对手的新知识和新技术，使企业获得异质性知识，突破认知惯性和范式，克服自身知识和能力的局限性，从而提升绿色创新能力。

其次，数字产业集聚引发了劳动力之间的知识溢出效应。在数字产业集聚的过程中会形成“劳动力蓄水池”，为专业劳动力进行面对面交流提供了方便（杨守云和赵鑫，2019）。这不仅提高了企业间显性知识的流动效率，还促进了隐性知识和技术的传播和扩散。简言之，数字产业集聚通过优化从业人员的沟通平台，激发了新思想、新理念和新模式的产生，为高技术人才提供了最佳的绿色技术创新学习环境。因此，可以看出，数字产业集聚所引发的知识溢出效应有助于促进企业的绿色创新。

最后，数字产业集聚还伴随着企业家精神和绿色创新文化的示范和激励效应。数字产业集聚通过为企业形成多元化网络结构，促进了节能减排理念和绿色清洁技术的传播与应用，使企业在绿色环保领域达成默契，促进企业环保意识的深化，从而实现企业研发重心向绿色转型升级的聚合，进一步促进绿色技术的诞生与发展。因此，提出假设 3：

假设 3：数字产业集聚通过知识溢出促进企业绿色创新。

三、研究设计与实证分析

1. 研究设计

本章选取2013~2021年中国A股上市公司为初始研究样本。选择2013年作为研究起点的原因是，该年份之前的数据在构建数字产业集聚指标时存在较多缺失值。此外，基于数据可得性，本章选取2021年作为研究终点，并执行了以下筛选程序：①剔除金融类上市公司；②剔除上市不满一年的公司，以防止IPO效应；③剔除在研究期间被ST、*ST、PT或退市处理的样本；④剔除数据缺失的样本。其中，微观层面数据主要来源于国泰安（CSMAR）数据库，同时利用万得（Wind）数据库和公司年报手工整理对部分数据进行补充。数字产业集聚指标构建的原始数据以及省份层面的数据主要来自中经网和国家统计局网站。为避免极端值影响，对样本中的全部连续变量进行了上下1%分位数水平的缩尾处理（Winsorize）。

参考Shao等（2021）的研究，基准计量模型可设定为：

$$Gre_{ijt} = \alpha_0 + \alpha_1 \ln Digagg_{jt} + \eta \vec{X} + Year_t + Ind + \varepsilon_{ijt} \tag{13-1}$$

其中，Gre_{ijt} 为企业绿色创新水平；i 为公司，j 为公司所处省份，t 为时间；$Digagg_{jt}$ 为数字产业集聚，包括数字产业集聚（Agg）、专业化集聚（Spe）、多样化集聚（Div）；$\vec{X}$ 为一系列控制变量；$Year_t$、Ind 和 ε_{ijt} 分别为年份固定效应、行业固定效应和随机扰动项。

（1）被解释变量。衡量企业绿色创新有两个常见而重要的指标：一个是绿色专利申请数量，另一个是绿色专利授权数量（Jiang et al.，2022）。考虑到专利授权可能存在一定的时滞性，本章主要采用绿色专利申请数量衡量企业的绿色创新行为和程度，并将企业绿色专利授予量作为稳健性检验的一部分（Han et al.，2022）。

（2）核心解释变量。现阶段，学术界对数字产业并不存在统一的界定，但是相关研究认为，中国信息通信研究院对数字产业的范畴和定义能较好地反映数字产业的内涵。根据中国信息通信研究院对数字产业的界定，数字产业应包括电子信息制造业、电信业、软件和信息技术服务业以及互联网行业等。基于上述对数字产业范围的界定，本章认为其主要涉及信息传输、软件与信息技术服务业以及计算机、通信和其他电子设备制造业两个行业。

1）数字产业集聚（*Agg*）。借鉴苏丹妮和盛斌（2021）的做法，以各地区数字产业的就业密度与全国数字产业总就业的比值来测度各地区数字产业的整体集聚程度，即：

$$Agg_j = \frac{\dfrac{E_{js}}{L_j}}{E_s} \tag{13-2}$$

其中，E_{js} 为 j 地区数字产业 s 的就业人数，L_j 为 j 地区土地面积，E_s 为全国范围内数字产业 s 的就业总人数。

2）专业化集聚（*Spe*）。借鉴 Liu 和 Wu（2023）的做法，用区位熵方法构建省（直辖市）数字产业集聚指标，即：

$$Spe_j = \frac{\dfrac{E_{js}}{E_j}}{\dfrac{E_s}{E}} \tag{13-3}$$

其中，E_{js} 为 j 地区数字产业 s 的就业人数；E_j 为 j 地区就业人数；E_s 为全国范围内数字产业 s 的就业总人数；E 为全国的就业总人数。数字产业专业化集聚的值越高，表明该地区数字产业在全国范围内越具有比较优势。

3）多样化集聚（*Div*）。借鉴 Cheng 和 Jin（2022）的研究，用赫芬达尔指数的倒数来衡量数字产业多样化集聚，即：

$$Spe_j = \frac{\dfrac{1}{\sum_{s'=1,\ s'\neq s}\left(\dfrac{E_{j,\ s'}}{E_j - E_{j,\ s}}\right)^2}}{\dfrac{1}{\sum_{s'=1,\ s'\neq s}\left(\dfrac{E_{s'}}{E - E_s}\right)^2}} \tag{13-4}$$

其中，$E_{j,s'}$ 为除数字产业 s 外 j 地区其余数字产业 s' 的就业人数；$E_{s'}$ 为除产业 s 外全国其余数字产业 s' 的就业人数，其他变量含义同上。数字产业多样化集聚指数越高，表明该地区融合的差异化产业越多，区域内集成的差异化知识越丰富，区域多元化程度越高。

（3）控制变量。本章控制了如下企业层面和地区层面变量。首先，控制了一些企业层面的变量（Su et al.，2022；Li et al.，2022；Leyva-de la Hiz and Bolívar-Ramos，2022）：①企业年龄（Age）；②资产负债率（Lev）；③资产收益率（Roa）；④现金流量比率（Cashflow）；⑤固定资产比率（Fixed）。其次，控制了一些地区层面的变量（Shi et al.，2022）：①财政支出规模（Fiscal_ e）；②交通基础设施（*Tran*）。变量定义如表 13-1 所示。

表 13-1 主要变量定义

变量符号	变量	定义
Gre	企业绿色创新	公司的绿色专利申请数量
Agg	数字产业集聚	详见文中定义
Spe	数字产业专业化集聚	详见文中定义
Div	数字产业多样化集聚	详见文中定义
Age	企业年龄	成立年限的对数
Lev	资产负债率	总负债/总资产
Roa	资产收益率	净利润/总资产
Cashflow	现金流量比率	经营活动净现金流量/总资产
Fixed	固定资产比率	固定资产净额/总资产
Fiscal_ e	财政支出规模	财政支出/国内生产总值
Tran	交通基础设施	高速公路里程的对数

主要变量的描述性统计结果如表 13-2 所示，包括均值、中位数、标准差、最小值和最大值。可以看出，因变量企业绿色创新的专利申请量最小值为 0，最大值为 315，标准差为 14.330，平均值为 3.888。这说明我国企业绿色创新能力整体偏低，企业间绿色专利申请量差异较大，绿色创新能力参差不齐。同时，数字产业集聚度均值为-4.453，最小值和最大值分别为-6.468 和-2.421，标准差为 1.200，说明各省份数字产业集聚水平差异较大，有待进一步提升和均衡。

表 13-2 描述性统计

变量	(1)	(2)	(3)	(4)	(5)	(6)
	count	mean	sd	min	p50	max
Gre	3695	3. 888	14. 330	0. 000	0. 000	315. 000
lnAgg	3695	-4. 453	1. 200	-6. 468	-4. 380	-2. 421
lnSpe	3695	0. 205	0. 333	-0. 401	0. 331	0. 626
lnDiv	3695	-2. 265	0. 366	-2. 949	-2. 126	-1. 458
Age	3695	2. 934	0. 293	1. 792	2. 944	4. 159
Lev	3695	0. 398	0. 188	0. 028	0. 386	0. 984
Roa	3694	0. 051	0. 079	-1. 324	0. 050	0. 655
Cashflow	3695	0. 048	0. 067	-0. 322	0. 048	0. 488
Fixed	3695	0. 183	0. 133	0. 000	0. 158	0. 810
Fiscal_ e	3695	0. 166	0. 044	0. 124	0. 154	0. 256
Tran	3695	11. 379	1. 005	9. 466	11. 721	12. 378

2. 实证分析

由表 13-3 中的第（1）列可知，数字产业集聚（lnAgg）对企业绿色创新的估计系数显著为正，表明数字产业集聚有助于促进企业绿色创新，验证了假设 1。这主要是因为数字产业集聚能通过增强企业间的知识溢出效应降低企业面临的研发不确定性，进而促进企业绿色创新。

由前文分析可知，整体的数字产业集聚有助于促进企业绿色创新，那么这主要是哪种集聚模式带来的？表 13-3 第（2）、第（3）列显示，数字产业专业化集聚（lnSpe）对企业绿色创新的估计系数显著为正，数字产业多样化集聚（lnDiv）对企业绿色创新的回归系数虽然为正，但并不显著。这说明，数字产业集聚对企业绿色创新的促进作用主要是专业化集聚带来的，多样化集聚在促进企业绿色创新上并不明显，验证了假设 2。这可能是因为我国数字产业结构还是以专业化集聚为主，多样化集聚的规模和水平较低，因此尚未能够有效支撑起不同行业企业间多样化集聚外部经济的产生。

表 13-3　数字业集聚及其不同集聚模式与企业绿色技术创新的计量结果

变量	(1)	(2)	(3)
	Gre	Gre	Gre
lnAgg	1.514**		
	(0.696)		
lnSpe		2.333*	
		(1.363)	
lnDiv			0.084
			(0.370)
Age	0.927	0.914	0.851
	(2.981)	(2.984)	(2.972)
Lev	16.852***	16.845***	16.663***
	(4.060)	(4.075)	(4.014)
Roa	16.574***	16.646***	16.342***
	(5.901)	(5.949)	(5.786)
Cashflow	15.408***	15.606***	15.994***
	(5.188)	(5.209)	(5.344)
Fixed	-1.933	-2.090	-2.941
	(4.979)	(4.953)	(5.096)
Fiscal_ e	11.786	-0.603	-15.378**
	(10.878)	(8.099)	(6.367)
Tran	1.644	0.121	-0.294
	(1.101)	(0.616)	(0.513)
_ cons	-21.107	-8.950	-1.433
	(18.147)	(15.030)	(12.833)
Year FE	Yes	Yes	Yes
Ind FE	Yes	Yes	Yes
N	3694	3694	3694
Adj-R^2	0.168	0.168	0.167

注：括号内为稳健标准误；*、**和***分别表示10%、5%和1%的统计水平。

3. 内生性和稳健性检验

（1）倾向得分匹配。考虑到实证结果的稳健性，本章进一步利用由 Heckman（1979）提出的倾向性得分匹配法以缓解潜在的样本选择性偏误，从而获得更精确的因果识别结果。对数字产业集聚的测度指标按中位数分为高集聚程度组和低集聚程度组，将属于高集聚程度组的企业视为处理组，属于低集聚程度组的企业视为控制组。选取营业收入增长率（Growth）、第一大股东持股比例（Top1）、机构投资者持股比例（INST）、股权制衡度（Balance2）、资产负债率（Lev）作为协变量，按照 1∶1 的比例进行近邻有放回匹配。

回归结果如表 13-4 所示，相比于匹配前的样本，匹配后的样本在主要特征上的差异性明显缩小，匹配后变量的标准偏差均保持在 5%以内，表明本章的匹配很好地消除了两类样本之间的差异性。为了更直观地展示，图 13-1 列出了匹配前后的变量差异，标准偏差均保持在 5%以内，说明匹配效果良好。

表 13-4 平衡性检验

变量	Unmatched/Matched	Mean		%bias	T-value	P-value
		Treated	Control			
Growth	U	0. 5103	0. 3021	1. 4	1. 09	0. 275
	M	0. 3092	0. 3205	-0. 1	-0. 20	0. 845
Top1	U	0. 3458	0. 3404	3. 6	2. 61	0. 009
	M	0. 3459	0. 3473	-1. 0	-0. 67	0. 502
INST	U	0. 3650	0. 3846	-8. 1	-5. 82	0. 000
	M	0. 3650	0. 3628	0. 9	0. 61	0. 539
Balance2	U	0. 7831	0. 7312	8. 2	5. 92	0. 000
	M	0. 7829	0. 7740	1. 4	0. 95	0. 344
Lev	U	0. 4098	0. 4323	-10. 9	-7. 81	0. 000
	M	0. 4097	0. 4103	-0. 3	-0. 19	0. 847

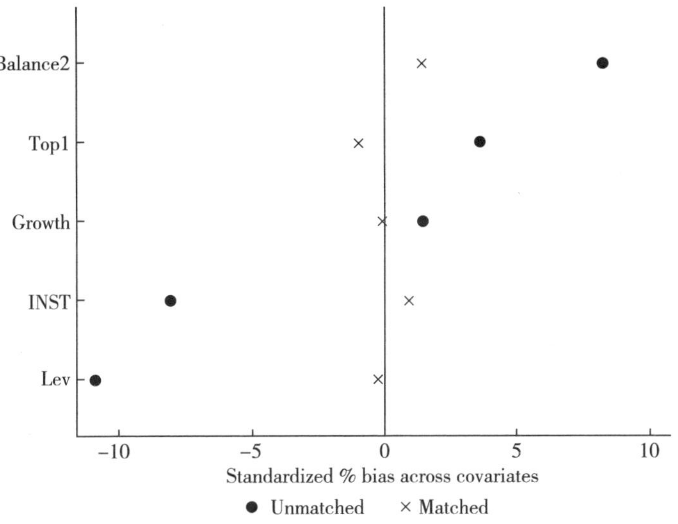

图 13-1　匹配前后变量差异比较

以匹配后的企业样本为基础，利用基准回归模型检验数字产业集聚对企业绿色创新的净效应。回归结果如表 13-5 所示，数字产业集聚（lnAgg）和数字产业专业化集聚（lnSpe）的系数分别在 1%和 5%的水平上显著为正，而数字产业多样化集聚（lnDiv）的系数不显著。估计结果与基准回归结果一致，证实了基准回归结果的稳健性。

表 13-5　倾向得分匹配回归估计结果

变量	(1)	(2)	(3)
	Gre	Gre	Gre
lnAgg	1.409*** (0.527)		
lnSpe		2.260** (0.996)	
lnDiv			-0.043 (0.211)
Age	0.132 (1.826)	0.114 (1.827)	0.059 (1.829)

续表

变量	(1)	(2)	(3)
	Gre	Gre	Gre
Lev	12.162*** (3.022)	12.155*** (3.033)	11.974*** (2.989)
Roa	13.580*** (4.410)	13.722*** (4.448)	13.609*** (4.411)
Cashflow	11.576*** (4.124)	11.739*** (4.137)	12.170*** (4.269)
Fixed	0.492 (4.114)	0.417 (4.083)	-0.396 (4.094)
Fiscal_ e	11.609 (7.668)	-0.206 (5.840)	-11.952** (4.908)
Tran	1.425* (0.784)	0.006 (0.498)	-0.395 (0.469)
_ cons	-16.094 (11.766)	-5.206 (10.159)	1.240 (9.192)
Year FE	Yes	Yes	Yes
Ind FE	Yes	Yes	Yes
N	3065	3065	3065
Adj-R^2	0.205	0.204	0.203

注：括号内为稳健标准误；*、**和***分别表示10%、5%和1%的统计水平。

（2）自变量滞后一期。大量文献表明，当专利作为因变量时，我们需要考虑时滞效应，因为企业通常需要很长时间才能体验到研发投入对创新产出的积极影响（Rao et al.，2022；Wu et al.，2023）。因此，本章将自变量滞后一期重新检验了每个假设。结果如表13-6所示。值得注意的是，前者在1%的水平上显著，而后者在5%的水平上显著。相反，数字产业多元化集聚对企业绿色创新的影响之间的相关系数则未能达到统计显著检验。这些估计结果与基准回归结果保持一致，从而验证了基准回归结果的稳健性。

表 13-6　自变量滞后一期

变量	(1)	(2)	(3)
	Gre	Gre	Gre
L. lnAgg	1.589***		
	(0.604)		
L. lnSpe		2.518**	
		(1.163)	
L. lnDiv			-0.073
			(0.227)
Age	0.473	0.454	0.399
	(2.056)	(2.056)	(2.060)
Lev	15.212***	15.211***	15.015***
	(4.007)	(4.023)	(3.967)
Roa	20.820***	21.018***	21.141***
	(6.948)	(6.987)	(7.035)
Cashflow	16.370***	16.605***	16.965***
	(6.341)	(6.378)	(6.513)
Fixed	0.715	0.629	-0.240
	(4.718)	(4.681)	(4.726)
Fiscal_ e	14.863	1.309	-11.020**
	(9.174)	(6.898)	(5.376)
Tran	1.701*	0.087	-0.346
	(0.933)	(0.580)	(0.525)
_ cons	-20.848	-8.432	-1.619
	(14.127)	(12.004)	(10.516)
Year FE	Yes	Yes	Yes
Ind FE	Yes	Yes	Yes
N	3605	3605	3605
Adj-R^2	0.209	0.209	0.207

注：括号内为稳健标准误；*、** 和 *** 分别表示 10%、5%和 1%的统计水平。

（3）更换因变量。考虑到绿色专利授权量可以更好地反映企业的绿色创新能力，而专利申请数据仅能突出企业对绿色创新的重视程度。因此，本章用绿色专利授权数代替绿色专利申请数进行稳健性分析。结果如表 13-7 所示，与基本结论保持一致，结果依然稳健。

表 13-7 更换因变量

变量	(1)	(2)	(3)
	Greg	Greg	Greg
lnAgg	0.963**		
	(0.427)		
lnSpe		1.556*	
		(0.828)	
lnDiv			0.090
			(0.251)
Age	-0.198	-0.204	-0.243
	(1.798)	(1.798)	(1.801)
Lev	10.092***	10.093***	9.968***
	(2.399)	(2.406)	(2.375)
Roa	6.676**	6.732**	6.537**
	(3.255)	(3.276)	(3.200)
Cashflow	11.814***	11.928***	12.193***
	(3.852)	(3.867)	(3.938)
Fixed	-0.251	-0.325	-0.897
	(3.009)	(3.004)	(3.046)
Fiscal_ e	5.987	-1.467	-11.754**
	(6.696)	(5.365)	(5.093)
Tran	0.960	0.005	-0.269
	(0.666)	(0.397)	(0.356)
_ cons	-10.570	-3.067	2.000
	(10.338)	(8.837)	(8.111)
Year FE	Yes	Yes	Yes
Ind FE	Yes	Yes	Yes
N	3694	3694	3694
Adj-R^2	0.252	0.251	0.250

注：括号内为稳健标准误；*、**和***分别表示 10%、5%和 1%的统计水平。

四、机制分析

上述回归结果表明，数字产业集聚对企业绿色创新的促进作用主要是由专业化集聚带来的，多元化集聚对企业绿色创新的促进作用并不明显。为了进一步研究其作用机制，我们采用中介效应模型来检验这一中介机制。参考 Baron 和 Kenny（1986）的研究成果，在式（13-1）的基础上构建式（13-5）和式（13-6）：

$$Spillover_{ijt} = \alpha_0 + \alpha_1 \ln DigA_{jt} + \eta \vec{X} + Year_t + Ind + \varepsilon_{ijt} \tag{13-5}$$

$$Gre_{ijt} = \alpha_0 + \alpha_1 \ln DigA_{jt} + Spillover_{ijt} + \eta \vec{X} + Year_t + Ind + \varepsilon_{ijt} \tag{13-6}$$

其中，$Spillover_{ijt}$ 为中介变量，即知识溢出。参考 Huang 等（2022）的研究，本书用上市公司及子公司与其他公司联合专利申请数衡量企业的知识溢出水平；$DigA_{jt}$ 为数字产业集聚度，包括数字产业集聚总体水平（Agg）和数字产业专业化集聚水平（Spe）；由上文分析可知，数字产业多样化集聚对企业绿色创新的影响不显著，因此不再对其进行机制分析。其他变量含义同上。

结果如表 13-8 所示。在第（2）列和第（5）列中，数字产业集聚和数字产业专业化集聚的系数均为正，前者在 5%的水平上显著，后者在 10%的水平上显著，这与本书的预测一致，即数字产业集聚和数字产业专业化集聚有利于促进知识溢出。此后，本章考察了数字产业集聚和知识溢出对企业绿色创新的共同影响。如第（3）列和第（6）列所示，数字产业集聚和专业化集聚的回归系数在统计上并不显著。综合以上结论可以看出，知识溢出在数字产业集聚与企业绿色创新之间起到了中介作用。因此，假设 3 得以验证。

表 13-8　机制检验：知识溢出渠道

变量	(1)	(2)	(3)	(4)	(5)	(6)
	Gre	Spillover	Gre	Gre	Spillover	Gre
lnAgg	1.514**	0.540**	0.875			
	(0.696)	(0.267)	(0.557)			
lnSpe				2.333*	0.901*	1.267
				(1.363)	(0.497)	(1.106)

续表

变量	(1)	(2)	(3)	(4)	(5)	(6)
	Gre	Spillover	Gre	Gre	Spillover	Gre
Spillover			1.182***			1.182***
			(0.149)			(0.149)
Age	0.927	-0.574	1.605	0.914	-0.577	1.596
	(2.981)	(1.174)	(2.493)	(2.984)	(1.174)	(2.495)
Lev	16.852***	2.804**	13.539***	16.845***	2.806**	13.527***
	(4.060)	(1.390)	(3.276)	(4.075)	(1.394)	(3.288)
Roa	16.574***	2.759*	13.313***	16.646***	2.795*	13.342***
	(5.901)	(1.583)	(5.057)	(5.949)	(1.594)	(5.099)
Cashflow	15.408***	3.853	10.855***	15.606***	3.913*	10.980***
	(5.188)	(2.351)	(3.966)	(5.209)	(2.358)	(3.990)
Fixed	-1.933	2.307	-4.660	-2.090	2.276	-4.781
	(4.979)	(2.359)	(3.565)	(4.953)	(2.351)	(3.543)
Fiscal_ e	11.786	1.311	10.236	-0.603	-2.705	2.596
	(10.878)	(3.436)	(9.459)	(8.099)	(3.362)	(6.758)
Tran	1.644	0.310	1.278	0.121	-0.222	0.382
	(1.101)	(0.358)	(0.945)	(0.616)	(0.278)	(0.497)
_ cons	-21.107	-0.278	-20.779	-8.950	3.843	-13.493
	(18.147)	(4.664)	(16.434)	(15.030)	(5.113)	(13.343)
Year FE	Yes	Yes	Yes	Yes	Yes	Yes
Ind FE	Yes	Yes	Yes	Yes	Yes	Yes
N	3694	3694	3694	3694	3694	3694
Adj-R^2	0.168	0.246	0.424	0.168	0.245	0.424

注：括号内为稳健标准误；*、**和***分别表示10%、5%和1%的统计水平。

五、政策建议

首先，必须进一步推动区域数字产业集聚的发展，充分发挥数字产业集聚在

提升企业绿色创新能力方面的潜力，据此推进长三角更高质量一体化发展。研究结果表明，数字产业集聚对企业的绿色创新具有促进作用。因此，政府机构和相关产业规划部门应积极加强对数字产业的扶持力度，出台各种优惠政策加快数字经济发展，促进数字经济与实体经济的深度融合，打造具有国际竞争力的数字产业集群，以高质量数字产业集群发展推动长三角更高质量一体化发展。

其次，推动数字产业专业化集聚，实现绿色创新发展，由此加快推进长三角更高质量一体化发展。本书研究表明，数字产业集聚对企业绿色创新的促进作用主要是由专业化集聚带来的，多元化集聚对企业绿色创新的促进作用并不明显。这可能是因为长三角地区数字产业结构仍以专业化集聚为主，多元化集聚的规模和水平较低，尚未能有效支撑数字产业企业产生多元化集聚的外部经济。因此，现阶段长三角地区必须着力打造数字产业专业化集聚区，有效释放专业化集聚带来的绿色创新效应。同时，还要协调引导区域内不同数字产业企业均衡发展，形成产业多元化发展的坚实基础，为多元化集聚产生绿色创新溢出效应提供有力支撑。

最后，提高数字产业集聚的知识溢出效应，以此作为推进长三角更高质量一体化发展的重要方式。本书的研究结果揭示，数字产业集聚通过知识溢出促进企业绿色创新。由于知识溢出与企业的吸收能力密切相关，为了充分发挥数字产业集聚的知识溢出效应，企业应优先考虑消化吸收新信息、新知识的能力。具体而言，企业应通过建立完善的知识管理体系，培育有效的组织学习机制，提高员工获取、消化、吸收和应用知识的能力，进而提升企业的绿色创新能力，以进一步放大数字产业集聚对长三角更高质量一体化发展的倍增效应。

第十四章　一体化战略下长三角碳减排效应研究*

本章基于 2007~2021 年 276 个我国地级及以上城市的面板数据，以 2010 年《长江三角洲地区区域规划》的颁布视作一项准自然实验，采用双重差分模型系统考察了长三角区域一体化对于碳排放的作用效果与影响机制。研究发现，长三角区域一体化对碳排放具有显著的抑制作用，即长三角区域绿色低碳发展取得了积极成效。机制分析表明，长三角区域一体化能通过产业协同、技术进步与环境规制效应影响碳排放，其中产业协同对碳排放的抑制效应最为显著，其技术进步对碳排放的功效有待强化，而环境规制工具尚需科学合理地运用。据此，本章提出通过增强产业协同、释放创新潜能、合理使用规制工具等推进长三角更高质量一体化发展的政策建议。

一、引言

实施长三角一体化发展战略是引领全国高质量发展、完善我国改革开放空间布局、打造我国发展强劲活跃增长极的重大举措。实施区域绿色低碳一体化战略，将为长三角经济高质量发展提供强大的助推力（郭艺等，2022）。将长三角地区建设成为全国高质量一体化发展的示范区和实现“双碳”目标的先行区，有利于彰显高质量发展与现代化建设的创新实践，为推动全国绿色低碳高质量发

* 本章借鉴了郑紫颜和朱英明（2023）的工作论文《长三角一体化政策的碳减排效应》。

展起到示范引领作用。

长三角作为我国工业化进程最快的地区之一，以及作为能源消费重点区域，能源结构不合理、能源利用效率偏低、经济增长方式粗放等一系列问题进一步加剧了二氧化碳等温室气体的排放。这客观上要求加快建设长三角生态绿色一体化发展示范区，优化能源消费结构、提高能源利用效率，推进生态环境共保联治，形成绿色低碳的生产生活方式，通过区域一体化发展助推经济发展和碳减排目标的“双赢”。

为此，需要探索的问题是，长三角区域一体化战略是否对碳排放具有抑制效应？若是肯定的，其作用机制是什么？是否存在异质性？基于对上述问题的验证，本章的边际贡献在于：在学理层面，在碳排放的问题上引入宏观长三角区域一体化视角的分析框架，且以已有质量成效的长三角区域一体化为契机，从产业协同、技术进步与环境规制等层面全面地探析了长三角区域一体化对碳排放的抑制效应。鉴于现有对碳排放的文献研究，基于该类一体化区域为视角的研究甚少，同时较少涉及该类一体化城市对碳排放的机制剖析。因此，本章从有助于明确长三角区域一体化抑制碳排放的边界条件角度，为政府采取针对性措施提供了有益借鉴。此外，鉴于鲜有学者剖析长三角一体化的战略效应，尤其是从低碳层面予以探析，因而本书可为促进区域协调与低碳发展提供经验支持与决策依据。

二、理论分析与研究假设

1. 长三角区域一体化对碳排放的作用效果

Tinbergen（1954）最早提出了经济一体化的概念，指出地区间将阻碍资源和要素自由流动的各种人为障碍加以弱化和消除，可以实现区域的协调发展。一方面，区域一体化本质是加强合作，能够促进劳动力、人才、能源等流动，包括环境要素，要素的流动使区域的碳排放工作受到波动，而对于一体化程度较高的区域，环境质量要求也较高，碳排放的强度会得到收敛。另一方面，《长江三角洲地区区域规划》要求长三角地区推进重大基础设施一体化建设，包括交通、能源、水利、信息等基础设施。区域一体化带来的公共基础设施等服务质量的提升，从交通等基础设施工程到区域公共服务的提升都会抑制碳排放（郭艺等，2022）。

综上所述，本章提出以下研究假设：

假设4：长三角区域一体化战略能有效抑制碳排放。

2. 长三角区域一体化对碳排放的影响机制

结合现有文献以及长三角区域一体化与创建目标的研究，本章认为碳排放的影响机制主要体现在以下三个方面：产业协同、技术进步与环境规制。具体作用机理体现如下：

（1）产业协同效应。长三角区域一体化的典型表现为产业服务质量的协同提升，使制造业“三高一低”、过度竞争等造成的诸多瓶颈得以缓解，促进了制造业与生产性服务业的良性互动（王文成等，2022）。同时，伴随着经济环境的优化，长三角区域一体化的提升必将在要素禀赋与市场规模优势的基础上，释放创新效应与配置效应，即以产业配套为契机，促进产业间协同效应的增强从而抑制碳排放。另外，城市的产业协同通过集聚优势驱动产业优化，强化投入水平与产出能力，利于碳排放效率的提高。首先，生产性服务业嵌入制造生产的各环节，提升了服务业对制造业的清洁功能，促进其分工深化，削减成本的同时降低制造业污染，抑制碳排放。其次，制造业与生产性服务业形成关联互补效应，既增加资本要素投入，还能通过技术外溢与设施共享效应提高资源利用效率，减少能源损耗，进而抑制区域碳排放（冯曦明等，2022；杨桐彬等，2020）。最后，基于马歇尔的外部经济理论，产业协同形成产业间集群竞争优势，促进资源高效与循环利用，进而推动经济绿色可持续发展。

（2）技术进步效应。技术进步作为城市经济高质量发展的基础，长三角区域一体化皆需技术的扶持与驱动，在一体化合作下各技术主体的研发效率不断提高。因追求发展质量，该类城市会承担更多减排责任，从而实施一系列创新激励政策、知识产权保护等。波特假说的创新补偿效应能为技术进步提供良好的研发氛围，诱发技术革新。在这一过程中，长三角区域一体化能为科技创新营造研发氛围，城市在科技革命下越发渗透着技术的力量，技术发展势头增强（郭克莎和田潇潇，2021）。另外，技术进步能抑制碳排放。第一，技术进步能加速低碳环保技术等研发，减碳脱碳等技术有助于污染排放等问题的根本解决，以缓解环境污染。第二，技术进步可以通过源源不断的“乘数”效应作用到劳动力、资本等中（秦放鸣和唐娟，2020），保障高效低碳的产出。第三，技术能够增强资源配置效率，提供新产品、新服务等，保障绿色产出质量，促进绿色产业发展，推动传统经济向低碳转型（韩永楠等，2021；孟和张，2020）。

（3）环境规制效应。城市发展中不可避免地存在环境污染等经济增长的负效应，为追求高质量发展，将环境规制作为环境保护的管制手段应运而生。此外，长三角各城市将环境作为考核指标，基于同侪效应，致使争创此荣誉的城市在提升其他方面质量的同时，将强化环境规制以确保绿色发展。但是，也不排除将利用市场竞争、产品质控、技术进步等手段来代替或弥补传统的环境规制。基于波特假说等理论，城市环境规制会产生倒逼效应，从而对碳排放产生一定的影响。首先，在投入与产出的过程中加强环境管束，如从治理源头、过程与治理末端等途径倒逼排放量的降低以提升绿色生产效率，但也可能加速环境资源的消耗抑制碳排放发展（孙海波和刘忠璐，2021）。其次，环境规制也能通过筛选效应促进污染产业转移与产业结构优化，激励绿色产业发展，成为绿色转型的“催化剂”。最后，迫于经济绩效与政治晋升等，环境规制对碳排放存在空间溢出作用，各政府间环境规制的策略互动也会影响碳排放（韩永楠等，2021）。

综上所述，本章提出以下研究假设：

假设5：长三角区域一体化能够通过增强产业协同、技术进步与环境规制效应影响到碳排放。

三、计量模型、变量选取与数据说明

1. 计量模型

本章探索的核心问题是长三角区域一体化战略能否推进碳排放，为此，基于长三角城市协调会，将其扩容视为“准自然实验”，由于长三角城市群扩容前后分为四批（2010年3月、2013年4月、2018年4月和2019年10月）共41个城市，传统双重差分模型不再适应。因此，选用渐进双重差分法分批次设定政策实验组，以识别并评估某一城市被吸纳为长三角协调会城市这一外生冲击是否抑制城市碳排放。其中，在实验组中，因数据获取问题与研究可行性需要，区、县级市以及数据缺失严重的城市（包含拉萨、大理等）予以删除，本书最终选取了41个被吸纳为长三角协调会的城市进行研究。对照组为其余244个城市。参考Autor（2003）的方法，设定如下基准模型：

$$GRE_{it} = \alpha + \beta Treat_{it} \times Time_{it} + \phi X_{it} + \mu_i + \eta_t + \varepsilon_{it} \tag{14-1}$$

其中，i为城市，t为年份。$Treat_{it}$和$Time_{it}$分别为组间虚拟变量和时间虚拟变量，$Treat_{it}=1$为纳入长三角一体化的城市（实验组），$Treat_{it}=0$为非长三角一体化中的城市（对照组）。根据获批的时间来决定$Time_{it}$，其中$Time_{it}=1$为某一城市i在当年获批加入长三角城市经济协调会，$Time_{it}=0$为某一城市i并未开展长三角一体化实施活动。X_{it}为控制变量。μ_i和η_t分别为个体和时间固定效应，ε_{it}为随机误差项。本章关注的系数是β，若估计值显著为正，则表示长三角区域一体化促进了碳排放；若估计值显著为负，则表示长三角区域一体化抑制了碳排放。

同时，本书为了检验其作用机制，借鉴中介效应模型的研究思路，将产业协同、技术进步和环境规制作为中介变量，识别长三角区域一体化是否通过中介变量对碳排放产生间接影响。具体公式如下：

$$H_{it}^{j} = \alpha + \delta Treat_{it} \times Time_{it} + \phi X_{it} + \mu_i + \eta_t + \varepsilon_{it} \tag{14-2}$$

$$GRE_{it} = \alpha + \beta' Treat_{it} \times Time_{it} + \rho H_{it}^{j} + \phi X_{it} + \mu_i + \eta_t + \varepsilon_{it} \tag{14-3}$$

其中，H为一系列中介变量，$j=1$、2、3分别为产业协同、技术进步和环境规制效应。如果系数δ和ρ都显著，则表明变量H在长三角区域一体化与碳排放之间具有中介效应。

2. 变量选取

（1）被解释变量：碳排放（CO_2）。“碳排放”通俗来讲就是二氧化碳（CO_2）排放量。碳排放是关于温室气体排放的一个总称或简称。温室气体中最主要的气体是二氧化碳，因此在进行碳排放描述时往往用二氧化碳的排放量作为一种量化的指标。本书中碳排放数据包括所有化石二氧化碳来源，如化石燃料燃烧、非金属矿物加工（如水泥生产）、金属（黑色金属和有色金属）生产过程、尿素生产、农业石灰和溶剂使用，最终以碳排放强度（单位GDP的二氧化碳排放量）衡量碳排放程度。

（2）解释变量：长三角一体化（$Treat \times Time$）。实施长三角一体化发展战略，是引领全国高质量发展、完善我国改革开放空间布局、打造我国发展强劲活跃增长极的重大战略举措。推进长三角一体化发展，有利于提升长三角在世界经济格局中的能级和水平，引领我国参与全球合作和竞争，有利于深入实施区域协调发展战略，探索区域一体化发展的制度体系和路径模式。此外，本书中，是否是长三角一体化城市由是否纳入长三角经济协调会成员来决定。基于长三角城市协调会，扩容后沪苏浙皖一市三省 41 座地级以上城市分为四批（2010 年 3 月、2013 年 4 月、2018 年 4 月和 2019 年 10 月），全部加入长三角城市经济协调会，成为一体化政策的受惠者（见表 14-1）。

表 14-1　长三角经济协调会成员

年份	新接纳城市
1996	上海、杭州、宁波、湖州、嘉兴、绍兴、舟山、南京、镇江、扬州、常州、无锡、苏州、南通
1997	泰州
2003	台州
2010	合肥、盐城、马鞍山、金华、淮安、衢州
2013	徐州、芜湖、滁州、淮南、丽水、温州、宿迁、连云港
2018	铜陵、安庆、池州、宣城
2019	黄山、蚌埠、六安、淮北、宿州、亳州、阜阳

（3）控制变量。经过筛选，本书主要选取产业升级、公共服务、政府支撑、经济结构作为控制变量：①产业升级（GJH）。产业优化升级是经济转向绿色的关键，是碳排放的根本。本书参照付凌晖（2010）的方法，采用产业高级化指数反映产业的规律性变化，即由产业低层次到高层次的深度化发展，进而助推低碳化发展。②公共服务（KJP）。公共服务能为绿色低碳发展创造更好的技术条件，为能源产业的发展提供更好的共享平台与有力支撑。但也会拉动能源消费的需求增长，其对排放的影响具有两重性。本书在熵权法的基础上，采用各年末实有城市道路面积、年末实有出租汽车数、电信业务总量、年末实有公共汽（电）车营运车辆数、移动电话年末用户数、邮政业务总量等来测算公共服务综合指数。③政府支撑（ZFZ）。政府对碳排放体现出宏观调控作用，能有效弥补市场弊端，促进资源有效配置，抑制碳排放。故本书采用各城市政府的公共财政支出占 GDP 的比重衡量政府对碳排放的调控作用。④经济结构（CJG）。城市经济的结构状

况与碳排放息息相关，第二、第三产业皆是国民经济发展的重要力量，本书采用二产与三产的比重衡量经济的发展结构。

（4）中介变量。①产业协同（CXT）。产业协同效应反映了制造业与服务业的融合程度，借鉴修正的E-G指数法，采用采矿业和制造业人数加总数据，以及生产性服务业从业人员的数据，测度产业协同集聚指数。以此指数衡量产业协同效应，具体选取行业参见文献（陈建军等，2016）。②技术进步（KSJ）。技术发展愈发影响城市碳排放，是实现绿色转型的重要途径。本书借鉴目前常用的索罗余值法，利用产出（GDP）、资本投入（固定资产投资）与劳动力投入（就业人数）计算技术进步速度衡量技术进步，即经济增长无法用资本和劳动增长加以说明的“余值”则是由技术进步带来的（刘洪等，2018）。③环境规制（HJG）。环境规制会增加企业生产成本，但适宜强度的环境规制通过激发企业的创新能力，驱动产业升级等推动其高质量发展。考虑到城市数据的获取问题，本书最终计算出生产单位GDP需要减排的SO_2数量来反映“十一五”时期城市面临的“减排强度”，以此衡量环境规制水平。

3. 数据说明

本书以中国285个城市为样本，选取2007~2021年的面板数据为研究基础，表14-2对数据进行简单描述。此外，变量数据主要来自《中国城市统计年鉴》《中国能源统计年鉴》，以及各省份统计年鉴。其中，碳排放数据EDGAR数据库。此外，缺失数据采用线性插值法补齐。

表14-2　变量描述性统计

类别	名称	符号	均值	标准差	最小值	最大值
被解释变量	碳排放	CO_2	2.19	2.43	0.00	33.05
解释变量	长三角区域一体化	Treat×Time	0.09	0.28	0.00	1.00
中介变量	产业协同	CXT	1.04	0.25	0.05	2.78
	技术进步	KSJ	15.53	1.08	11.5.89	19.19
	环境规制	HJG	0.01	0.01	0.00	0.24
	产业升级	GJH	1.08	0.65	0.09	5.35

续表

类别	名称	符号	均值	标准差	最小值	最大值
控制变量	公共服务	KJP	0.44	0.14	0.00	0.90
	经济结构	CJG	0.17	0.11	0.00	1.04
	政府支撑	ZFZ	213	588	0.17	8.35e+07

四、实证检验与结果分析

1. 作用效果

（1）基准结果分析。本书采用双重差分模型针对长三角区域一体化能否影响碳排放进行实证分析。首先估计长三角区域一体化对碳排放的直接影响，以此验证假设 1，即理论上长三角区域一体化的提升能抑制碳排放。回归结果如表 14-3 所示，第（1）列仅控制了时间与城市，第（2）列在第（1）列的基础上加入了产业升级、公共服务、经济结构、政府支持等控制变量。由回归结果可知，无论是否加入其他控制变量，Treat×Time 的估计系数显著为负，这表明长三角区域一体化对碳排放具有显著的抑制作用。同时，随着控制变量的加入，作用效果依旧显著，且估计系数增大。在控制变量中，产业升级、公共服务、政府支撑、经济结构等皆对碳排放具有明显的抑制作用。由此，本书证实了长三角区域一体化能抑制碳排放的初步结论。

表 14-3 基础回归结果

变量	CO_2（1）	CO_2（2）
Treat×Time	-1.003^{***} （-10.74）	-0.289^{***} （-3.33）
GJH		-0.058^{*} （-1.79）
KJP		-0.821^{***} （-6.24）

续表

变量	CO_2（1）	CO_2（2）
CJG		-0.754*** (-4.17)
ZFZ		-0.854*** (-26.06)
City FE	YES	YES
Year FE	YES	YES
R^2	0.028	0.228
Obs	4275	4275

注：*、**和***分别表示10%、5%和1%的统计水平。

（2）稳健性检验。

1）平行趋势检验。保证双重差分模型科学有效的前提为趋同假设成立，即如果并未纳入，实验组和对照组的变化趋势应是平行的。因此，本书借鉴进行事件分析法来进行检验（Dobkin et al.，2018），即借用外部命令 Tvdiff 来初步检验模型是否通过，结果如图 14-1 所示，本书成功通过了平行趋势检验。由平行趋势检验得出，本书的实验组和对照组之间满足平行趋势假设。此外，区域一体化政策实施后对碳排放有影响，但是政策效应也存在一定的滞后性。

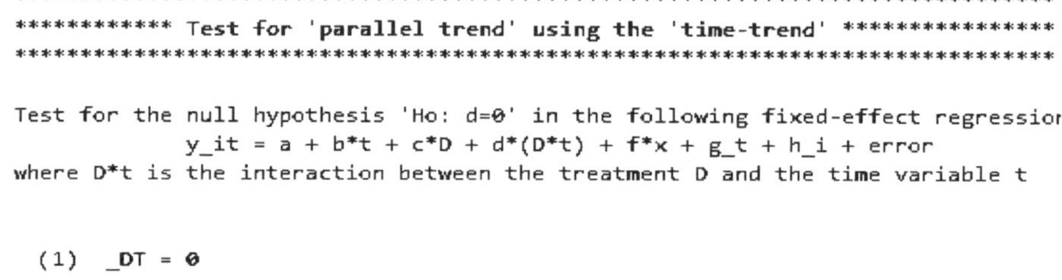

```
*****************************************************************************
************ Test for 'parallel trend' using the 'time-trend' ***************
*****************************************************************************

Test for the null hypothesis 'Ho: d=0' in the following fixed-effect regressior
          y_it = a + b*t + c*D + d*(D*t) + f*x + g_t + h_i + error
where D*t is the interaction between the treatment D and the time variable t


 (1)  _DT = 0

      F(  1,   284) =    1.20
           Prob > F =    0.2743

RESULT: 'Parallel-trend' passed

*****************************************************************************
```

图 14-1　平行趋势检验结果

2）安慰剂检验。借鉴 Ferrara 等（2012）提出的安慰剂检验方法，具体地，随机生成实施长三角区域一体化的城市名单，产生一个错误估计，然后将此随机过程重复 1000 次，由此估计出的均值为-0.0002，与基准结果相比已非常接近于零。由图 14-2 可进一步发现，在 1000 次随机过程中，t 值分布在零的附近且服从正态分布，表明估计系数不显著。因此，未观测的因素几乎不会对估计结果产生影响，之前的估计结果具有稳健性。

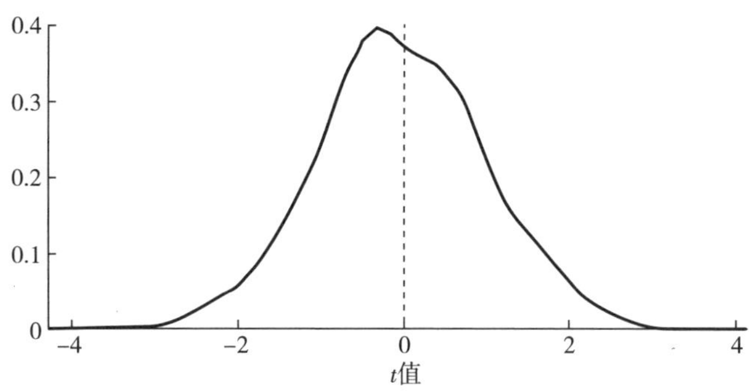

图 14-2　安慰剂检验结果

2. 影响机制

根据前文理论分析，本书将产业协同、技术进步与环境规制作为中介变量，探讨长三角区域一体化对碳排放的作用机制。首先，将倍差项对碳排放变量进行回归，探究长三角区域一体化对碳排放的影响；其次，将倍差项对产业协同、技术进步与环境规制进行回归，分析长三角区域一体化对碳排放产生的三大机制的影响；最后，将三大机制和倍差项同时放入模型，对碳排放的衡量变量进行回归，通过观察倍差项系数的大小及显著性验证上述机制。

表 14-4 中，列（1）、列（3）和列（5）分别为长三角区域一体化（Treat×Time）对产业协同、技术进步和环境规制的回归结果，列（2）、列（4）和列（6）分别为其在产业协同、技术进步，以及环境规制的作用机制下对碳排放（CO_2）的回归结果。结果发现，长三角区域一体化活动对产业协同、技术进步与环境规制均具有显著影响，但这三个机制对碳排放的作用效果不一。

表 14-4　作用机制的检验结果

变量	CXT（1）	CO_2（2）	KSJ（3）	CO_2（4）	HJG（5）	CO_2（6）
Treat×Time	0. 030*** (2. 53)	-0. 297*** (--3. 45)	0. 179*** (6. 26)	-0. 167*** (-1. 96)	0. 005*** (4. 73)	27. 460*** (20. 75)
CXT		-0. 955*** (-7. 94)				
KSJ				-0. 681** (-15. 11)		
HJG						-0. 418*** (-5. 05)
Control	Yes	Yes	Yes	Yes	Yes	Yes
City FE	Yes	Yes	Yes	Yes	Yes	Yes
Year FE	Yes	Yes	Yes	Yes	Yes	Yes
R^2	0. 165	0. 240	0. 586	0. 269	0. 266	0. 302
Obs	4275	4275	4275	4275	4275	4275

注：*、**和***分别表示 10%、5%和 1%的统计水平。

具体来看，长三角区域一体化过程中能增强产业协同水平，利于资源的集中消耗与污染的集中排放治理，由此显著抑制碳排放。这意味着一体化战略能通过产业协同效应有效抑制碳排放。同时，长三角区域一体化对技术进步的积极效应显著，而技术进步对于碳排放强度具有负向影响，即抑制了碳排放，这也表明在新时代区域协同发展思想下，技术抑制碳排放的效用仍需充分挖掘释放。此外，长三角区域一体化对环境规制具有显著的正向作用，即一体化进程强化了环境管制。而环境规制对碳排放也具有显著的正向促进作用，系数达到 26. 96，进一步突出环境规制这种政策工具对控制碳排放的高效性。同时，反映出区域一体化抑制碳排放的途径并非单独依靠传统的政府干预手段，更多转向城市市场、技术等能动性地调整、产业内在的调整优化等策略。以上表明，长三角区域一体化影响碳排放的三大机制存在异质性，即环境规制的积极效应最为显著，技术进步与产业协同对碳排放的积极作用仍需进一步强化。同时，这也验证了假设 2，即长三角区域一体化能够通过增强产业协同、技术进步与环境规制效应影响到碳排放。

五、结论与政策建议

本章基于2007~2021年285个中国城市的面板数据，采用双重差分模型的政策效应识别考察了长三角区域一体化对碳排放的作用效果与影响机制。研究发现，长三角区域一体化战略的实施对碳排放具有显著的抑制作用，通过一系列稳健性检验后结论依然成立。机制分析表明，长三角区域一体化能通过产业协同、技术进步与环境规制影响碳排放，三大机制对长三角区域一体化的作用效果存在明显区别，其中产业协同对碳排放的抑制效应最为显著，技术进步对碳排放的作用有待进一步挖掘，而环境规制工具尚需科学合理地使用。

基于上述结论，本章提出如下政策建议：

第一，积极发挥产业集聚的协同效用，奠定长三角低碳发展的基础。首先，应根据城市禀赋等精细化制定长三角绿色发展空间及功能布局总体规划，建立长三角区域碳减排与绿色发展的互动合作机制，科学制定产业协同政策，在优势主导性产业的基础上，有针对性地加速和强化相关服务业与制造业的匹配发展。其次，强化打破要素流动和资源配置的行政分割，积极通过产业关联、知识和技术外溢等方式弥补城市的“要素”差异性。最后，坚持“双轮驱动”的发展战略，以提升价值链嵌入为目标，促进产业深度融合，助推长三角区域协同低碳化。

第二，充分释放科学技术的驱动能效，助推长三角低碳创新的进程。首先，微观企业应着眼长远，重视生态创新活动的战略价值，将生态创新与核心竞争力打造紧密结合，塑造低碳发展的核心力。其次，搭建跨行政区的科技、人才、资本信息发布与共享平台，增加在低碳环保领域的技术研发投入，加强产学研深度融合，推进绿色科技立法工作，搭建技术交易平台，促进技术创新成果转化。最后，开展沪苏浙皖一市三省绿色制造关键技术联合攻关，补足绿色技术效率短板，驱动长三角区域低碳发展。

第三，合理运用环境规制的调节效应，支撑长三角生态环境的建设。首先，坚持绿色低碳、高质量发展的科学理念，坚持经济与环境协调统一的决策守衡思想，克服经济考核惯性的影响。其次，建立健全环境规制体系，采取差异化与组合化的规制政策，防止“公地悲剧”上演，形成合力推动区域协作的新局面。最后，加快转变长三角区域政府政绩考核导向，优化政绩考核体系，增加经济与环境相协调的内容，促进考核向着一体化、多元化、绿色化、高质量化发展。

参考文献

［1］安虎森，蒋涛. 一体化还是差别化：有关区域协调发展的理论解析［J］. 当代经济科学，2006，28（4）：53-63.

［2］陈丹玲，卢新海，张超正，等. 多维视域下区域一体化对城市土地绿色利用效率的影响机制研究［J］. 经济与管理研究，2021，42（8）：96-110.

［3］陈建军，刘月，邹苗苗. 产业协同集聚下的城市生产效率增进：基于融合创新与发展动力转换背景［J］. 浙江大学学报（人文社会科学版），2016，46（3）：150-163.

［4］陈建军. 不失时机推动长三角更高质量一体化发展［J］. 人民论坛·学术前沿，2019（4）：41-47.

［5］陈建军. 长三角区域经济一体化的历史进程与动力结构［J］. 学术月刊，2008，40（8）：79-85.

［6］陈建军. 长三角区域经济一体化的源流、动力机制与价值目标［J］. 嘉兴学院学报，2010，22（5）：33-39.

［7］陈瑞莲. 欧盟经验对珠三角区域一体化的启示［J］. 学术研究，2009（9）：35-41+159+2.

［8］陈维健. 影响长三角经济一体化进程的因素分析［J］. 今日科苑，2007（20）：228.

［9］陈雯，兰明昊，孙伟，等. 长三角一体化高质量发展：内涵、现状及对策［J］. 自然资源学报，2022，37（6）：1403-1412.

［10］陈雯. 区域一体化成为高质量发展的新动能［J］. 领导科学，2018（19）：21.

［11］陈喜强，姚芳芳，马双. 区域一体化政策、要素流动与居民获得感提

升：基于政策文本的量化分析［J］. 经济理论与经济管理，2022，42（6）：96-112.

［12］陈彦斌，郭豫媚，陈伟泽. 2008 年金融危机后中国货币数量论失效研究［J］. 经济研究，2015，50（4）：21-35.

［13］程必定. 长三角更高质量一体化发展新论［J］. 学术界，2019（11）：56-67.

［14］董春风，何骏. 区域一体化发展提升城市创新能力了吗：来自长三角城市群扩容的经验证据［J］. 现代经济探讨，2021（9）：109-118.

［15］樊新舟. 中小城市交通一体化发展研究［J］. 公路交通科技（应用技术版），2019，174（6）：356-357.

［16］范剑勇. 更高质量一体化发展，长三角产业如何布局［J］. 环境经济，2019，246（6）：64-67.

［17］冯润东，王甫园，王开泳. 成德绵地区政区位势与行政区经济耦合的时空演化与优化路径［J］. 地理研究，2022，41（2）：441-455.

［18］冯曦明，张仁杰，杨膨宇. 产业协同集聚提升绿色发展水平了吗：基于 285 个城市的空间计量分析［J］. 金融与经济，2022（3）：71-81.

［19］付凌晖. 中国产业结构高级化与经济增长关系的实证研究［J］. 统计研究，2010，27（8）：79-81.

［20］傅志寰，陆化普. 城市群交通一体化：理论研究与案例分析［M］. 北京：人民交通出版社，2016.

［21］高丽娜，蒋伏心. 长三角区域更高质量一体化发展：阶段特征、发展困境与行动框架［J］. 经济学家，2020（3）：66-74.

［22］郭克莎，田潇潇. 加快构建新发展格局与制造业转型升级路径［J］. 中国工业经济，2021（11）：44-58.

［23］郭艺，曹贤忠，魏文栋，等. 长三角区域一体化对城市碳排放的影响研究［J］. 地理研究，2022，41（1）：181-192.

［24］郭艺，曾刚，魏文栋，等. 区域一体化对资源型城市产业结构升级的影响［J］. 经济地理，2023，43（3）：131-139.

［25］郭振松. 广佛城镇空间网络的借用规模效应探索［D］. 广州：华南理工大学，2017.

［26］国务院新闻办公室.《中国交通的可持续发展》白皮书［EB/OL］.

（2020-12-22）. http：//www. scio. gov. cn/zfbps/32832/Document/1695297/1695297. htm.

［27］韩国高，张超. 财政分权和晋升激励对城市环境污染的影响：兼论绿色考核对中国环境治理的重要性［J］. 城市问题，2018（2）：25-35.

［28］韩旭，豆建民. 长三角一体化能重塑污染产业空间布局吗？［J］. 中国环境管理，2022，14（3）：88-96.

［29］韩永楠，葛鹏飞，周伯乐. 中国市域技术创新与绿色发展耦合协调演变分异［J］. 经济地理，2021，41（6）：12-19.

［30］胡慧源，李叶. 长三角文化产业集群一体化发展：现实瓶颈、动力机制与推进路径［J］. 现代经济探讨，2022（9）：117-123.

［31］胡艳，张安伟. 长三角区域一体化生态优化效应研究［J］. 城市问题，2020（6）：20-28.

［32］胡永刚，郭新强. 内生增长、政府生产性支出与中国居民消费［J］. 经济研究，2012，47（9）：57-71.

［33］黄洁. 垂直解体与低运输成本下的产业集聚间分工研究［D］. 杭州：浙江大学，2009.

［34］黄文，张羽瑶. 区域一体化战略影响了中国城市经济高质量发展吗?：基于长江经济带城市群的实证考察［J］. 产业经济研究，2019（6）：14-26.

［35］伋晓光. 从新制度经济学角度看经济全球化和区域经济一体化［J］. 经济与管理，2005，19（8）：10-13.

［36］贾俊雪. 公共基础设施投资与全要素生产率：基于异质企业家模型的理论分析［J］. 经济研究，2017，52（2）：4-19.

［37］姜卫民，范金，袁小慧. 中间投入的关联性及经济增长方式的国际比较［J］. 系统工程理论与实践，2017，37（1）：119-131.

［38］蒋海兵，韦胜. 城乡交通一体化驱动下江苏农村医疗卫生服务可达性［J］. 长江流域资源与环境，2020，29（9）：1922-1929.

［39］蒋海兵，徐建刚，祁毅. 京沪高铁对区域中心城市陆路可达性影响［J］. 地理学报，2010，65（10）：1287-1298.

［40］金丹. 区域经济一体化的理论框架研究［J］. 西部经济管理论坛，2014，25（3）：75-82.

[41] 金士宣，徐文述. 中国铁路发展史：1876-1949 [M]. 北京：中国铁道出版社，1986.

[42] 金巍，蒋薇，高菽菡. 国家重大战略叠加效应对长三角城市群的影响研究 [J]. 南京邮电大学学报（社会科学版），2023（11）：65-75.

[43] 施工图敲定交通强国建设“新老并进”[EB/OL]．（2020-05-08）. http：//finance. china. com. cn/news/20200508/5267937. shtml.

[44] 李国璋，周彩云，江金荣. 区域全要素生产率的估算及其对地区差距的贡献 [J]. 数量经济技术经济研究，2010，27（5）：49-61.

[45] 李郇，殷江滨. 国外区域一体化对产业影响研究综述 [J]. 城市规划，2012，36（5）：91-96.

[46] 李兰冰，张聪聪. 高速公路连通性对区域市场一体化的影响及异质性分析 [J]. 世界经济，2022，45（6）：185-206.

[47] 李平华，陆玉麒. 可达性研究的回顾与展望 [J]. 地理科学进展，2005（3）：69-78.

[48] 李世奇，朱平芳. 长三角一体化评价的指标探索及其新发现 [J]. 南京社会科学，2017（7）：33-40.

[49] 李雪松，张雨迪，孙博文. 区域一体化促进了经济增长效率吗：基于长江经济带的实证分析 [J]. 中国人口·资源与环境，2017，27（1）：10-19.

[50] 李湛，张彦. 长三角一体化的演进及其高质量发展逻辑 [J]. 华东师范大学学报（哲学社会科学版），2020，52（5）：146-156+187-188.

[51] 梁任敏，蒙昱竹，李振东. 经济地理重塑与区域经济一体化动力机制 [J]. 广西社会科学，2017（1）：74-82.

[52] 廖文龙，董新凯，翁鸣，陈晓毅. 市场型环境规制的经济效应：碳排放交易、绿色创新与碳排放 [J]. 中国软科学，2020（6）：159-173.

[53] 刘洪，刘晓洁，李云. 基于改进索罗余值法的湖北省科技进步贡献率测算 [J]. 统计与决策，2018，34（15）：107-110.

[54] 刘华军，彭莹，贾文星，等. 价格信息溢出、空间市场一体化与地区经济差距 [J]. 经济科学，2018（3）：49-60.

[55] 刘乃全，胡羽琦，周闽军，等. 区域一体化与城市内部地区收入差距：基于长三角地级市数据的经验研究 [J]. 经济与管理评论，2023，39（1）：14-29.

[56] 刘乃全，胡羽琦. 区域一体化可以缩小城市间收入差距吗?：来自长三

角地区的经验证据［J］. 浙江社会科学，2022（10）：12-24+155.

［57］刘晓钰. 长三角产业集聚对区域一体化的影响［D］. 南京：南京理工大学，2022.

［58］刘修岩，陈子扬. 城市体系中的规模借用与功能借用：基于网络外部性视角的实证检验［J］. 城市问题，2017（12）：12-19.

［59］刘秀英. 场域视角下区域一体化发展研究［D］. 北京：北京交通大学，2019.

［60］刘勇. 与空间结构演化协同的城市群交通运输发展：以长三角为例［J］. 世界经济与政治论坛，2009（6）：78-84.

［61］刘志彪. 长三角区域高质量一体化发展的制度基石［J］. 人民论坛·学术前沿，2019，164（4）：6-13.

［62］刘治彦，魏哲南. 长三角更高质量一体化发展面临的问题与策略［J］. 企业经济，2022，41（10）：37-45.

［63］卢同. 京津冀交通一体化发展的策略研究［D］. 天津：天津商业大学，2020.

［64］陆军，毛文峰. 城市网络外部性的崛起：区域经济高质量一体化发展的新机制［J］. 经济学家，2020（12）：62-70.

［65］罗蓉，罗雪中. 论区域经济一体化演进机制及城市主导作用［J］. 社会科学战线，2009，171（9）：91-96.

［66］吕小瑞，杨磊. 推进宁滁省际毗邻区域一体化发展研究［J］. 滁州学院学报，2023，25（4）：12-17.

［67］吕政.《新产业革命与经济高质量发展交汇下的中国产业转型升级研究》评介［J］. 中国工业经济，2022（2）：2.

［68］马丽梅，刘生龙，张晓. 能源结构、交通模式与雾霾污染——基于空间计量模型的研究［J］. 财贸经济，2016，37（1）：147-160.

［69］马子玉，李巍，王琦. 金融发展促进区域经济一体化了吗：来自长三角区域的经验证据［J］. 哈尔滨商业大学学报（社会科学版），2022（2）：43-57.

［70］孟德友，陆玉麒. 高速铁路对河南沿线城市可达性及经济联系的影响［J］. 地理科学，2011（5）：537-543.

［71］孟望生，张扬. 自然资源禀赋、技术进步方式与碳排放：基于中国省级面板数据的经验研究［J］. 资源科学，2020，42（12）：2314-2327.

［72］彭桥，肖尧，陈浩. 市场一体化对区域经济协调发展影响的实证检验［J］. 统计与决策，2021，37（20）：113-116.

［73］齐英瑛，邓翔，任崇强. 贸易开放、环境规制与城市绿色发展效率：来自中国 2010—2018 年 282 个城市的证据［J］. 经济问题探索，2022，478（5）：145-160.

［74］千慧雄. 长三角区域经济一体化测度［J］. 财贸研究，2010，21（5）：24-31.

［75］秦放鸣，唐娟. 经济高质量发展：理论阐释及实现路径［J］. 西北大学学报（哲学社会科学版），2020，50（3）：138-143.

［76］苏丹妮，盛斌. 产业集聚、集聚外部性与企业减排：来自中国的微观新证据［J］. 经济学（季刊），2021，21（5）：1793-1816.

［77］孙斌栋. 长三角一体化高质量发展的理论与实践［J］. 人民论坛 · 学术前沿，2022（22）：44-51.

［78］孙博文，尹俊. 交通投资何以实现高质量的市场一体化：基于地理性与制度性市场分割的视角［J］. 宏观质量研究，2021，9（1）：113-128.

［79］孙海波，刘忠璐. 环境规制、清洁技术创新与中国工业绿色转型［J］. 科研管理，2021，42（11）：54-61.

［80］孙宏日，刘艳军，周国磊. 东北地区交通优势度演变格局及影响机制［J］. 地理学报，2021，76（2）：444-458.

［81］孙久文. 区域经济一体化：理论、意义与“十三五”时期发展思路［J］. 区域经济评论，2015（6）：8-10.

［82］汤碧. 区域经济一体化模式比较［J］. 南开经济研究，2002（3）：54-56.

［83］陶世杰，李俊峰. 高铁网络可达性测度及经济潜力分析：以安徽省为例［J］. 长江流域资源与环境，2017（9）：1323-1331.

［84］佟家栋，杨坚，信玉红. 区域经济一体化模式的比较［J］. 世界经济文汇，1994（1）：46-49.

［85］汪德根，陈田，李立，等. 国外高速铁路对旅游影响研究及启示［J］. 地理科学，2012，32（3）：322-328.

［86］汪光焘，王婷. 贯彻《交通强国建设纲要》，推进城市交通高质量发展［J］. 城市规划，2020（3）：31-42.

［87］汪后继，汪伟全，胡伟. 长三角区域经济一体化的演进规律研究［J］. 浙江大学学报（人文社会科学版），2011，41（6）：104-112.

［88］汪伟全. 推进区域一体化必须协调地方利益冲突［J］. 探索与争鸣，2009（11）：56-58.

［89］汪晓文，任敬，陈南旭. 地方政府竞争对区域市场一体化的影响研究［J］. 工业技术经济，2023，42（8）：22-30.

［90］王得新. 专业化分工与都市圈形成演进研究［D］. 北京：首都经济贸易大学，2013.

［91］王华. 两岸生产分工、贸易依赖与经济周期协动性［J］. 数量经济技术经济研究，2017，34（1）：3-20.

［92］王文成，隋苑. 生产性服务业和高技术产业协同集聚对区域创新效率的空间效应研究［J］. 管理学报，2022，19（5）：696-704.

［93］王雨，张京祥. 区域经济一体化的机制与效应——基于制度距离的空间发展解释［J］. 经济地理，2022，42（1）：28-36.

［94］王媛玉. 产业集聚与城市规模演进研究［D］. 长春：吉林大学，2019.

［95］王钺. 数字经济对区域市场一体化的影响研究——基于要素市场与产品市场的双重视角［J］. 云南财经大学学报，2023，39（10）：28-40.

［96］吴化斌，许志伟，胡永刚，等. 消息冲击下的财政政策及其宏观影响［J］. 管理世界，2011（9）：26-39.

［97］新华网. 铁路牵引长三角一体化迈向高质量［EB/OL］.（2020-01-13）. http：//www. xinhuanet. com/fortune/2020-01/13/c_ 1125453411. htm.

［98］熊琛，周颖刚，金昊. 地方政府隐性债务的区域间效应：银行网络关联视角［J］. 经济研究，2022，57（7）：153-171.

［99］徐光伟，乔婉容，惠慧. “虹吸效应”还是“扩散效应”：区域一体化对企业异地投资区位选择的影响［J］. 区域金融研究，2021（10）：29-37.

［100］徐现祥，李郇. 市场一体化与区域协调发展［J］. 经济研究，2005，40（12）：57-67.

［101］许若曦，聂磊，付慧伶. 面向提升旅客出行效率的高速铁路列车停站方案优化［J］. 交通运输系统工程与信息，2020（2）：174-180.

［102］许闻博，王兴平. 高铁站点地区空间开发特征研究：基于京沪高铁沿线案例的实证分析［J］. 城市规划学刊，2016（1）：72-79.

［103］闫程莉. 产业集聚对城市体系规模等级结构扁平化的影响及机理研究［D］. 北京：首都经济贸易大学，2018.

［104］杨晨，薛美根，吉婉欣，等. 长三角交通一体化发展的若干思考［J］. 城市交通，2020（4）：64-70.

［105］杨红光. 大国速度：艰难起步［M］. 北京：北京联合出版公司，2019.

［106］杨继军，刘依凡，陈旭，等. 城市群空间功能分工、规模功能借用与企业出口增加值［J］. 经济科学，2021（5）：68-83.

［107］杨清可，谷娇，王磊，等. 长三角区域一体化对城市土地利用效率动态演化的影响因素分析［J］. 长江流域资源与环境，2022，31（7）：1455-1466.

［108］杨守云，赵鑫. 产业集聚：我国高技术产业发展的推动力［J］. 学术交流，2019（5）：94-103+192.

［109］杨桐彬，朱英明，刘梦鹤，等. 资源型城市产业协同集聚、市场化程度与环境污染［J］. 产业经济研究，2020（6）：15-27+112.

［110］杨洋，杨翼昂，夏敏. 长三角一体化：文献述评与研究展望［J］. 研究与发展管理，2023，35（2）：1-14.

［111］姚永玲，朱甜. 基于相对规模结构的城市规模借用效应研究［J］. 开发研究，2021（4）：55-64.

［112］尹维娜，刘晓勇，徐靓，等. 长三角县级城市高铁地区发展的价值选择：以张家港高铁生态城规划为例［J］. 城市规划学刊，2017（Z2）：142-148.

［113］尹征，卢明华. 京津冀地区城市间产业分工变化研究［J］. 经济地理，2015，35（10）：110-115.

［114］余菲菲，胡文海，荣慧芳. 中小城市旅游经济与交通耦合协调发展研究：以池州市为例［J］. 地理科学，2015，35（9）：1116-1122.

［115］袁茜，吴利华，张平. 长江经济带一体化发展与高技术产业研发效率［J］. 数量经济技术经济研究，2019，36（4）：45-60.

［116］岳钦韬. 近代长江三角洲地区的交通发展与人口流动：以铁路运输为中心（1905-1936）［J］. 中国经济史研究，2014（4）：154-167.

［117］张超亚，张小林，李红波. 快速交通对区域中心城市日常可达性影响：以长江三角洲地区为例［J］. 长江流域资源与环境，2015，24（2）：194-201.

[118] 刘晓钰．长三角产业集聚对区域一体化的影响研究 [D]. 南京：南京理工大学，2022.

[119] 朱英明，董艳梅，郑紫颜．先行：长三角交通一体化与高铁发展 [M]//张学良，等．东方门户：长三角一体化发展．重庆：重庆大学出版社，2022.

[120] 张军. "珠三角" 区域经济一体化发展研究 [D]. 成都：西南财经大学，2012.

[121] 张沛，吴潇，徐境. 区域一体化发展思路及推进策略研究：以内蒙呼包鄂为例 [J]. 发展研究，2010 (2)：8-15.

[122] 张跃，刘莉，黄帅金. 区域一体化促进了城市群经济高质量发展吗?：基于长三角城市经济协调会的准自然实验 [J]. 科学学研究，2021，39 (1)：63-72.

[123] 赵红军. 交易效率、城市化与经济发展 [M]. 上海：上海人民出版社，2012.

[124] 赵领娣，徐乐. 基于长三角扩容准自然实验的区域一体化水污染效应研究 [J]. 中国人口·资源与环境，2019，29 (3)：50-61.

[125] 赵伟，程艳. 区域经济一体化的理论溯源及最新进展 [J]. 商业经济与管理，2006 (6)：58-62.

[126] 郑宝华，谢忠秋. 基于低碳经济的中国区域全要素生产率研究 [J]. 经济学动态，2011 (10)：38-41.

[127] 中国交通新闻网. 苏沪浙皖共促长三角毗邻公交客运衔接 [EB/OL]. (2019-04-18). http://www.mot.gov.cn/jiaotongyaowen/201904/t20190418_3188875.html.

[128] 中华人民共和国中央人民政府. 交通强国建设纲要 [EB/OL]. (2019-09-19). http://www.gov.cn/gongbao/content/2019/content_5437132.htm.

[129] 中华人民共和国中央人民政府. 长江三角洲地区交通运输更高质量一体化发展规划 [EB/OL]. (2020-04-02). http://www.gov.cn/index.htm.

[130] 中华人民共和国中央人民政府. 交通运输部举行 "加快交通强国建设" 专题发布会 [EB/OL]. (2019-12-09). http://www.gov.cn/xinwen/2019-12/09/content_5459759.htm.

[131] Acs Z J, Audretsch D B, Braunerhjelm P, et al. The Missing Link: The Knowledge Filter and Entrepreneurship in Endogenous Growth [R]. CEPR Discussion

Paper, 2004.

[132] Acs Z J. Entrepreneurship and Economic Development: The Valley of Backwardness [J]. Annals of Innovation and Entrepreneurship, 2010, 1 (1): 1-18.

[133] Adam K, Jappelli T, Menichini A, et al. Analyse, Compare, and Apply Alternative Indicators and Monitoring Methodologies to Measure the Evolution of Capital Market Integration in the European Union [R]. Report to the European Commission, 2002.

[134] Adler M, Qi R. Mexico's Integration into the North American Capital Market [J]. Emerging Markets Review, 2003, 4: 91-120.

[135] Aghion P, Howitt P. A Model of Growth through Creative Destruction [J]. Econometrica, 1992, 60 (2): 323-351.

[136] Agur I, Dorrucci E, Mongelli F P. Testing the Links between in Integration and Trade Deepening: Clues from Europe [J]. Open Economies Review, 2007, 18 (5): 599-612.

[137] Ahmed J, Sundararajan V. Regional Integration of Capital Markets in Aseanrecent Developments, Issues, and Strategies (with Special Reference to Equity Markets and RPAR [J]. Global Journal of Emerging Market Economies, 2009, 1 (1): 87-122.

[138] Ahmed Z S, Hussain M. Lessons from the European Unioin's Economic Integration for South Asian Regionalism [J]. Journal of Developing Societies, 2019, 35 (3): 325-345.

[139] Akpan O P, Parmentier M J C. Linkages and Connections: A Framework for Research in Information and Communication Technologies, Regional Integration, and Development [J]. Review of Policy Research, 2009, 26 (3): 289-309.

[140] Al-Eyd A J., Berkmen P. Fragmentation and Monetary Policy in the Euro Area [R]. IMF Working Papers, International Monetary Fund, 2013.

[141] Alday S S. Regional Integration and the Regional Risk Paradox [J]. European Management Journal, 2022, 40 (5): 793-808.

[142] Aldridge T T, Audretsch D. The Bayh-dole Act and Scientist Entrepreneurship [J]. Research Policy, 2011, 40 (8): 1058-1067.

[143] Alexander J A, Maureen E C, Bryan J W. Governance in Public-private

Community Health Partnerships: A Survey of the Community Care Network: SM Demonstration Sites [J]. Nonprofit Management and Leadership, 1998, 8: 231-332.

[144] Alkulaib Y A, Najand M, Mashayekh A. Dynamic Linkages among Equity Markets in the Middle East and North African Countries [J]. Journal of Multinational Financial Management, 2009, 19 (1): 43-53.

[145] Aloui C, Hkiri B. Co-movements of GCC Emerging Stock Markets: New Evidence from Wavelet Coherence Analysis [J]. Economic Modelling, 2014, 36:421-431.

[146] Amin A, Thrift N. Globalization, Institutions, and Regional Development in Europe [M]. Oxford: Oxford University Press, 1994.

[147] Andranovich G. Achieving Consensus in Public Decision Making: Applying Interest-based Problem Solving to the Challenges of Intergovernmental Collaboration [J]. The Journal of Applied Behavioral Science, 1995, 31 (4): 429-445.

[148] Aniche E T, Ukaegbu V E. Structural Dependence, Vertical Integration and Regional Economic Cooperation in Africa: A Study of Southern African Development Community [J]. Africa Review, 2016, 8 (2): 108-119.

[149] Ansari W E. Educational Partnerships for Public Health [J]. Journal of Public Health Management and Practice, 2003, 9 (2): 136-156.

[150] Ansel C, Gash A. Collaborative Governance in Theory and Practice [J]. Journal of Public Administration Research and Theory, 2008, 18 (4): 543-571.

[151] Armington P S. A Theory of Demand for Products Distinguished by Place of Production [J]. IMF Staff Papers, 1969, 16: 159-176.

[152] Arrow K J. Economic Welfare and the Allocation of Resources for Invention [M]. Princeton: Princeton University Press, 1962.

[153] Arrow K. The Economic Implications of Learning by Doing [J]. Review of Economic Studies, 1962, 29 (3): 155-173.

[154] Athukorala P C. Indra-regional FDI and Economic Integration in South Asia [J]. South Asia Economic Journal, 2014, 15 (1): 1-35.

[155] Audretsch D, Thurik R. A Model of the Entrepreneurial Economy [J]. International Journal of Entrepreneurship Education, 2004, 2 (2): 143-166.

[156] Autor D H. Outsourcing at Will: The Contribution of Unjust Dismissal Doc-

trine to the Growth of Employment Outsourcing [J]. Journal of Labor Economics, 2003, 21 (1): 1-23.

[157] Baele L, Ferrando A, Hordahl P, et al. Measuring Financial Integration in the Euro Area [R] . European Central Bank Occasional Paper, 2004.

[158] Bailey, Stulz R M. Benefits of International Diversification: The Case of Pacific Basin Stock Markets [J]. Journal of Portfolio Management, 1990, 16: 57-61.

[159] Balassa B. Towards a Theory of Economic Integration [J]. Kyklos, 1961, 14 (1): 1-17.

[160] Baldwin R. Review of Theoretical Developments on Regional Integration [R]. Nairobi: AERC Publication, 1997.

[161] Baron R M, Kenny D A. The Moderator-mediator Variable Distinction in Social Psychological Research: Conceptual, Strategic, and Statistical Considerations [J]. Journal of Personality and Social Psychology, 1986, 51 (6): 1173-1182.

[162] Barro R J. Government Spending in a Simple Model of Endogenous Growth [J]. Journal of Political Economy, 1990, 98 (2): 103-125.

[163] Beierle T C, Konisky D M. What are We Gaining from Stakeholder Involvement? Observations from Environmental Planning in the Great Lakes [J]. Environment and Planning C: Government and Policy, 2001, 19 (4): 515-527.

[164] Bekaert G, Harvey C R. Emerging Equity Market Volatility [J]. Journal of Financial Economics, 1997, 43: 29-77.

[165] Bekaert G, Harvey C R. Time-varying World Market Integration [J]. Journal of Finance, 1995, 50: 403-444.

[166] Bekaert G, Urias M S. Diversification, Integration, and Emerging Market Closed-end Funds [J]. Journal of Finance, 1996, 51: 835-870.

[167] Bekaert G. Market Integration and Investment Barriers in Emerging Equity Markets [J]. World Bank Economic Review, 1995, 9: 75-107.

[168] Benito G R, Welch L S. De-internationalization [J]. Management International Review, 1997, 37 (2): 7-25.

[169] Bentrup G. Evaluation of a Collaborative Model: A Case Study Analysis of Watershed Planning in Theintermountain West [J]. Environmental Management, 2001, 27 (5): 739-748.

[170] Blatter J K. Debordering the World of States: Towards a Multi-Level System in Europe and a Multi-polity System in North America? Insights from Border Regions [J]. European Journal of International Relations, 2001, 7 (2): 175-209.

[171] Boamah N A, Watts E J, Loudon G. Investigating Temporal Variation in the Global and Regional Integration of African Stock Markets [J]. Journal of Multinational Financial Management, 2016 (36): 103-118.

[172] Bolanos A B. Initiative for Infrastructure Integration in South America: Way toward Regional Convergence [J]. International Economic Journal, 2017, 31 (2):326-354.

[173] Bourdieu P. The Forms of Capital. In Handbook of Theory and Research for the Sociology of Education Richardson [M]. New York: Greenwood, 1985.

[174] Bouvatier V, Delatte A L. Waves of International Banking Integration: A Tale of Regional Differences [J]. European Economic Review, 2015, 80: 354-373.

[175] Bradford N. Prospects for Associative Governance: Lessons from Ontario, Canada [J]. Politics and Society, 1998, 26 (4): 539-573.

[176] Broner F, Martin A, Ventura J. Sovereign Risk and Secondary Markets [J]. American Economic Review, 2010, 100 (4): 1523-1555.

[177] Brooks D H, Roland-Hols D, Zhai F. Asia's Long-term Growth and Integration: Reaching beyond Trade Policy Barriers [R]. ERD Policy Brief, 2005.

[178] Brooks D H. Regional Cooperation, Infrastructure and Trade Costs in Asia [R]. ADBI Working Paper, Tokyo: Asian Development Institute, 2008.

[179] Calvo G A. Capital Flows and Capital-market Crises: The Simple Economics of Sudden Stops [J]. Journal of Applied Economics, 1998, 1 (1): 35-54.

[180] Cappello R, Caragliu A, Fratesi U. Compensation Modes of Border Effects in Cross-border Regions [J]. Journal of Regional Sciences, 2018b, 58: 759-785.

[181] Cappello R, Caragliu A, Fratesi U. Measuring Border Effects in European Cross-border Regions [J]. Regional Studies, 2018a, 52 (7): 986-996.

[182] Carbaugh R J. International Economics (9th eds.) [D]. Perth: University of Western Australia, 2004.

[183] Carrieri F, Errunza V, Hogan K. Characterizing World Market Integration through Time [J]. Journal of Financial and Quantitative Analysis, 2007 (42):

915-940.

[184] Cheng Y S, Loo B P Y, Vickerman R. High-speed Rail Networks, Economic Integration and Regional Specialisation in China and Europe [J]. Travel Behaviour and Society, 2015, 2 (1): 1-14.

[185] Cheng Z, Jin W. Agglomeration Economy and the Growth of Green Total-factor Productivity in Chinese Industry [J]. Socio-Economic Planning Sciences, 2020, 101003.

[186] Cheung Y L, Mak S. The International Transmission of Stock Market Fluctuation between the Developed Markets and the Asian-Pacific Markets [J]. Applied Financial Economics, 1992, 2 (1): 43-47.

[187] Cheung Y W, Chinn M D, Fujii E. The Chinese Economies in Global Context: The Integration Process and its Determinants [J]. Journal of the Japanese and International Economies, 2006, 20 (1): 128-153.

[188] Chirisa I. The Role of the Informal Sector in African Regional Integration: Scope and Limits [J]. Insight on Africa, 2014, 6 (2): 131-144.

[189] Cho S, Hyde S, Nguyen N. Time-varying Regional and Global Integration and Contagion: Evidence from Style Portfolios [J]. International Review of Financial Analysis, 2015, 42: 109-131.

[190] Cho S. Breaking the Barrier between Regionalism and Multilateralism: A New Perspective on Trade Regionalism [J]. Harvard International Law Journal, 2001, 42 (2): 419-466.

[191] Chrislip D, Carl E L. Collaborative Leadership: How Citizens and Civic Leaders Can Make a Difference [M]. San Francisco, CA: Jossey-Bass, 1994.

[192] Chryssochoou D. Theorizing European Integration (2nd eds.) [M]. London: Routledge, 2009.

[193] Chu A C, Cozzi G. Growth: Scale or Market-size Effects? [J]. Economics Letters, 2019, 178 (C): 13-17.

[194] Claridge T. Social Capital and Natural Resource Management [R]. Thesis, University of Queensland, 2004.

[195] Cockerham G B. Regional Integration in ASEAN: Institutional Design and the ASEAN Way [J]. East Asia, 2009, 27 (2): 165-185.

[196] Coleman J S. Social Capital in the Creation of Human Capital [J]. American Journal of Sociology, Supplement, 1988, 94: 95-120.

[197] Connick S, Innes J E. Outcomes of Collaborative Water Policy Making: Applying Complexity Thinking to Evaluation [J]. Journal of Environmental Planning and Management, 2003, 46 (2): 177-197.

[198] Cozzi G, Giordani P, Zamparelli L. The Refoundation of the Symmetric Equilibrium in Schumpeterian Growth Models [J]. Journal of Economics Theory, 2007, 136 (1): 788-797.

[199] Cuestas J C, Filipozzi F, Staehr K. Uncovered Interest Parity in Central and Eastern Europe: Expectations and Structural Breaks [J]. Review of International Economics, 2015, 25 (4): 695-710.

[200] Cunha M P E, Putnam L L. Paradox Theory and the Paradox of Success [J]. Strategic Organization, 2019, 17 (1): 95-106.

[201] Daniel T. The Case of the Missing Trade and Other Mysteries [J]. American Economic Review, 1995, 85 (5): 1029-1046.

[202] Dascher K, Haupt A. The Political Economy of Regional Integration Projects at Borders Where Poor and Rich Meet: The Role of Cross-border Shopping and Community Sorting [J]. Journal of Urban Economics, 2011, 69 (1): 148-164.

[203] De Lombaerde P, Dorrucci E, Genna G, et al. Quantitative Monitoring and Comparison of Regional Integration Processes: Steps towards Good Practice [R] . CRIS Working Paper No. W-2008/9. United Nations University, Tokyo, 2008.

[204] De Lombaerde P, Naeher D, Saber T. Regional Integration Clusters and Optimum Customs Unions: A Machine-learning Approach [J]. Journal of Economic Integration, 2021, 36 (2): 262-281.

[205] Dedeolu B, Bilener T. Neo-functionalist Regional Integration Theory Put to Test in Asia: New Regionalism around India and Asean [J]. Insight Turkey, 2017, 19 (4): 155-173.

[206] Deutsch K W. Political Community and the North Atlantic Area: International Organization in the Light o/Historical Experience [M]. Princeton: Princeton University Press, 1957.

[207] Dirar L G. Titled the European Union as an Exogenous Factor in Integration

Schemes of Southern African States [R]. 2014.

[208] Divecha A B, Drach G, Stefek D. Emerging Markets: A Quantitative Perspective [J]. Journal of Portfolio Management, 1992, 19: 41-50.

[209] Dobkin C, Finklstein A, Kluender R, et al. The Economic Consequences of Hospital Admissions [J]. American Economic Review, 2018, 108 (2): 308-352.

[210] Duff A. Reforming the European Union [M]. London: Sweet and Maxwell, 1997.

[211] Dunning J H, Robson P. Multinational Corporate Integration and Regional Economic Integration [J]. Journal of Common Market Studies, 1987, 26 (2): 103-126.

[212] Durand F, Decoville A. A Multidimensional Measurement of the Integration between European Border Regions [J]. Journal of European Integration, 2020, 42 (2): 163-178.

[213] Easterly W, Rebelo S. Fiscal Policy and Economic Growth: An Empirical Investigation [J]. Journal of Monetary Economics, 1993, 32 (3): 417-458.

[214] ECDPM. The Cotonou Agreement: A User's Guide/or Non-state Actors [R]. Brussels, Belgium: ACP Secretariat, 2003.

[215] Echeverria J D. No Success Like Failure: The Platte River Collaborative Watershed Planning Process [J]. William and Mary Environmental Law and Policy Review, 2001 (25): 559-604.

[216] Eeckhout J, Jovanovic B. Occupational Choice and Development [J]. Journal of Economic Theory, 2012, 147 (2): 657-683.

[217] Efremov V, Kotenkova S, Davletshin E. Evaluation of the Potential for Integration of Capital in the Investment Attractive Regions of the Russian Federation [J]. Procedia Economics and Finance, 2015 (32): 264-270.

[218] Egert B, Kocenda E. Interdependence Between Eastern and Western European Stock Markets: Evidence from Intraday Data [J]. Economic Systems, 2007, 31 (2):184-203.

[219] Ehlermann C D. Differentiation, Flexibility, Closer Cooperation: The New Provisions of the Amsterdam Treaty [J]. European Law Journal, 1998, 4 (3): 246-270.

[220] Eichengreen B. On the Sequencing of Regional Integration: General Con-

siderations and an Application to Asia [J]. North American Journal of Economics and Finance, 2006, 17 (3): 329-334.

[221] El-Agraa A. The Economics of the European Community (4th eds.) [M]. UK: Harvester Wheatsheaf, 1994.

[222] Elsass P M. The Paradox of Success: Too Much of a Good Thing? [J]. Academy of Management Perspectives, 1993, 7 (3): 84.

[223] Engl A. Bridging Borders through Institution-building: The EGTC as a Facilitator of Institutional Integration in Cross-border Regions [J]. Regional and Federal Studies, 2016, 26 (2): 143-169.

[224] English M. Who are the Stakeholders in Environmental Risk Decisions? [J]. Risk: Health, Safety and Environment, 2000 (11): 243-254.

[225] Engsted T, Tanggaard C. The Comovement of US and UK Stock Markets [J]. European Financial Management, 2004, 10 (4): 593-607.

[226] Errunza V R, Padmanabhan P. Further Evidence on the Benefits of Portfolio Investments in Emerging Markets [J]. Financial Analysts Journal, 1988, 44:76-78.

[227] Errunza V, Padmanabhan P. Tests of Integration, Mild Segmentation and Segmentation Hypothesis [J]. Journal of Banking and Finance, 1992 (16): 949-972.

[228] European Commission. European Financial Stability and Integration [R]. Commission Staff Working Document, Directorate-General Internal Market and Services, 2014.

[229] Evans L, Quigley N, Zhang J. Optimal Price Regulation in a Growth Model with Monopolistic Suppliers of Intermediate Goods [J]. Canadian Journal of Economics, 2003, 36 (2): 463-474.

[230] Farboodi M, Mihet R, Philippon T, Veldkamp L. Big Data and Firm Dynamics [J]. SSRN Electronic Journal, 2019, 15: 415-430.

[231] Feenstra R C. Integration of Trade and Disintegration of Production in the Global Economy [J]. The Journal of Economic Perspectives, 1998, 12 (4): 31-50.

[232] Feldstein M S, Horioka C Y. Domestic Savings and International Capital Flows [J]. Economic Journal, 1979, 90: 314-329.

[233] Feng Y, Wang X, Liang Z. How does Environmental Information Disclosure Affect Economic Development and Haze Pollution in Chinese Cities? The Mediating Role of

Green Technology Innovation [J]. Science of the Total Environment, 2021, 775: 545-581.

[234] Ferrara E L, Chong A, Duryea S. Soap Operas and Fertility: Evidence from Brazil [J]. American Economic Journal Applied Economics, 2012, 4 (4): 1-31.

[235] Figueira-de-Lemos F, Johanson J, Vahlne J E. Risk Management in the Internationalization Process of the Firm: A Note on the Uppsala Model [J]. Journal of World Business, 2011, 46 (2): 143-153.

[236] Filipozzi F, Staehr K. Uncovered Interest Parity in Central and Eastern Europe: Convergence and the Global Financial Crisis [J]. Theory and Practice of Economic Policy, 2012, 20 (1): 58-82.

[237] Fioramonti L, Mattheis F. Is Africa Really Following Europe? An Integrated Framework for Comparative Regionalism [J]. Journal of Common Market Studies, 2016, 54 (3): 674-690.

[238] Fliaster A, Kolloch M. Implementation of Green Innovations: The Impact of Stakeholders and Their Network Relations [J]. RAND Management, 2017, 47 (5): 689-700.

[239] Forbes K J, Warnock F E. Capital flow Waves: Surges, Stops, Flight, and Retrenchment [J]. Journal of International Economics, 2012, 88 (2): 235-251.

[240] Forslid R, Ottaviano G I P. An Analytically Solvable Core-periphery Model [J]. Journal of Economic Geography, 2003, 3 (3): 229-240.

[241] Freeman J. Collaborative Governance in the Administrative State [J]. UCLA Law Review, 1997, 45: 1-98.

[242] Freudenberg M, Fontagne L, Peridy N. Commerce International et Structures de Marche: Une Verification Empirique [J]. Economie Et Prevision, 1998, 135: 147-167.

[243] Fry-McKibbin R, Hsiao Y L, Martin V L. Global and Regional Financial Integration in East Asia and the Asean [J]. The North American Journal of Economics and Finance, 2018, 46 (9): 202-221.

[244] Fujita M. The Development of Regional Integration in East Asia: From the Viewpoint of Spatial Economics [J]. Review of Urban and Regional Development Studies, 2007, 19 (1): 2-20.

[245] Futrell R. Technical Adversarialism and Participatory Collaboration in the U. S. Chemical Weapons Disposal Program [J]. Science, Technology, and Human Values, 2003, 28 (4): 451-482.

[246] Garnaut R. Introduction: APEC Ideas and Reality -History and Prospects1 [M]//I Yamazawa (eds.) . Asia - Pacific Economic Cooperation: Challenges and Tasks for the 21st Century London: Routledge, 2000.

[247] Geda A, Seid E H. The Potential for Internal Trade and Regional Integration in Africa [J]. Journal of African Trade, 2015, 2 (1-2): 19-50.

[248] George J B. Collaborative and Adversarial Analysis in Environmental Policy [J]. Policy Sciences, 1999 (32): 1-11.

[249] Gilliam A, Davis D, Barrington T, et al. The Value of Engaging Stakeholders in Planning and Implementing Evaluations [J]. AIDS Education and Prevention, 2002, 14 (3): 5-17.

[250] Glasbergen P, Driessen P P J. Interactive Planning of Infrastructure: The Changing Role of Dutch Project Management [J]. Environment and Planning C: Government and Policy, 2005, 23 (2): 263-277.

[251] Goetzmann W N, Li L, Rouwenhorst K G. Long-term Global Market Correlations [J]. The Journal Business, 2005, 78 (1): 1-38.

[252] Gray B. Collaborating: Finding Common Ground for Multi-party Problems [M]. San Francisco, CA: Jossey-Bass, 1989.

[253] Guesmi K, Nguyen D K, Teulon F. Further Evidence on the Determinants of Regional Stock Market Integration in Latin America [J]. European Journal of Comparative Economics, 2013, 10 (3): 397-413.

[254] Guesmi K, Nguyen D K, Teulon F. Further Evidence on the Determinants of Regional Stock Market Integration in Latin America [J]. European Journal of Comparative Economics, 2014, 10 (3): 397-413.

[255] Guesmi K, Nguyen D K. How Strong is the Global Integration of Emerging Market Regions? An Empirical Assessment [J]. Economic Modelling, 2011, 28 (6): 2517-2527.

[256] Guesmi K, Nguyen D K. Time-varying Regional Integration of Stock Markets in Southeast Europe [J]. Applied Economics, 2014, 46 (11): 1279-1290.

[257] Guesmi K, Nguyen, D K. How Strong is the Global Integration of Emerging Market Regions? [J]. An Empirical Assessment, Economic Modelling, 2011, 28: 2517-2527.

[258] Guesmi K, Teulon F. The Determinants of Regional Stock Market Integration in Middle East: A Conditional ICAPM Approach [J]. International Economics, 2014, 137: 22-31.

[259] Guidi F, Ugur M. An Analysis of South - eastern European Stock Markets: Evidence on Co-integration and Portfolio Diversification Benefits [J]. Journal of International Financial Markets, Institutions and Money, 2014, 30: 119-136.

[260] Gunton T I, Day J C. The Theory and Practice of Collaborative Planning in Resource and Environmental Management [J]. Environments, 2003, 31 (2): 5-19.

[261] Guo A, Yang C, Zhong F. Influence Mechanisms and Spatial Spillover Effects of Industrial Agglomeration on Carbon Productivity in China's Yellow River Basin [J]. Environmental Science and Pollution Research, 2023, 30: 15861-15880.

[262] Gupta R, Guidi F. Cointegration Relationship and Time Varying Co-movements among Indian and Asian Developed Stock Markets [J]. International Review of Financial Analysis, 2012, 21: 10-22.

[263] Gurova I. A Theoretical Model for Trade Integration in the CIS Region [J]. Problems of Economic Transition, 2014, 57 (5): 37-57.

[264] Gutiérrez J. Location, Economic Potential and Daily Accessibility: An Analysis of the Accessibility Impact of the High-speed Line Madrid-Bar Celona-French Border [J]. Journal of Transport Geography, 2001, 9 (4): 229-242.

[265] Haarmann H. Europe's Mosaic of Languages [D]. Mainz: Institute of European History, 2011.

[266] Haas E B. International Integration: The European and the Universal Process [J]. International Organization, 1961, 15 (3): 366-392.

[267] Haas E. The Obsolescence of Regional Integration Theory [M]. Berkeley, CA: University of California Press, 1975.

[268] Han S Y, Zhang Z Q, Yang S Y. Green Finance and Corporate Green Innovation: Based on China's Green Finance Reform and Innovation Pilot Policy [J]. Journal of Environmental and Public Health, 2022, 67 (4): 331-339.

[269] Hardouvelis G A, Malliaropulos D, Priestley R. EMU and European Stock Market Integration [J]. Journal of Business, 2006, 79: 365-373.

[270] He D, Yin Q, Zheng M, et al. Transport and Regional Economic Integration: Evidence from the Chang-Zhu-Tan Region in China [J]. Transport Policy, 2019, 79: 193-203.

[271] Heckman J J. Sample Selection Bias as a Specification Error [J]. Econometrica, 1979, 47 (1): 153-161.

[272] Heikkila T, Gerlak A K. The Formation of Large-scale Collaborative Resource Management Institutions: Clarifying the Roles of Stakeholders, Science, and Institutions [J]. Policy Studies Journal, 2005, 33 (4): 583-612.

[273] Hejazi W. Reconsidering the Concentration of US MNE Activity: Is it Global, Regional or National? [J]. Management International Review, 2007, 47 (1): 5-27.

[274] Hermundsdottir F, Aspelund A. Sustainability Innovations and Firm Competitiveness: A Review [J]. Journal of Cleaner Production, 2021, 280: 718-757.

[275] Higgott R. Coming to Terms with Globalisation: Non State Actors and Agenda or Justice and Governance in the Next Century [R]. Hamilton, On: Institute for Globalization and the Human Condition, McMaster University, 1999.

[276] Hillberry R, Hummels D. Explaining Home Bias in Consumption: The Role of Intermediate Input Trade [R]. National Bureau of Economic Research (Cambridge, MA) Working Paper, 2002.

[277] Horvath R, Petrovski D. International Stock Market Integration: Central and South Eastern Europe Compared [J]. Economic Systems, 2013, 37 (1): 81-91.

[278] House J W. The Frontier Zone: A Conceptual Problem for Policy Makers [J]. International Political Science Review, 1980, 1 (4): 456-477.

[279] Hummels D L, Ishii J, Yi K M. The Nature of Growth of Vertical Specialization in World Trade [J]. Journal of International Economics, 2001, 54 (1): 75-96.

[280] Huxham C, Vangen S. Leadership in the Shaping and Implementation of Collaboration Agendas: How Things Happen in a (Not Quite) Joined-up World [J]. Academy of Management Journal, 2000, 43 (6): 1159-1175.

[281] Huxham C. Theorizing Collaboration Practice [J]. Public Management Review, 2003, 5: 401-423.

[282] Iheduru O C. Organized Business and Regional Integration in Africa [J]. Review of International Political Economy, 2015, 22 (5): 910-940.

[283] IMF. Uneven Growth: Short - and Long - Term Factors [R]. World Economic Outlook, 2015.

[284] Imperial M T. Using Collaboration as a Governance Strategy [J]. Administration and Society, 2005, 37 (3): 281-320.

[285] Ismail F A. Advancing Regional Integration in Africa through the Continental Free Trade Area [J]. Law and Development Review, 2017, 10 (1): 119-146.

[286] Jawoodeen E. A Critical Analysis of the Linear Regional Integration Model [M]. Stellenbosch: Tralac, 2010.

[287] Jiang S S, Liu X J, Liu Z L, et al. Does Green Finance Promote Enterprises' Green Technology Innovation in China? [J]. Frontiers in Environmental Science, 2022 (10): 198-213.

[288] Johanson J, Vahlne J E. The Internationalization Process of the Firm—A Model of Knowledge Development and Increasing Foreign Market Commitments [J]. Journal of International Business Studies, 1977, 8 (1): 23-32.

[289] John A, Lawton T C. International Political Risk Management: Perspectives, Approaches and Emerging Agendas [J]. International Journal of Management Reviews, 2018, 20 (4): 847-879.

[290] Jones C I, Williams J C. Too Much of a Good Thing? The Economics of Investment in RAND [J]. Journal of Economic Growth, 2000, 5 (1): 65-85.

[291] Jones C I. Time Series Tests of Endogenous Growth Models [J]. The Quarterly Journal of Economics, 1995, 110 (2): 495-525.

[292] Joseph S N. Comparing Common Markets: A Revisited Neo-functionalist Model [J]. International Organization, 1970, 24 (4): 796-835.

[293] Junior R H, Luciano T B. Regional (dis) Integration beyond Governments: A Comparison in Social and Civil Society Participation between Mercosur and SADC [J]. International Area Studies Review, 2021, 24 (1): 18-34.

[294] Kasa K. Common Stochastic Trends in International Stock Markets [J]. Journal of Monetary Economics, 1992, 29 (1): 95-124.

[295] Kim S, Lee J W, Shin K. Regional and Global Financial Integration in East

Asia [R]. Institute of Economic Research Korea University Discussion Paper Series, 2006.

[296] Kim W B. The Localized Network of Free Zones in the Yellow Sea Sub-Region: A Catalyst for Economic Cooperation in Northeast Asia [J]. Ritsumeikan Journal of Asia Pacfic Studies, 2002, 10: 41-57.

[297] Kirzner I. Entrepreneurial Discovery and the Competitive Market Orocess: An Austrian Approach [J]. Journal of Economic Literature, 1997, 35 (1):60-85.

[298] Kiviaho J, Nikkinen J, Piljak V, Rothovius T. The Co-movement Dynamics of European Frontier Stock Markets [J]. European Financial Management, 2012, 20 (3): 574-595.

[299] Klapper L, Laeven L, Rajan R. Entry Regulation as a Barrier to entrepreneurship [J]. Journal of Financial Economics, 2006, 82 (3): 591-629.

[300] Kling G, Ghobadian A, Hitt M A, et al. The Effects of Cross-border and Cross-industry Mergers and Acquisitions on Home-region and Global Multinational Enterprises [J]. British Journal of Management, 2014, 25: S116-S132.

[301] Kollmann R. Macroeconomic Effects of Nominal Exchange Rate Regimes: New Insights into the Role of Price Dynamics [J]. Journal of International Money and Finance, 2005, 24 (2): 275-292.

[302] Krishna A, Uphoff A. Mapping and Measuring Social Capital: A Conceptual and Empirical Study of Collective Action for Conserving and Developing Watersheds in Rajasthan, India [R]. Social Capital Initiative Working Paper No. 13, Washington DC: The World Bank, 1999.

[303] Krugman P R. Geography and Trade [M]. Cambridge: The MIT Press, 1991.

[304] Kwok F, Sharma P, Gaur S S, et al. Interactive Effects of Information Exchange, Relationship Capital and Environmental Uncertainty on International Joint Venture (IJV) Performance: An Emerging Markets Perspective [J]. International Business Review, 2019, 28 (5): 688-703.

[305] Lasker R D. Broadening Participation in Community Problem Solving: A Multidisciplinary Model to Support Collaborative Practice and Research [J]. Journal of Urban Health: Bulletin of the New York Academy of Medicine, 2003, 80 (1):

14-60.

[306] Leach W D, Pelkey N W, Sabatier P A. Stakeholder Partnerships as Collaborative Policymaking: Evaluation Criteria Applied to Watershed Management in California and Washington [J]. Journal of Policy Analysis and Management, 2002, 21 (4): 645-670.

[307] Lean H H, Teng K T. Integration of World Leaders and Emerging Powers into the Malaysian Stock Market: A DCC-MGARCH Approach [J]. Economic Modelling, 2013, 32: 333-342.

[308] Lee G, Jeong J. An Investigation of Global and Regional Integration of ASEAN Economic Community Stock Market: Dynamic Risk Decomposition Approach [J]. Emerging Markets Finance and Trade, 2016, 52 (9): 2069-2086.

[309] Leyva-de L H D I, Bolivar R M T. The Inverted Urelationship between Green Innovative Activities and Firms' Market-based Performance: The Impact of Firm Age [J]. Technovation, 2022, 110: 134-166.

[310] Li B, Huo Y, Yin S. Sustainable Financing Efficiency and Environmental Value in China's Energy Conservation and Environmental Protection Industry under the Double Carbon Target [J]. Sustainability, 2022, 14: 189-208.

[311] Li J, Guisinger S. The Globalization of Service Multinationals in the "Triad" Regions: Japan, Western Europe and North America [J]. Journal of International Business Studies, 1992, 23 (4): 675-696.

[312] Lindberg L N. Decision Making and Integration in the European Community [J]. International Organization, 1965, 19 (1): 56-80.

[313] Lindberg L, Scheingold S. Europe's Would Polity, Englewood Cliffs [M]. NJ: Prentice-Hall, 1970.

[314] Lipsey R. The Theory of Customs Unions: A General Survey [M] // Bhagawati J N. International Trade: Selected Readings. Cambridge: The MIT Press, 1987.

[315] Liu S, Wu P. The Impact of High-tech Industrial Agglomeration on China's Green Innovation Efficiency: A Spatial Econometric Analysis [J]. Fronters Environmental Science, 2023, 11: 258-273.

[316] Logsdon J M. Interests and Interdependence in the Formation of Social

Problem – solving Collaborations [J]. The Journal of Applied Behavioral Science, 1991, 27 (1): 23-37.

[317] Lyakurwa W, McKay A, Ng'eno N, et al. Regional Integration in Sub-saharan Africa: A Review of Experiences and Issues [M] // Oyejide A, Elbadawi I, Collie P. Regional Integration and Trade Liberalization in Sub-Saharan Africa, Volume I: Framework, Issues and Methodological Perspectives. London: Macmillan, 1997.

[318] Mansfield E. Contribution of Rand to Economic Growth in the United State [J]. Science, New Series, 1972, 175 (4021): 477-486.

[319] Manzocchi S, Ottaviano G I P. Outsiders in Economic Integration: The Case of a Transition Economy [N]. CEPR Discussion Paper, 2000.

[320] Margerum R D. Collaborative Planning [J]. Journal of Planning Education and Research, 2002, 21 (3): 237-253.

[321] Margerum R D. Organizational Commitment to Integrated and Collaborative Management: Matching Strategies to Constraints [J]. Environmental Management, 2001, 28 (4): 421-431.

[322] Marinov E. Economic Determinants of Regional Integration in Developing Counties [J]. International Journal of Business and Management, 2015, 3 (3): 22-39.

[323] Markusen J R. The Boundaries of Multinational Enterprises and the Theory of International Trade [J]. Journal of Economic Perspectives, 1995, 9: 169-189.

[324] Marshall A. Principles of Economics [J]. Political Science Quarterly, 1961, 77: 430-444.

[325] McCallum J. National Borders Matter: Canada-US Regional Trade Patterns [J]. The American Economic Review, 1995, 85 (3): 615-623.

[326] Mendoza E G. Real Business Cycles in a Small Open Economy [J]. American Economic Review, 1991, 4 (81): 797-818.

[327] Mitrany D. A Working Peace System [M]. Chicago: University of Chicago Press, 1943.

[328] Mohti W, Dionísio A, Vieira I, et al. Regional and Global Integration of Asian Stock Markets [J]. Research in International Business and Finance, 2019 (50): 357-368.

[329] Molle W. The Economics of European Integration [M]. Dartmouth: Dart-

mouth Publishing Company Limited, 1990.

[330] Moutinho R, Au-Yong-Oliveira M, Coelho A, et al. The Role of Regional Innovation Systems (RIS) in Translating Rand Investments into Economic and Employment Growth [J]. Journal of Technology Management and Innovation, 2015, 10 (2): 9-23.

[331] Murdock B, Carol W, Ken S. Stakeholder Participation in Voluntary Environmental Agreements: Analysis of 10 Project XL Case Studies [J]. Science, Technology and Human Values, 2005 (30): 223-250.

[332] Mutharika B W. Towards Multinational Economic Cooperation in Africa [M]. New York: Praeger Publishers, 1972.

[333] Naeher D, Narayanan R. Untapped Regional Integration Potential: A Global Frontier Analysis [J]. The Journal of International Trade and Economic Development, 2020, 29 (6): 722-747.

[334] Naeher D. An Empirical Estimation of Asia's Untapped Regional Integration Potential Using Data Envelopment Analysis [J]. Asian Development Review, 2015, 32 (2): 178-195.

[335] Narendra, Goel A. Impact of Regional Economic Integration on Economic Growth: A Review of Literature [J]. Management Research Journal, 2014, 2 (4): 1-10.

[336] Naveh M H, Torosyan T, Jalaee S A. Regional Economic Integration and Its Effects on Economic Growth and Economic Welfare [J]. World Applied Sciences Journal, 2012, 17 (10): 1349-1355.

[337] North D. Institutions, Institutional Change and Economic Performance [M]. Cambridge: Cambridge University Press, 1990.

[338] Nshimbi C C. Networks of Cross-border Non-state Actors: The Role of Social Capital in Regional Integration [J]. Journal of Borderlands Studies, 2015, 30 (4): 537-560.

[339] Obstfeld M. Are Industrial-country Consumption Risks Globally Diversified? [R]. National Bureau of Economic Research, 1993.

[340] OECD. Handbook on Constructing Composite Indicators: Methodology and User Guide [M]. Paris: OECD Publishing, 2008.

[341] Ofa S V, Karingi S. Trade in Intermediate Inputs and Trade Facilitation in

Africa's Regional Integration [J]. African Development Review, 2014, 26 (S1): 96-110.

[342] Olu-Adeyemi L, Ayodele B. The Challenges of Regional Integration for Development in Africa: Problems and Prospects [J]. Journal of Social Sciences, 2007, 15 (3): 213-218.

[343] Orcalli G. Market Building through Regional Integration Agreements: The EU and the ASEAN Way [J]. Journal of Economic Integration, 2017, 32 (1): 160-192.

[344] Ozawa P. Improving Citizen Participation in Environmental Decisionmaking: The Use of Transformative Mediator Techniques [J]. Environment and Planning C: Government and Policy, 1993, 11: 103-117.

[345] Padilla Y C, Lesley E D. Inter-agency Collaboration in an International Setting [J]. Administration in Social Work, 1998, 22 (1): 65-81.

[346] Pangestu M, Ing L Y. ASEAN: Regional Integration and Reforms [J]. Asian Economic Papers, 2016, 15 (2): 44-60.

[347] Pelkmans J. European Integration: Methods and Economic Analysis [M]. UK: Financial Times Prentice Hall, 2006.

[348] Perez-Sebastian F. Public Support to Innovation and Imitation in a Non-scale Growth Model [J]. Journal of Economic Dynamics and Control, 2007, 31 (12): 3791-3821.

[349] Perkmann M. Cross-border Regions in Europe: Significance and Drivers of Regional Cross-border Co-operation [J]. European Urban and Regional Studies, 2003, 10 (2): 153-171.

[350] Petrakos G, Topaloglou L. Economic Geography and European Integration: The Effects on the EU's External Border Regions [J]. International Journal of Public Policy, 2008, 3 (3-4): 146-162.

[351] Petri P A. Is East Asia Becoming More Interdependent? [J]. Journal of Asian Economics, 2006, 17: 381-394.

[352] Phylaktis K, Ravazzaolo F. Stock Market Linkages in Emerging Markets: Implications for International Portfolio Diversification [J]. Journal of International Financial Markets, Institution, and Money, 2005, 15: 91-106.

[353] Picciotto S. Networks in International Economic Integration: Fragmented States and the Dilemmas of Neo-liberalism [J]. Northwestern Journal of International Law and Business, 1997, 17 (2-3): 1014-1056.

[354] Putnam R D. Bowling Alone: The Collapse and Revival of American Community [M]. New York: Simon and Schuster, 2000.

[355] Putnam R D. Making Democracy Work: Civic Traditions in Modern Italy [M]. Princeton, NJ: Princeton University Press, 1993.

[356] Rao S Y, Pan Y, He J N, et al. Digital Finance and Corporate Green Innovation: Quantity or Quality? [J]. Environmental Science and Pollution Research, 2022, 29: 56772-56791.

[357] Reinold T. Civil Society Participation in Regional Integration in Africa: A Comparative Analysis of Ecowas, Sadc, and the Eac [J]. South African Journal of International Affairs, 2019, 26 (1): 53-71.

[358] Rey H. Dilemma Not Trilemma: The Global Financial Cycle and Monetary Policy Independence [R]. National Bureau of Economic Research Working Paper, 2015.

[359] Richards A J. Comovements in National Stock Market Returns: Evidence of Predictability, but not Cointegration [J]. Journal of Monetary Economics, 1995, 36 (3): 631-654.

[360] Robson P. The Economics of International Integration [M]. London: Allen and Unwin, 2000.

[361] Romer P. Increasing Returns and Long-run Growth [J]. Journal of Political Economy, 1987, 94 (5): 1002-1037.

[362] Rosamond B. Theories of European Integration [R]. Basingstoke: Macmillan, 2000.

[363] Roussos S T, Fawcett S B. A Review of Collaborative Partnerships as a Strategy for Improving Community Health [J]. Annual Review of Public Health, 2000, 21 (1): 369-402.

[364] Rua A, Nunes L C. International Comovement of Stock Market Returns: A Wavelet Analysis [J]. Journal of Empirical Finance, 2009, 16 (4): 632-639.

[365] Rugman A M, Verbeke A. Towards a Theory of Regional Multinationals: A

Transaction Cost Economics Approach [J]. Management International Review, 2005, 45 (1): 5-17.

[366] Rugman A M. Regional Strategy and the Demise of Globalization [J]. Journal of International Management, 2003, 9 (4): 409-417.

[367] Ryan C M. Leadership in Collaborative Policy-making: An Analysis of Agency Roles in Regulatory Negotiations [J]. Policy Sciences, 2001, 34: 221-245.

[368] Saarikoski H. Environmental Impact Assessment (EIA) as Collaborative Learning Process [J]. Environmental Impact Assessment Review, 2000, 20 (6): 681-700.

[369] Sako M. Prices, Quality and Trust: Inter-firm Relations in Britain and Japan [M]. Cambridge: Cambridge University Press, 1992.

[370] Salvatore D. International Economics [M]. Hoboken: John Wiley and Sons, 1997.

[371] Santangelo G D, Meyer K E. Internationalization as an Evolutionary Process [J]. Journal of International Business Studies, 2017, 48 (9): 1114-1130.

[372] Sapir A. European Integration at the Crossroads: A Review Essay on the 50th Anniversary of Bela Balassa's Theory of Economic Integration [J]. Journal of Economic Literature, 2011, 49 (4): 1200-1229.

[373] Schildbach J. Home, Sweet Home? International Banking after the Crisis [R]. EU Monitor 80, Deutsche Bank Research, 2011.

[374] Schoenmaker D. Post-crisis Reversal in Banking and Insurance Integration: An Empirical Survey [R]. European Economy—Economic Papers 496, Directorate General Economic and Monetary Affairs, European Commission, 2013.

[375] Schuller T, Baron S, Field J. Social Capital: A Review and Critique [M]. Oxford: Oxford University Press, 2000.

[376] Schumpeter J. Capitalism, Socialism, and Democracy [M]. New York: Harper and Brothers, 1942.

[377] Segerstrom P. Endogenous Growth without Scale Effects [J]. American Economic Review, 1998, 88 (5): 1290-1310.

[378] Sharma S C, Wongbangpo P. Long-term Trends and Cycles in ASEAN Stock Markets [J]. Review of Financial Economics, 2002, 11 (4): 299-315.

[379] Simms R, Simms E. The Building Blocks of Successful Regional Integration: Lessons for CSME from Other Integration Schemes [J]. Social and Economic Studies, 2007, 56 (4): 255-287.

[380] Sirven N. Social Capital: A Critique and Extension [M]. Cheltenham: Edward Elgar Publishing Limited, 2008.

[381] Sklias P. The Political Economy of Regional Integration in the Western Balkans [J]. International Journal of Business and Economic Sciences Applied Research (IJBESAR), 2011, 4 (3): 21-37.

[382] Smith A. Macro-regional Integration, the Frontiers of Capital and the Externalisation of Economic Governance [J]. Transactions of the Institute of British Geographers, 2015, 40 (4): 507-522.

[383] Snorrason S T. The Theory of Trade Agreements, Economic Integration, Size of Economies, Trade Costs and Welfare [M]//Asymmetric Economic Integration, Size Characteristics of Economies, Trade Costs and Welfare, Contributions to Economics. Springer-Verlag Berlin Heidelberg, 2012.

[384] Sohn C. The Border as a Resource in the Global Urban Space: A Contribution to the Cross-border Metropolis Hypothesis [J]. International Journal of Urban and Regional Research, 2014, 38 (5): 1697-1711.

[385] Stokey N L. R&D and Economic Growth [J]. Review of Economic Studies, 1995, 62 (3): 469-489.

[386] Stoklosa K, Besier G. European Border Regions in Comparison Overcoming Nationalistic Aspects or Re-Nationalization? [M]. New York: Routledge, 2014.

[387] Su K, Wu J, Lu Y. With Trust We Innovate: Evidence from Corporate Rand Expenditure [J]. Technological Forecasting and Social Change, 2022, 182:121-134.

[388] Susskind L, Jeffrey C. Breaking the Impasse: Consensual Approaches to Resolving Public Disputes [M]. New York: Basic Books, 1987.

[389] Syriopoulos T. Dynamic Linkages between Emerging European and Developed Stock Markets: Has the EMU any Impact? [J]. International Review of Financical Analysis, 2007, 16 (1): 41-60.

[390] Tarabar D. Regional Integration and Entrepreneurship: Evidence from European Union [J]. Journal of Entrepreneurship and Public Policy, 2018, 7 (2): 117-

134.

[391] Tett L, Crowther J, O'Hara P. Collaborative Partnerships in Community Education [J]. Journal of Education Policy, 2003, 18 (1): 37-51.

[392] Thangasamy A. The Missing Link in Regional Integration in South Asia: The Case for Regional and Sub-regional Political Institutions [J]. South Asian Survey, 2019, 26 (2): 139-155.

[393] Tinbergen J. International Economic Integration [M]. Amsterdam: Elsvier, 1954.

[394] Tombe T, Zhu X. Trade, Migration, and Productivity: A Quantitative Analysis of China [J]. American Economic Review, 2019, 109 (5): 1843-1872.

[395] Trinidad D D. Domestic Actors, Market Reform and Regional Integration in Southeast Asia [J]. Asia Pacific World, 2010, 1 (1): 95-115.

[396] Tuluy H. Regional Economic Integration in Africa [J]. Global Journal of Emerging Market Economies, 2016, 8 (3): 334-354.

[397] Tur C. Macro-regional Strategies of European Integration. What can the Danube Region Learn from the Baltic Sea Region? [J]. Procedia-Social and Behavioral Sciences, 2015, 183: 1-10.

[398] Turnovsky S J. Fiscal Policy in a Growing Economy with Public Capital [J]. Macroeconomic Dynamics, 1997, 1 (3): 615-639.

[399] Tur? ie C. Macro-regional Strategies of European Integration. What can the Danube Region learn from the Baltic Sea Region? [J]. Social and Behavioral Sciences, 2015, 183: 1-10.

[400] Valliere D, Peterson R. Entrepreneurship and Economic Growth: Evidence from Emerging and Developed Countries [J]. Entrepreneurship and Regional Development: An International Journal, 2009, 21 (5-6): 459-480.

[401] Van Geenhuizen M, Ratti R. Gaining Advantage from Open Borders: An Active Space Approach to Regional Development [M]. Aldershot: Ashgate, 2001.

[402] Van Houtum H. An Overview of European Geographical Research on Borders and Border Regions [J]. Journal of Borderlands Studies, 2000, 15 (1): 57-83.

[403] Venables A. Regional Integration Agreements: A Force for Convergence or

Divergence? [R]. World Bank Working Paper, 1999.

[404] Verbeke A, Asmussen C G. Global, Local, or Regional? The Locus of MNE Strategies [J]. Journal of Management Studies, 2016, 53 (6): 1051-1075.

[405] Verheul I, Wennekers S, Audretsch D, et al. An Eclectic Theory of Entrepreneurship: Policies, Institutions, and Culture [J]. Boston: MA, 2001: 11-81.

[406] Vhumbunu C H. African Regional Economic Integration in the Era of Globalisation: Reflecting on the Trials, Tribulations, and Triumphs [J]. International Journal of African Renaissance Studies-Multi-Inter and Transdisciplinarity, 2019, 14 (1): 106-130.

[407] Waage S A. Claiming Space and Place through Collabo Rative Planning in Rural Oregon [J]. Political Geography, 2001, 20 (7): 839-857.

[408] Walter U M, Petr C G. A Template for Family-centered Interagency Collaboration [J]. Families in Society: The Journal of Contemporary Social Services, 2000, 81 (5): 494-503.

[409] Wang M C, Shih F M. Time-varying World and Regional Integration in Emerging European Equity Markets [J]. European Financial Management, 2011, 19 (4): 703-729.

[410] Wang P, Moore T. Stock Market Integration for the Transition Economies: Time-varying Conditional Correlation Approach [J]. Manchester School, 2008 (76): 116-133.

[411] Warleigh-Lack A. Differentiated Integration in the European Union: Towards a Comparative Regionalism Perspective [J]. Journal of European Public Policy, 2015, 22 (6): 871-887.

[412] Warner J F. More Sustainable Participation? Multi-stakeholder Platforms for Integrated Catchment Management [J]. International Journal of Water Resources Development, 2006, 22 (1): 15-35.

[413] Weingast B R. The Economic Role of Political Institutions: Market-preserving Federalism and Economic Development [J]. Journal of Law, Economics, and Organization, 1995, 11 (1): 1-31.

[414] Williams B, Albert M. Democracy, Dialogue, and Environmental Disputes: The Contested Languages of Social Regulation [M]. New Haven, CT: Yale University

Press, 1995.

[415] Wilson T M, Donnan H. Borders and Border Studies [M]. Oxford: Blackwell, 2012.

[416] Winters L A. The European Community: A Case of Successful Integration [M]. Cambridge: Cambridge University Press, 1993.

[417] Wondolleck J M, Steven L Y. Making Collaboration Work: Lessons from Innovation in Natural Resource Management [M]. Washington, DC: Island Press, 2000.

[418] Wong W K, Penm J, Terrell R D, et al. The Relationship between Stock Markets of Major Developed Countries and Asian Emerging Markets [J]. Journal of Applied Mathematics and Decision Sciences, 2004, 8 (4): 201-218.

[419] Woolcock M, Narayan D. Social Capital: Implications for Development Theory, Research, and Policy [J]. The World Bank Research Observer, 2000, 15: 225-249.

[420] World Bank. World Development Report: Infrastructure for Development [M]. Oxford: Oxford University Press, 1994.

[421] Wu B, Gu Q Y, Liu Z J, Liu J Q. Clustered Institutional Investors, Shared ESG Preferences and Low-carbon Innovation in Family Firm [J]. Technological Forecasting and Social Change, 2023, 194: 1-18.

[422] Yaffee S L, Wondolleck J M. Collaborative Ecosystem Planning Processes in the United States: Evolution and Challenges [J]. Environments, 2003, 31 (2): 59-72.

[423] Yang J, Kolari J W, Min I. Stock Market Integration and Financial Crises: The Case of Asia [J]. Applied Financial Economics, 2003, 13 (7): 477-486.

[424] Yoshimatsu H. Collective Action Problems and Regional Integration in ASEAN [J]. Contemporary Southeast Asia: A Journal of International and Strategic Affairs, 2006, 28 (1): 115-140.

[425] Yoshimatsu. Regional Integration and Business Interests: A Comparative Study of Europe and Southeast Asia [J]. European Journal of East Asian Studies, 2007, 6 (2): 217-243.

[426] Young A. Growth without Scale Effects [J]. Journal of Political Economy,

1998, 106 (1): 41-63.

[427] Yu I W, Fung K P, Tam C S. Assessing Financial Market Integration in Asia-equity Markets [J]. Journal of Banking and Finance, 2010, 34 (12): 2874-2885.

[428] Yu J S, Hassan M K. Global and Regional Integration of the Middle East and North African (MENA) Stock Markets [J]. The Quarterly Review of Economics and Finance, 2008, 48 (3): 482-504.